설화, 욕망을 품다

설화,
욕망을 품다

이혜화 지음

북바이북

여는 글

문학에서 말하는 설화는 흔히 신화, 전설, 민담 등으로 분류한다. 그러나 이들의 경계는 대단히 모호하고 혼란스럽다. 특히 민담의 경우 포용성이 워낙 커서 민담 버전 신화, 민담 버전 전설 등이 수두룩하다. 또 흔히 설화라면 구전과 유동성이 당연시되지만, 문헌 설화는 기록으로 정착하여 전해지다 보니 유동성과도 무관하다. 어떤 구전 설화가 특정 호사가에 의해 일단 채록된다고 하여 하루아침에 그 설화적 속성이 사라질 리도 없으니 구전 설화와 문헌 설화 사이에 벽을 칠 수도 없는 노릇이다. 더구나 설화의 하위 장르끼리의 넘나듦에 그치지 않고 실기實記와 역사까지 끌어들여 야담으로 분식을 하고 구전 설화나 문헌 설화에 녹아드니 어쩌면 설화문학은 애당초 장르적 국경을 용납하지 않는 것이 본질일지도 모른다.

이렇게 외연이 방대한 것이 설화문학임을 전제로 하고, 필자는 설화의 구조와 알레고리를 분석하고 탐색하여, 변형되거나 굴절된 채로 설화 속에 웅크리고 있는 진실을 찾아보고 싶다. 그 속에 인간의 원초적 욕망과 민중의 나이브한 세계관이 숨 쉬고 있기 때문이다. 혹은 특정 시대와 풍토에서 숙성되고 연마된 가치 있는 풍속화로서 설화문학을 마주한다면 분외의 흥미와 즐거움까지 누릴 수 있을 것이다.

'I. 700년 건너 다시 읽는 『삼국유사』'가 누구나 한두 번은 들었음 직한 친숙한 설화 자료를 새로운 시각에서 분석하고 이해하려는 시도라면,

'Ⅱ. 신비로 포장된 신화의 민낯'은 신화를 현실과 동떨어진 판타지로만 아는 이들에게, 까마득한 옛날에 흘러간 이야기로서 신화myth가 아니라 지금 여기에 아직 살아 있는 가치 체계와 사유 방식으로서 신화mythos임을 보여주고 싶었다 할 것이다. 'Ⅲ. 술과 설화, 그 짜릿한 궁합'은 술이란 공통 소재를 통하여 신화, 전설, 민담, 야담 등 다양한 설화의 얼굴을 선보이고자 했다. 'Ⅳ. 설화 속 포르노그래피의 진실'은 이 책의 메인 메뉴이다. 설화 속에 민중적 관심이 가장 뜨겁게 모인 에로티시즘을 두고 오락적 접근이 아닌, 진실 드러내기에 코드를 맞춘 것이다. 'Ⅴ. 미르 스토리'는 환상적 파충류이자 신물神物인 미르(용)가 등장하는 스토리를 통하여 동물이나 신이 아닌 인간의 본질에 다가가려는 의도로 엮은 것이다. 그리고 마지막으로 덧붙인 'Ⅵ. 『데카메론』이 들려주는 히스토리아'는 부록 같은 것이다. 시공간적으로 머나먼 로마제국의 설화를 자료 삼아 한국 설화문학의 세계와 어떻게 같고 어떻게 다른가를 보여주려 한 것이니, 이 책의 시스템으로서는 독자에게 드리는 5+1, 덤이다.

전반적 콘셉트는 진실 찾기이다. 누드가 최선이 아니듯이 진실을 까발리는 것만이 능사가 아님은 다들 알고 있다. 남의 약점 캐내기나 비밀을 들춰서 망신 주기가 진실 찾기는 아니기 때문이다. 어쩌면 솔직과 위선 사이에도 '적절한 균형A Fine Balance'(로힌턴 미스트리)이 필요하고, 그것이 우리네 세상 사는 이치일 듯도 하다. 현실과 타협하며 마음 편히 살기 위해 덮어주고 속아주고 눈감아주는 것, 그래서 때로는 위선이나 거짓말조차 쓸모가 있다. 그러나 진실을 바탕으로 하지 않는다면 학문도 윤리도 예술도, 종교까지도 사상누각이다. 우리가 진실을 외면하는 사이 허위와 조작에 의존한 정치와 경제가 얼마나 우리의 삶을 망가뜨리는지 아프게 겪었다. 거짓이 기승을 부리고 진실을 압도하도록 방치하는 것은 개인과 공동체의 생존을 팽

개치는 심각한 실수다. 진실 찾기는 인문학의 궁극이다.

　내용과 형식, 문체와 집필 시기 등이 다양한 글들을 한자리에 모아놓은 것이 잘한 일인지 잘못한 일인지 아직 혼란스럽다. 또한 단일한 체계로 쓰인 저술이 아니라 별개의 집필 배경을 가진 꼭지들을 모아놓다 보니 같은 이론의 반복 소개나 제재의 중복 사용을 피할 수 없었다. 이 점에 대해서는 미안하게 생각하고 독자들께 양해를 구한다.

차례

III

술과 설화, 그 짜릿한 궁합

IV

설화 속 포르노그래피의 진실

미르 스토리

『데카메론』이 들려주는 히스토리아

I

700년 건너 다시 읽는
『삼국유사』

일연(1206~1289)의 『삼국유사』는 김부식(1075~1151)의 『삼국사기』와 더불어 우리 고전 중의 고전이다. 그중에도 정연한 체재와 정중한 문사로 기술된 기전체 관찬(官撰) 사서인 『삼국사기』가 정치사에 치중했음에 비하여, 『삼국유사』는 체재나 문체가 그리 정연하진 못할지라도 정사에서 빠진 소중한 문화적 자료와 정보를 많이 기록해 놓은 사찬(私撰) 사서로서 설화의 보물창고라는 평가를 받고 있다.

『삼국유사』의 기록은 이미 많이 알려져 있지만, 필자는 설화적 자료를 중심으로 우리 시대의 시각에서 다시 살펴보고자 한다. 1280년대의 시각으로 쓰인 책을 700여 년의 시차를 두고 다시 읽는 것이 또 어떤 의미가 있을까 모르겠다. 굳이 격식이나 순서를 가리지 않고 쓰는 것, 그것도 어쩌면 일연 스님의 저술 방식을 시늉(오마주)하는 셈이 되는지도 모르겠다.

이 장에 실은 글은 본래 2008년 한 인터넷카페에 연재하였던 것이기에 이번에 새로 손질을 하기는 했어도 당시의 시사적 관심사가 반영된 내용이 더러 있음에 양해를 구한다.

생명과 평화의 연장선

　자비라고 하건 사랑이라고 하건, 종교는 생명 존중이라는 같은 뿌리에서 나온 가지이다. 그러나 불교적 생명 사상과 기독교적 생명관에는 일정한 거리가 있는 것도 사실이다.

　하느님이 자기 형상 곧 하느님의 형상대로 사람을 창조하시되, 남자와 여자를 창조하시고 하느님이 그들에게 복을 주시며 그들에게 이르시되, "생육하고 번성하여 땅에 충만하라, 땅을 정복하라, 바다의 고기와 공중의 새와 땅에 움직이는 모든 생물을 다스리라" 하시니라. 「창세기」

　여기서 하느님은 보편적인 생명 존중보다는 여타 생명을 정복하고 다스리는 인간의 우월적 지위를 인정하고 있다. 불교에선 '일체중생 개유불성 一切衆生 皆有佛性'으로서 부처와 인간과 동물이 '불성佛性'을 공유하고 있지만, 기독교에서는 비록 '하느님의 형상대로 창조'되었으되 하느님과 인간 내지 동물이 '신성神性'을 공유하고 있지는 않다. 그런 의미에서 기독교의 한계는 신본주의에서 인본주의까지요, 불교는 그 한계를 뛰어넘는 보편적 생명주의라고 하겠다.

　그런데 동물 생명과 인간 생명의 본질적 등가성(존엄성)을 인정하는 교리로 인해, 정작 불교도의 처지에선 일상에서 처하는 곤혹스러움이 적지 않은 것도 사실이다. 살생과 육식의 불가피성이 그것이다. 『삼국유사』에는 교법 실천의 근본주의적 엄격성을 보이는 것과, 교법과 현실과의 타협을 도모하는 것이 각각 보여서 흥미로운 대조거리가 되고 있다.

백제 제29대 법왕은 즉위하자, 이해(서기 599) 겨울에 조서를 내려 살생을 금지시키고, 민가에서 기르는 새매 같은 사냥새를 놓아주고 또 물고기 잡는 기구를 불살라버려 고기잡이를 금지하였다. _〈법왕금살〉

귀산貴山 등 어진 선비 둘에게 원광법사가 (충·효·신·용·인으로 요약되는) 세속오계를 주자 이들이 묻는다. "다른 일은 모두 알아듣겠습니다만, 말씀하신바 '산 것을 죽이되 가려서 해라[仁]' 하는 것은 아직 이해가 안 됩니다." 원광이 말했다. "육재일과 봄여름에는 죽이지 않는 것이니 이것은 때를 가리는 것이다. 말·소·개 등 가축을 죽이지 말고, 고기가 한 점도 되지 못하는 작은 것은 죽이지 말 것이니, 이는 물건을 가리는 것이다. 이렇게 가려서 하는 살생도 다만 쓸 만큼만 하고 많이 죽이지는 말라는 것이다." _〈원광서학〉

법왕의 살생 금지는 어부의 생업까지 금지하는 수준이니 심각하다. 그러나 원광법사의 '살생유택殺生有擇'은 사뭇 여유가 있다. 부득이 살생을 하더라도 심신을 재계해야 할 잿날은 피하는 것이 좋겠고, 새끼 치는 번식 철을 피하고, 가족처럼 정을 나누며 부리는 가축의 도살도 삼가고, 먹잇감이 되기엔 너무 작아 실익이 없는 동물의 살생이나 미처 자라지 않은 어린 새끼는 잡지 말라는 당부다. 그래도 〈법왕금살〉에 붙은 다음 찬시讚詩를 보면, 일연은 법왕 쪽에 힘을 실어주는 것으로 보인다. 역시 스님답다.

너그러운 명으로 짐승을 보호하니
그 은혜는 산천에 두루 미치고,

은택이 뭇 생명에 흡족하니

자비가 온 세상에 넘치네

(…)

그런데 이와 유관함 직한 사연이 다음에 나온다.

중 혜통惠通이 출가하기 전의 일이다. 어느 날, 집 동쪽 시내에서 놀다가 수달 한 마리를 잡아 죽이고 그 뼈를 동산 안에 버렸다. 그런데 이튿날 새벽에 보니 그 뼈가 없어졌다. 핏자국을 따라 찾아가니 뼈는 전에 살던 굴로 되돌아가서 새끼 다섯 마리를 안고 쭈그리고 있었다. 혜통은 이를 바라보고 한참이나 놀라고 이상히 여겨 감탄하고 망설이다가, 마침내 속세를 버리고 출가하였다. _<혜통항룡>

여기서 수달의 '뼈'라고 한 것을 글자 그대로 읽어서는 안 될 것 같다. 수달 사냥은 털가죽을 노린 것이다. 피를 흘리고 간 것으로 보더라도, 혜통은 수달을 잡아 털가죽을 벗기고 피투성이 몸통은 버린 것으로 보인다. 그런데 새끼를 보살피려는 수달의 의지가 죽음조차 초월하는 것을 보며 무엇을 생각했기에 출가까지 단행하게 됐을까? 이를 '생명에 대한 외경'이라고 풀고 싶다. 유사한 상황에서 중국인은 어떻게 대응했을까를 『수신기』에서 보자.

어떤 사람이 산에 들어가 원숭이 새끼를 잡았는데, 돌아오려 하자 어미 원숭이가 뒤를 따라 집에까지 왔다. 이 사람이 원숭이 새끼를 뜰에 있는 나무 위에 매달아 어미가 볼 수 있게 했다. 어미는 제 뺨을 두들기며 사람을 향하여 슬픈 모습으로 무슨 말인가를 분명히 하고 싶어 하였으나 입으로 말이 되어 나오지만 못할 뿐이었다. 이 사람이 놓아주지 않고 결국 원숭이 새끼를 때려죽였다. 이를 본 어미 원숭이는 슬피 울부짖으며 몸을 던져 죽었다. 이 사람이 원숭이 배를 갈라 보니, 창자 마디마디가 끊어지고 찢어져 있었다.

중국인들은 이를 '단장지애斷腸之哀'라 일컫고 여기서 효孝의 윤리적 근거를 마련하기에 바빴다. 까마귀까지 동원하여, "까마귀는 어미가 늙으면 자식 새가 어미를 먹여 살린다"는 '반포지효反哺之孝'를 말한 것과도 같은 맥락이다. 그들에겐 현실적으로 생명 가치보다 윤리적 가치가 더 유용했다는 얘기다.

생명 존엄성에 대한 인식이, 인간에서 짐승(동물)으로 가고 다시 초목(식물)으로 가고 더 나아가 무생물에 대한 외경으로까지 확장될 때, 세계는 생명과 평화를 바탕으로 한 낙원 세상이 될 것이다. 시비 혹은 선악이란 강퍅한 이분법의 노예가 되어 이기적 전쟁 놀음으로 숱한 생명을 학살하는 강대국의 야만성-아프가니스탄, 이라크, 레바논, 시리아 등으로 이어지는 침공-을 지켜보면서 우리가 『삼국유사』에서 배울 것은 바로 이 생명 사상이 아닐까 싶다.

반달의 미학과 생생력

흡인력으로 피를 뽑아내는 부항의 원리처럼 진공에는 음압陰壓이란 에너지가 생긴다. '결핍은 에너지'라는 말도 있듯이, 우리에겐 무엇이 부족하면 그것을 채우려는 충동이 생겨난다. 아마 인류의 보편적 성향일 듯하지만, 우리 민족에겐 그런 게 더 강렬하지 않나 생각한다. 결핍의 결정結晶이 '한恨'이라고 한다면, 개인적으로나 집단적으로나 이루지 못한 소망이 한으로 뭉치고 이것이 승화할 때 막강한 에너지가 분출한다. 가난에 한이 맺힌 사람이 악착같이 돈을 모아 부자가 되고, 못 배운 한이 있는 사람은 자식이라도 명문 대학에 보내야 직성이 풀린다. 우리 조상들은 일찌감치 이 '결핍의 에너지'에 달통하고 미학적 승화까지 이루어낸 듯하다. 그 단적인 예가 반달에 대한 사랑이다. 보름달(만월)보다는 반달(반월)이나 초승달(신월)을 사랑했다. 초승달에 가까울수록 생생력生生力(순환하는 자연의 자생적 생명력)의 에너지가 충만하다고 본 것이다.

한가위가 되면 우리는 반달을 본뜬 송편을 해 먹는데, 중국인은 보름달을 본뜬 월병을 해 먹는다. 물론 우리에게도 보름달을 시늉했다는 달떡이 있지만, 그보다는 개피떡처럼 반달을 시늉한 것이 보편적이다. 만두조차 중국인은 둥글게 만들기를 좋아하지만 우리는 반달형으로 만들어 먹기를 즐긴다. "화무는 십일홍이요, 달도 차면 기우나니 (…)"라는 노래가 있듯이, 우리 조상들은 '찬 달[滿月]'에서 만족을 누리기보다는 부족함이 있는 반달에서 미완의 아름다움을 발견했다. 이것이 '반달의 미학'이다. 시인 서정주

는 아호 '미당未堂'을 놓고 '아직 다 짓지 못한 집'을 뜻한다면서 그 미완성이
주는 겸허함과 더불어 완성을 향한 꿈의 영원성을 말했는데 이것이 바로
반달의 미학이다.

　여기서의 반달은 기하학적 반원을 의미할 수도 있지만, 초승달을 의미
할 수도 있다. 그래서 고전에서는 '반월半月', '신월新月'이 혼용된다. 민요에서
"서 마지기 논배미가 반달만큼 남았네. (…) 네가 무슨 반달이냐 초승달이
반달이지"가 흔히 나타나는 것도 그래서다. 곰 가운데 가슴에 하얀 무늬가
있는 반달곰이 있는데, 이놈을 잘 뜯어보면 반달무늬가 아니라 초승달 무
늬를 하고 있다. 이런 오류(?)의 배경인즉 달의 크기가 중요한 것이 아니라
만월을 향하여 가고 있는 미완의 달이라는 데 의미를 두었기 때문이다. 그
러므로 보름을 지나 이지러진 하현달(이른바 그믐반달)이나 그믐달은 여기에
해당하지 않는다. 그것은 기우는 달이기 때문이다.

　귀신 하나가 궁중으로 들어오더니 큰 소리로 부르짖기를 "백제는 망한다,
백제는 망한다" 하다가 이내 땅속으로 들어갔다. 왕(의자왕)이 이상히 여
겨 사람을 시켜 땅을 파보니 석 자 깊이에 거북 한 마리가 있는데 그 등에
글이 씌어 있었다. "백제는 보름달이요, 신라는 초승달 같다[百濟圓月輪, 新
羅如新月]." 이 글 뜻을 무당에게 물으니, "보름달이라는 것은 가득 찬 것이
니 차면 기우는 것입니다. 초승달은 차지 않은 것이니 점점 차게 되는 것입
니다" 했다. 왕이 노해서 무당을 죽였다. 다른 사람이 말했다. "보름달은 왕
성한 것이고 초승달은 미약한 것이니, 생각하건대 우리나라는 점점 성하고
신라는 점점 약해진다는 뜻이 아니겠습니까." 왕이 이 말을 듣고 기뻐했다.
　_「기이」, <태종 춘추공>

　정직한 말을 한 무당은 죽임을 당하고 임금에게 아첨한 사람은 칭찬을

받으니, 곧 백제가 망했다. 고구려 역사에도 초승달과 보름달에 얽힌 사연이 있다. 간추려 의역하면 다음과 같다.

고구려 28대 보장왕이, 불교와 유교만 있고 도교가 없어 나라가 위태롭다는 연개소문의 주장을 받아들여 당나라에 도교를 청하니 당태종은 도사^{道士} 여덟을 보내준다. 왕은 도교에 혹하여 불사^{佛寺}를 도관^{道觀}으로 바꾸는 등 도교를 우대했다. 보덕 스님이 이에 항의하여 절을 옮기고 나라의 멸망을 예언했다. 도사들은 국내의 이름난 산천을 돌아다니며 지기^{地氣}를 억눌렀다. 평양성의 형세가 신월성임을 안 도사들은 주문으로 용을 부리어 만월성을 쌓게 했다. 오래지 않아 고구려는 망했다. 「흥법」, <보장봉로 보덕이암>

원한을 머금은 당나라 사람이 연개소문으로 환생하여 고구려를 멸망시키고자 작전을 폈다든가, 당태종과 도사들까지 한패였다든가 하는 배경 설명도 나오지만 그런 것이야 제쳐놓고 보자. 주목할 것은 '신월성'을 '만월성'으로 고친 것과 고구려 멸망을 인과관계로 해석하는 것이 백제 멸망 설화와 같은 맥락이라는 점이다.

신라 경주에도 월성^{月城}이 있었다. 이는 '반월성' 혹은 '신월성'의 준말로 나온다. 신월성 북쪽에 만월성이 있었다는 기록도 나오긴 하지만 존재감은 한참 떨어지고, 월성 가까이 있는 월지^{月池}(일명 안압지)가 월성과 대응한다. 백제에도 반월성이 있었으니 부소산성이 그것이다. 그러고 보니 삼국에 모두 반달을 표상하는 성이 있었다. 우연이라기엔 참으로 신기한 일이다.

고려의 궁궐터는 만월대다. "흥망이 유수하니 만월대도 추초로다"(원천석) 하는 시조의 분위기는 망국의 한이 서렸는데, 알고 보면 뒤늦게나마 고려도 반월성을 쌓았다. 그러나 마지막 왕인 공양왕 때 시작하여 조선 태조 때 완공하였으니, 이는 실상 만월의 고려를 무너뜨린 자리에 신흥 조선의 반월을 쌓은 상징적인 공사였다고 하겠다.

부동산 투기로 나라가 몸살이다. 완성을 지향하는 겸허한 소망과 정직한 노력, 그것은 결코 꾸역꾸역 먹어 포만에 이르게 하려는 것이 아니다. 우리가 지금 너도 나도 욕심껏 배를 불리는 데 전력한다면 개인이나 나라나 곧 만월이 된다. 그다음 단계는 절망이요, 파멸이다. "달도 차면 기우나니"를 경고로 알고, 반달의 미학과 초승달의 에너지로 미래를 가꿈이 어떨까 싶다.

윤회를 넘어 해원하라

큰 은혜를 끼친 은인에게 고마움을 표하는 중국식 고사성어로 '백골난망白骨難忘'이니 '결초보은結草報恩'이니 하는 것이 있다. 이 말은 사후에라도 그 은혜를 잊지 못하겠다는 것이요, 귀신이 돼서라도 은혜에 보답하겠다는 뜻이니, 죽음으로도 실효되지 않는 보은의 약속이다. 그렇긴 하지만 불교식 삼세 윤회 사상에까지는 미치지 못하는 것이 사실이다. 불교 수입과 함께 우리 의식 속에는, 은혜든 원한이든 일생으로 끝나지 않고 전생과 현생과 내생이 업보의 고리로 엮인다는 믿음이 체화體化하였다.

단생밖에 모르는 사람에겐 불가사의한 운명의 장난으로 보이는 사건일지라도, 삼세를 꿰뚫고 보면 그 드라마를 연출하는 인因·연緣·과果의 역동적 시스템이 있다는 것이 불교의 인과 사상이다. 이것은 한 개인사에만 해당하는 것이 아니라 국가의 운명과 역사에도 그대로 적용되는 것이다. 동일한 결과를 놓고『삼국사기』가 현실적 원인 분석과 플러스알파로서 운명을 말하는 데 그친다면,『삼국유사』는 운명의 비밀을 삼세의 인과로 설명하려는 경향을 보인다. 특히 역사가 오랜 강대국이 무너지는 배경에는 왕의 실정이나 국방의 실책 같은 것만으로 설명할 수 없는, 업보의 필연이 숨어 있다는 것이다.

『삼국유사』에 나오는 김유신의 전기에는 자못 흥미로운 대목이 있다. 요약하면 이렇다.

김유신金庚信은 신라 서현舒玄 각간(총리)의 맏아들로서 열여덟 살에 화랑이 되었다. 화랑 김유신에게는 정체가 모호한 백석白石이란 부하가 있었다. 김유신이 고구려를 치려고 궁리하던 판에 백석이 제안하기를, 먼저 자기와 함께 적국에 들어가 실정을 정탐하고 나서 고구려를 치자고 했다. 유신이 기뻐하여 백석을 데리고 밤길을 떠났다. 도중에 고개에서 쉬는데 여자 둘이 나타나 동행으로 따라붙고, 얼마 후 다시 여자 하나가 더 따라붙는다. 유신은 세 여인과 함께 가며 재미있게 이야기도 하고 그들이 주는 음식도 얻어먹었다. 서로 속내를 털어놓고 대화를 하게끔 되자 여인들은 백석을 따돌리고 숲속으로 유신을 꾀어 데려갔다. 그들은 "우리 셋은 호국신들인데 화랑께서 적국의 밀정인 백석에게 유인당하는 것을 보고 못 가게 말리려고 여기까지 따라온 것이오" 하더니 이내 사라졌다. 깜짝 놀란 김유신은 중요한 문서를 집에 두고 왔다는 핑계로 백석을 속여 데리고 돌아와서는 그를 결박해놓고 실정實情을 자백케 했다. 고구려 첩자임을 밝힌 백석은 자기가 고구려에서 들은 바를 이렇게 털어놓았다.

신라의 김유신은 전생에 추남楸南이라는 고구려 점쟁이였다. 마침 국경 지방에서 강물이 거슬러 흐르는 괴변이 생겨 그에게 점을 치게 했다. 그러자 추남이 아뢰기를 "왕비가 음양의 도를 역행하여 이런 변괴가 나타난 것입니다" 했다. 노한 왕비가 왕에게 청하기를 "이런 요사스런 말은 믿지 못하겠으니 다른 일로 시험하여 틀리면 중형에 처하소서" 했다. 왕이 쥐 한 마리를 잡아 함 속에 가두고 알아맞히라 하자 추남은 '쥐 여덟 마리'라고 답했다. 그 말이 틀리다고 하여 죽이려 하니, 추남이 맹세하기를 "내가 죽은 뒤에는 꼭 대장이 되어 고구려를 멸망시키겠다"고 하였다. 추남이 죽은 뒤에 쥐의 배를 갈라보니 새끼 일곱 마리가 있었다. 이로써 그의 말이 맞은 것을 알았다. 추남이 죽던 날 왕이 꿈을 꾸니, 그가 신라 서현 부인의 품속으로 들어갔다. 즉, 김유신은 추남의 후신으로서 고구려를 멸망시키려는 것이다. 「기이」, <김유신>

함 속에 든 쥐의 숫자를 알아맞히는 식의 사복 설화는 중국의 「태평광기」에 나오는 〈원천강〉 설화부터 조선조의 점쟁이 홍계관 설화까지 흔하다. 군이 사실 여부를 따지기는 우습다. 정작 중요한 것은 우리 민족이 품고 있던 은원思怨 의식이다. 즉, 은혜든 원한이든 반드시 보답은 있다는 것, 윤회의 수레바퀴를 타고 개인이나 국가의 운명이 이 영향권에서 벗어날 수 없다는 의식이다. 삼세 윤회를 필수 장치로 삼은 예를 또 보자.

수나라 양제가 30만 군사를 거느리고 쳐들어오자 고구려 영양왕은 양제가 탄 배로 사신을 보내 항복 문서를 바친다. 양제가 그 문서를 읽고 있을 때 몰래 숨어든 고구려 군사가 화살을 날려 양제의 가슴을 맞힌다. 이리하여 세 차례에 걸친 양제의 고구려 정벌은 실패하는데, 이를 보다 못한 신하 양명羊皿은 "신이 죽으면 고구려의 대신이 돼서 반드시 그 나라를 멸망시키고 임금의 원수를 갚겠습니다" 하고 맹세를 한다. 양명은 사후에 고구려에 태어나 연개소문이 되고, 그는 당나라와 합력하여 고구려의 국운을 꺾고 망하도록 이끌었다. 「흥법」, 〈보장봉로 보덕이암〉

유학자 김부식으로선 군이 윤회까지 끌어들이지는 않는다. 그가 『삼국사기』에서 궁예를 다룬 것을 보면 그 거리를 잴 수 있다. 궁예는 신라왕(47대 헌안왕 혹은 48대 경문왕)의 자식으로 태어나 부왕의 버림을 받고 고아로 전전하다가 천신만고 끝에 반란군을 이끌고 신라 무너뜨리기에 앞장선다. 이것은 현생에서 원한을 갚은 것이다. 그럼에도 "옛날에 신라가 당에 청병하여 고구려를 파하였기 때문에 평양 옛 서울이 황폐하여 풀만 무성하니 내가 반드시 그 원수를 갚으리라" 하고 국호조차 '후고구려'라 했다. 이를 보면, 정치인 궁예는 2백수십 년을 뛰어넘어, 망국의 원한을 되갚으려던 고구려 유민의 보원報怨 의식을 놓치지 않은 셈이다. 만약 궁예가 전생에 고구려 말기 왕이나 장수였다는 설정을 하면 한결 그럴 듯한 설화가 될 것이다.

　오늘날 남북 갈등이나 영호남 갈등을 그 옛날 삼국 대결의 재현으로 보는 이들도 없지 않다. 그런 시각에 공감하지 않더라도 우리가 남북통일이나 지역 갈등의 해결을 물리력에 기대려 한다면 또 다른 원한의 씨앗을 심는 일이다. 개인이든 국가든 갈등의 해법이 '해원상생解怨相生'임을 『삼국유사』가 누누이 가르치고 있지 않은가. 여기에 우리가 최근에 겪은 교훈은 부연할 가치가 있다.

　2014년 4월 16일 겪은 세월호 사건 말이다. 304명의 희생자, 그중에 태반은 고등학교 2학년 학생들이었다. 미처 피지도 못하고 시든 젊은 영혼과 생때같은 자식을 잃은 부모들의 원한을 풀어주는 해원 작업은 정부와 사회의 몫이었다. 예방과 구조에 책임을 다하지 못한 데 대한 반성과 참회로 진정성을 보이며, 사건의 진상을 밝히고 책임자를 벌하고 인색하지 않게 보상하고 추모 사업을 펼침으로써 원한을 풀어주었어야 했다. 그럼에도 대통령과 권력기관들은 어찌했는가. 대통령은 만나달라고 애원하는 유가족을 끝내 외면했고, 보상금 더 받을 욕심 때문이라며 유가족의 도덕성에 상처를 주었고, 교통사고일 뿐인데 무슨 호들갑이냐고 비웃었고, 진상을 은폐하며 조사를 방해했고, 권력의 사주를 받은 '일베'들은 단식하는 유가족 앞에서 폭식 퍼포먼스까지 연출했다. 원한을 품은 유가족과 그들을 동정하는 민심은 '세월호 일곱 시간'을 단초로 결국 대통령을 탄핵하여 감옥에 보내고 그 정부와 정당을 '폭망'하게 함으로써 원한을 갚아주었다. 시차는 있을지라도 해원이 없으면 보다 큰 대가를 치르게 마련이다.

욕망을 다스리는 두 가지 길

　어느 나라 어느 시대에나 미인 이야기가 있다. 저 유명한 트로이전쟁은 헬레네를 둘러싼 미녀 쟁탈전이라는 형태로 전개되지만, 이집트의 클레오파트라, 중국의 양귀비, 조선의 황진이 등 미인에 얽힌 숱한 사연들은 흥미도 진진하다. 그리고 절세미인은 영웅부터 범부까지, 혹은 제왕이든 수도승이든 가리지 않고 파멸로 이끄는바 팜므파탈의 파괴력을 보여주었고 자신들 역시 종종 부나비처럼 산화함으로써 미인박명의 증거가 되었다.

　신라 역사에서 소문난 미인이라면 33대 성덕왕 시절에 살던 수로부인이 단연 으뜸이다. 그녀의 아름다운 용모는 세상에 뛰어나 깊은 산이나 큰 못을 지날 때마다 여러 차례 신물神物(신령스러운 존재)에게 납치되곤 했다 한다. 그중에서 일부를 뽑아 얘기해보자.

　성덕왕 때에 순정공이 강릉 태수로 부임하는 길에 바닷가 정자에서 점심을 먹게 되었는데 갑자기 바다에서 용이 나타나더니 부인을 끌고 바닷속으로 들어갔다. 공이 땅에 넘어지면서 발을 굴렀으나 어찌할 수가 없었다. 한 노인이 나타나더니 말하기를 "옛사람의 속담에, '민중의 입은 쇠도 녹인다[衆口鑠金]' 했습니다. 지금 바다의 용인들 여러 사람의 입을 어찌 두려워하지 않겠습니까. 마땅히 관내 백성들을 모아 노래를 지어 부르면서 막대기로 해안을 치면 부인을 볼 수 있을 것입니다" 했다. 공이 그대로 하였더니 용이 부인을 도로 모시고 나와 바쳤다. 공이 바닷속에 들어갔던 일을 부인에게 물으니, 부인이 말하기를 "칠보궁전에 음식은 맛있고 향기롭고 깨끗하여 인간의 것이 아니었습니다" 했다. 부인의 옷에서 나는 이상한 향내도 이 세상에 없는 것이었다.

이때 여러 사람이 부르던 노래 〈해가海歌〉의 가사는 이렇다.

거북아, 거북아, 수로를 내놓아라.

남의 부인 앗아간 죄, 그 얼마나 크랴.

네가 만약 어기고 내놓지 않는다면,

그물로 잡아다가 불에 구워 먹으리라. 「기이」, 〈수로부인〉

가사에서 '거북'은 가락국의 〈구지가〉에서 보듯이 신神의 대용어다. 여기서는 물론 바다의 신[海神]으로서 용을 가리킨다. '잡아서 구워 먹는다'는 말 역시 신물을 위협하는 관용어다. 막대기로 언덕을 두드리는 행위도 의례적인 것이다. 그건 그렇다 치고, 우리가 먼저 주목할 것은 수로를 두고 대치하는 용과 순정공의 삼각관계다. 용은 악한 강자요, 순정공은 선한 약자인데 이 틈새에 끼인 미인 수로가 누구의 차지가 되느냐, 하는 것이 기본 구조다.

어떻게 보면 이런 대결 구조는 극히 보편적인 것이라 오늘날에도 대중소설이나 드라마에서 숱하게 재생산되고 있다. 개화기 번안소설로 유명한 〈장한몽〉을 기억하는 이들이라면 심순애라는 미인을 두고 돈 많은 악인 김중배와 가난한 선인 이수일이 대결하는 삼각 구도를 상기해도 좋다. 심순애가 다이아몬드 반지로 인해 김중배에게 끌렸듯이 수로부인은 '칠보궁전에 맛있는 음식'으로 인해 해룡에게 끌리고 있다. 다만 심순애는 회개한 뒤 스스로 김중배를 버리고 이수일에게 돌아왔지만, 수로부인은 회개한 해룡이 돌려보내서 온 것일 뿐 정작 본인은 용궁의 호사스런 사물에 넋을 빼앗기고 있음이 차이라면 차이다.

여기서 수로부인을 그냥 미인으로만 보아서는 싱거워진다. 수로부인은 쾌락의 대상, 욕망의 표상으로 보아야 맞다. 용 또한 여기서는 욕망 달성에 전력하는 부당한 힘으로 그 의미를 확장시킬 만하다. 그 힘은 대개 권력이나 금력의 형태로 드러나고 때로는 물리적인 폭력으로도 구현된다. 순정공은 강릉 태수라는 고관이지만, 용 앞에서는 한갓 '땅에 넘어지면서 발이나 구르는' 선의의 피해자요, 약자일 뿐이다.

여기서 거듭 주목할 것은 "민중의 입이 쇠를 녹인다"는 구절이다. '중구삭금衆口鑠金'은 『국어國語』라는 중국 고전에 나오는 말로 '중심성성衆心成城'의 대응어다. "민중의 마음이 성을 이루고, 민중의 입이 쇠를 녹인다"는 말은 한마디로 민중의 힘을 믿는 역사관에서 나온 말이다. '용'으로 표상하는 권력의지, 욕망을 향한 무한 질주 앞에 정의라든가 선의라는 것이 얼마나 무력한가! 참담한 좌절과 절망스런 분노에 치를 떨 만도 하지만, 이 왜곡된 현실을 바로잡을 수 있는 힘은 결국 '민중'으로부터 나온다는 확신과 희망이 담겨 있다.

폭력을 무너뜨리는 힘은 다름이 아니라 민중들의 도덕성, 즉 당대의 도덕률이다. 〈장한몽〉의 경우는 사회적 도덕이 심순애를 압박하여 양심의 가책을 일으킴으로써 사필귀정이 됐고, 여기서는 민중의 질타를 받은 해룡이 한발 물러남으로써 사필귀정이 된 것이니, 차이는 있다. 하지만 우리 조상들은 민중의 힘이 불의한 폭력을 물리치고 정의의 승리를 가져온다는 믿음을 가지고 있었다. 이 민중의 입은 민주사회에선 흔히 '여론'이라는 이름으로 불리거니와 정보사회에선 SNS 등의 인터넷에 오른 누리꾼들의 댓글로도 나타난다.

한편으로 민중의 힘을 막무가내로 거부하다가 무너지는 독재자의 비참한 말로를 걷지 않고 순순히 수로부인을 내놓은 용의 대응은 가상하다고 할 만하다. 프로이트는 인간의 본성을 셋으로 나누었다. 본능에 따라 욕망만을 추구하는 원초아[id], 약삭빠르게 현실 적응을 하는 이기적 자아[ego], 그리고 이들 욕망과 이기심을 통제하는 도덕적이고 양심적인 초자아[super-ego] 등이다. 그러니까 용의 회심은 초자아의 승리인 셈이다. 요컨대 욕망의 다스림이란 사회적으로는 여론의 몫이요, 개인에게는 양심의 몫이라고 하겠다.

사랑의 순수에 올인 하다

　석가모니는 여덟 가지 인생고를 말했다. 생로병사야 자연적 고통이니 그렇다 치고, 나머지 네 가지 고통은 인간의 욕망과 집착이 만들어내는 것들이다. 그 가운데 사랑 때문에 일어나는 고통과 미움 때문에 일어나는 고통이 각각 하나씩인데, 사랑과 미움이 동전의 양면과 같다면 결국 인생고의 절반은 사랑 때문이라고 할 만하다. 그렇다고 고통을 두려워하여 사랑을 하지 말라고 한다면 인생은 또 너무 삭막하고 재미없을 것 같다. 특히 남녀 간의 연정이야 아무리 고통스러워도 외면하기 힘든 것은, 마치 부나비가 타 죽으면서도 불에 달려드는 것처럼 이성으로 다스리기 어렵기 때문이다. 그러나 색정으로 만난 사랑일지라도 추악한 것이 있는가 하면 아름답고 거룩한 것도 있다. 『삼국유사』에도 색정에 얽힌 이야기가 여럿 나오거니와 그중에도 아름답고 흥미롭기로는 김현이 호랑이를 감동시킨 내용을 담은 〈김현감호金現感虎〉만한 것이 없다.

　신라에는 초파일 무렵에 남녀들이 절에 가서 탑돌이 하는 풍속이 있었다. 김현이란 총각이 흥륜사에 가서 밤 깊도록 탑돌이를 하다가 마침 같이 탑돌이를 하던 처녀와 눈이 맞아 그 밤으로 정을 통했다. 그냥 헤어지기 아쉬워 처녀의 집에 따라가 알고 보니 그녀의 정체는 놀랍게도 호랑이였다. 마침 오빠 호랑이 세 마리가 집에 돌아와 남자를 잡아먹고자 하거늘 처녀는 오빠들이 범한 죗값을 자기가 대신 받는다는 조건으로 오빠 호랑이들을 달래어 내보낸다. 오빠들의 죄인즉 생명 해치기를 너무 많이 한다는 것이니, 그 죗값으로 그들 중 한 마리를 죽여 악을 징계하겠노라는 하늘의 계시가 있었던 것이다.

처녀는 남자가 자신의 뜻을 따르도록 설득하여 다짐을 받아냈고, 마침내 둘은 울며 헤어졌다. 이튿날 저잣거리에는 사나운 범이 출현하여 사람들을 마구 해쳤다. 놀란 왕은 범을 잡는 사람에게 2급의 벼슬을 주겠노라 상을 걸었고, 김현은 이때다 하고 임금 앞에 나타나 자기가 범을 잡아 오겠다고 약속하였다. 김현이 칼을 차고 전날 약속한 장소로 나가니 처녀로 변신한 호랑이는 기쁘게 웃으며 남자를 맞이했다. 이어서 처녀는 "어젯밤에 맺은 견권繾綣의 정사를 잊지 말라"고 당부하고 자기 발톱에 다친 사람들의 상처를 치료하는 처방까지 일러주었다. 이윽고 처녀가 남자의 칼을 뽑아 자결하니 여자는 죽어서 곧 범으로 변했다. 남자는 숲에서 나와 자기가 범을 잡았다고 말하고, 범이 가르쳐준 대로 다친 이들을 치료하였다. 이로부터 김현은 벼슬을 살며, 제 몸을 죽여 남자를 성공하게 해준 범의 은혜에 보답하고자 호원사虎願寺란 절을 지어놓고 범의 명복을 빌었다. 「감통」, <김현감호>

이것은 국경을 초월한 정도가 아니라 사람과 짐승이라는 종種의 경계조차 초월한 이류異類 간의 사랑이다. 그렇다고 이를 수간獸姦으로 처리하고 만다면 난센스가 되고 만다. 여기서 처녀가 호랑이로 나오는 것은, 맹수조차 사랑의 순수를 지키거늘 인간으로서야 더 말할 게 없다는 뜻의 수사학적 장치로 보아야 한다. '정의情誼가 살뜰하여 못내 잊히지 않거나 떨어질 수 없음'을 뜻하는 '견권'이란 용어를 쓰며 하룻밤 인연을 목숨과 바꾸는 여자의 희생적 사랑은 신라판 순애보임에 틀림없다.

독신과 금욕의 계를 지키던 비구 일연이 700년을 뛰어넘어, 타산적이고 이기적인 현대인의 성 거래와 애정 풍속에 매운 일침을 가하고 있다. 이 이야기에 부연해서 나오는 중국 설화와의 대조로도 그 의도가 확인된다. 당나라 '신도징'이란 총각의 경우다. 그는 예를 갖추어 처녀 호랑이와 결혼하여 1남 1녀를 낳고 단란하게 살았지만, 야성을 버리지 못한 아내는 결국 다시 범이 되어 남편과 자식을 배반하고 도망쳤다는 것이다. 여러 해를 함께한 결혼 생활에도 불구하고 자식까지 팽개친 채 쉽게 이혼해버리는 사람들의 모델이다. 만인 앞에서 한 혼인 서약을 헌신짝처럼 저버리는 세태에 내성이 생겼다곤 해도, 두 사람만의 하룻밤 야합일지언정 스스로 목숨까지 던진 신라 호녀(虎女)의 지순한 사랑을 한갓 웃음거리로 치부해서야 쓰겠는가.

이걸 놓고 굳이 여필종부(女必從夫)의 성차별적 사고가 만들어낸 설화라고 서운해하는 페미니스트가 있다면 그들을 위해서 준비된 이야기가 따로 있다. 42대 흥덕왕 때 당나라에 다녀오던 사신이 앵무새 한 쌍을 구해다가 왕에게 바친다. 안타깝게도 얼마 되지 않아서 암놈이 그만 죽고 말았다. 짝을 잃은 수놈이 슬피 울기를 그치지 않자 왕은 수놈 앞에 거울을 놓아주었다. 수놈은 거울 속의 자기 모습을 제 짝인 암놈으로 알고 다가가 쪼다가 그것이 제 그림자에 지나지 않는 줄을 깨닫고는 슬피 울다가 죽었다.(「기이 2」, 〈흥덕왕 앵무〉)

그거야 날짐승 얘기일 뿐이라며 여전히 서운해한다면 한 가지 더 하자. 『수이전』에서 따왔다고 전하는 남자 편 순애보, 지귀 설화다. 『삼국유사』에는 혜공 스님 기사에 그 일부가 실려 있는데 둘을 참고하여 꾸미면 대개 이렇다. 역졸(驛卒)(역에 속하여 잡역을 하던 사람) 신분의 지귀(志鬼)라는 총각이 선덕여왕을 사모하여 상사병에 걸렸다. 소문을 들은 선덕여왕은 영묘사라는 절에 행차하는 길에 그를 접견하기로 약속을 해두었다. 탑 아래서 여왕을 기다리던 지귀는 하필 임금이 지나갈 시각에 깜빡 잠이 들었다. 여왕은 남자를 깨우는 대신, 정표로 자기 팔찌를 풀어 지귀 가슴에 얹어놓고 돌아갔다.

잠에서 깬 지귀는 여왕의 팔찌를 보자 사랑의 불길이 치솟았고, 끝내 불귀신이 되어 탑을 불태웠다[燒]던가 에워쌌다[繞]던가, 아무튼 그랬더란다.

시대와 지역에 따라 형태야 다양하겠지만, 사랑의 순수에 올인 하는 이들은 항상 있게 마련이다. 어쨌건 각박한 세태를 깨우치는 아름답고 거룩한 사랑의 사연은 길이 세인의 가슴을 울리지 않을까.

선 채로 이 자리에 돌이 되어도

　유교 윤리의 핵심인 삼강三綱은 백성과 자식과 지어미가 임금과 아비와 지아비를 향하여 바치는 무조건적 충·효·열이다. 삼국시대부터, 적어도 조선조 건국 이래 500~600년을 두고 이 윤리적 전통은 대의명분이었다. 그런데 지금은 어떤가? 군왕을 대신할 대통령은 헌법이 담보하는 국가 원수이건만 너도 나도 드러내놓고 욕설을 해대니 권위도 존경도 찾을 길이 없다. 아비 역시 권위가 없고 존경받지 못하기는 마찬가지다. 늙은 아비를 학대하는 주범은 아들이라고 한다. 남편의 권위는 또 무엇인가? 여성가족부까지 두어 양성평등을 지지하는 이 시대에 감히 아내에게 군림하려는 간 큰 남자도 드물지만, 행여 밉보이면 황혼 이혼에 재산 분할로 평생 모은 재산마저 거덜 나기 십상 아닌가. 게다가 자식들도 제 어미 편이니 별수 없이 독거노인이 되어 한을 품고 혼자 죽어갈 판이다.

　국왕이든 대통령이든 간에 존경할 만한 국가 지도자를 모신다는 것은 행복이다. 자식으로서 훌륭한 부모를 두었다는 것이나, 사랑할 뿐 아니라 존경할 만한 배우자와 부부로 산다는 것 역시 얼마나 행복한 일인가. 파렴치범을 부모로 혹은 배우자로 둔 사람들이 수치심에 얼굴을 못 들고 사는 것을 생각해보면 누구나 공감할 것이다.

　18대 눌지왕은 즉위 10년에 신하들과 잔치를 하다가 눈물을 흘린다. 왕에게는 깊은 한이 있었으니, 부왕 내물왕 때 아우 미해가 왜국에 볼모로 보내쳤고, 자신이 즉위한 후 또 다른 아우 보해를 고구려에 볼모로 보낸 바 있었던 것이다. "내 아무리 부귀를 누린다 해도 일찍이 하루라도 이 일을 잊고 울지 않은 날이 없었노라. 만일 이 두 아우를 만나보고 함께 아버님 사당에서 뵙게 된다면 온 나라 사람에게 은혜를 갚겠다. 누가 능히 이 계교를 이룰 수 있겠는가?" 왕의 하소연에 충성스런 박제상이 나서니, 그는 고구려에 가서 보해를 탈출시키고 이어서 왜국에 가서는 미해를 탈출시키는 데 성공한다. 그러나 미해의 보다 안전한 탈출을 도모하느라 스스로 남아 왜왕에게 잡힌다. 자기 신하가 된다면 죄를 용서하고 부귀를 보장하겠노라는 왜왕의 제안에 박제상은 "신라의 개돼지가 될지언정 왜국의 신하가 되지는 않겠다"며 거절한다. 왜왕은 발바닥을 벗긴 후 날 선 갈대 위를 걷게 하거나 불에 달군 무쇠 위에 세우는 등 고문을 자행하던 끝에 박제상을 불에 태워 죽였다.

끝내 박제상이 돌아오지 않자 부인은 남편을 사모하는 정을 이기지 못하여 세 딸을 데리고 치술령에 올라가 왜국을 바라보고 통곡하다가 죽었다.

_「기이」, <내물왕 박제상>

이 기록에는 나와 있지 않은 부속 설화가 꽤 있다. 박제상의 세 딸 중 둘째 딸만 남아 어린 남동생을 키워내니 그가 곧 <방아 타령>으로 유명한 백결선생이요, 둘째 딸은 일본서 돌아온 왕자 미해의 아내가 되었다는 것, 부인은 죽어서 망부석望夫石이 되었다는 것 등등이다.

기왕 망부석이 나왔으니 조금 더 천착해보자. 본래 사람이 돌로 된다는 설화는 동서양을 막론하고 일찍부터 있어 왔다. 그리스 신화에 '메두사'라는 괴물이 나온다. 메두사는 머리칼 한 올 한 올이 다 뱀으로 되어 있는 여자 얼굴의 괴물로 그것을 보는 사람은 순식간에 돌로 변해버린다. 구약 「창세기」에선 소돔을 멸할 때에, 뒤를 돌아보지 말라는 하느님의 명을 어긴

롯의 아내가 소금 기둥으로 변한다. 금기를 어겨서 돌이 되는 이야기는 우리 설화 중 장자못 설화에서도 빠질 수 없는 화소話素로 나온다. 그러나 남자를 기다리던 여자가 돌이 된다는 발상은 좀 다른 이야기다.

> 그대가 죽어서 전장의 흙이 되면[君爲塞下土],
> 저는 기다리던 산머리에 돌이 되겠죠[妾作山頭石].

이것은 명나라 유적의 〈정부사征婦詞〉라는 작품이지만, 중국 한대의 『신이경』에 보면 정통 망부석 전설이 전한다. 호북성 무창현 북산 위에는 사람 모양의 돌이 있다. 어느 정숙한 여인이 전장에 나가는 남편을 이 산에서 전송하고 난 뒤에, 산마루에 올라 바라보며 남편을 기다리다가 지쳐 돌이 되었다는 것이다. 한국의 경우는 이 치술령 망부석을 비롯하여 〈정읍사〉 배경 설화의 망부석이 가장 오랜 것으로 보인다. 이런 기다림의 미학을 승화시킨 시로 우리는 김소월(1902~1934)의 〈초혼〉을 꼽는다.

> 선 채로 이 자리에 돌이 되어도
> 부르다가 내가 죽을 이름이여!
> 사랑하던 그 사람이여!
> 사랑하던 그 사람이여!

박제상 이야기에는 충·효·열이 다 절절히 살아 있다. 임금을 위해 자기를 기꺼이 희생하는 박제상의 충, 아버지의 외로운 넋을 그리며 죽어간 딸들의 효, 남편을 간절히 사모하던 끝에 순절한 아내의 열. 이것이야말로 우리 조상들이 이상적 윤리 체계로 받들어온 삼강의 모범이다. 지금 누가 남성 지배 이데올로기의 결정판이라고 비판한다 해도 우리는 이 이야기에서

진·선·미를 갖춘 진정성을 느끼지 않을 수 없다. 물론 시대에 따른 행동 양식은 다를 수밖에 없지만, 이를 굳이 가부장제의 합리화로 보는 성차별적 시각에 동조할 일은 아니라고 본다.

꼭 대통령이 아니라도 나라의 원로가 어른으로 대접받는 나라, 꼭 유명 인사가 아니라도 부모가 존경받는 가정, 꼭 목숨까지 걸지는 않더라도 기꺼이 정절을 지킬 만큼 경애하는 배우자를 가진 부부 관계라면 행복하지 않을까?

껍데기 이름에 목매는 풍속

　종교성이 약한 유교 쪽은 약소하지만 불교, 도교, 기독교, 무교^{巫教} 할 것 없이 종교라면 어디나 기적이니 이적이니 신통이니 하는 신이한 현상에 대한 전설과 기록이 있다. 아마도 성자들은 초능력을 가졌을 것이니 그들은 범부들이 가늠할 수 없는 신통을 부릴 수 있었을 법도 하다. 물론 상당 부분은 과장되거나 미화된 부분도 있을 것이고 더러는 포교적 방편에서 조작된 허구도 있을 것이다. 『삼국유사』에는 불교 승려들의 불가사의한 능력이나 신비한 자취가 많이 기록되어 있다. 그중에는 출가 승려가 아닌 재가 신도의 초능력도 더러 나온다.

　승려나 도사, 신부, 목사, 무당 같은 성직자나 사제가 초능력을 가지는 것은 그렇다 치더라도 평신도가 가지는 초능력은 예외적이다. 더구나 신도와 성직자의 초능력 대결에서 신도가 성직자를 능가하는 것은 불경스럽기까지 하다. 그런데 불교 설화에서 보면 거사^{居士}(남성 불교 신도)가 스님을 이겨 먹는 일이 곧잘 일어난다.

　부처님 당시 유마^{維摩} 거사는 불이법문^{不二法門}에 관한 보살들과의 문답 대결에서 지혜 제일이라는 문수조차 코를 납작하게 만들어버린다. 중국의 방^龐거사나 부^傅대사도 출가 승려들을 능가하는 법력으로 명성이 자자했다. 우리나라의 부설^{浮雪} 거사는 그쪽에서 더욱 극적인 모습을 보여준다.

　신라 때 부설은 불국사에서 출가하여 영희, 영조 두 도반과 함께 도를 닦았다. 지리산, 봉래산에서 정진하다가 이번엔 오대산 문수도량으로 가서 수행하기로 하고 길을 나섰다. 도중에 김제 만경을 지나다가 신도 구무원의 집에서 하루를 묵게 되었다. 마침 그 집에는 18세의 말 못 하는 딸 묘화가 있었는데 부설의 법설을 듣고 말문이 열리자 죽기 살기로 매달렸다. 결국 도반들은 부설을 비웃고 떠나갔고 부설은 그녀와 결혼하여 아들, 딸 낳고 살았다. 세월이 흐른 뒤 오대산으로 갔던 두 스님은 부설에게 연민을 품고 찾아왔다. 이 장면에서 거사 부설과 영희·영조 두 스님의 도력 대결이 벌어진다. 물 세 병을 공중에 매달아놓고 쳐서 깨는 것이다. 영희 스님이 치니 병이 깨지며 물이 쏟아진다. 영조 스님이 치니 역시 병이 깨지고 물이 쏟아진다. 마지막으로 부설이 치니 병만 깨지고 물은 공중에 그대로 매달려 있었다. 거사 부설의 완승이었다. 역시 신통력의 대결이란 형태를 취하지만, 물론 이것은 은유 혹은 상징이다. 어쨌건 부설은 아들 등운, 딸 월명, 아내 묘화와 더불어 재가자로서 출가승을 능가한 수도를 성취했다.

　김유신은 일찍이 늙은 거사 한 사람과 교분이 두터웠다. 세상 사람들은 그가 누구인지 알지 못했다. 그때 공의 친척 수천秀天이 오랫동안 나쁜 병을 앓으므로 공이 거사를 보내어 진찰해보도록 했다. 때마침 수천의 친구 인혜因惠라는 스님이 찾아왔다가 거사를 보더니 업신여기어 말했다. "그대의 모습을 보니 간사하고 아첨하는 상인데 어찌 남의 병을 고치겠는가." 이에 거사는 말했다. "나는 김 공의 명을 받고 마지못해서 왔을 뿐이오." 인혜가 말했다. "그대는 내 신통력을 좀 보라." 이에 향로를 받들어 향을 피우고 주문을 외니 오색구름이 이마 위를 두르고 하늘꽃이 흩어져 떨어졌다. 그러자 거사가 말한다. "스님의 신통력은 불가사의합니다. 저에게도 역시 변변치 못한 기술이 있어서 시험해보고 싶으니 청컨대 스님께서는 잠깐 동안만 제 앞에 서 계십시오." 인혜는 하라는 대로 했다. 거사가 손가락을 한 번 튕기자 인혜는 공중으로 거꾸로 올라가는데 그 높이가 한 길이나 되었다. 한참만에야 서서

히 거꾸로 내려와 머리가 땅에 박힌 채 말뚝과 같이 우뚝 섰다. 옆에 있던 사람들이 그를 밀고 잡아당기어 보나 꼼짝도 하지 않았다. 거사가 나가버리니 인혜는 거꾸로 박힌 채 밤을 새웠다. 이튿날 수천이 사람을 시켜 이 사실을 김유신 공에게 알리니 김 공은 거사에게, 가서 인혜를 풀어주라고 했다. 그 뒤로 인혜는 다시 재주를 부리지 않았다. 「신주」, <밀본최사>

인혜라는 스님과 이름도 없는 거사의 조우, 그리고 우연찮은 신통력 대결. 여기서 자신만만한 스님이 거사에게 완패하고 개망신을 당하는 것이다. 거사라고 업신여기던 스님의 패배를 보고 그거 고소하다 싶기도 하지만, 여기서 우리는 오늘을 사는 교훈과 지혜를 발견하게 된다. 몸은 출가지만 마음은 재가[身出家心在家]도 있고 몸은 재가이나 마음은 출가[身在家心出家]도 있다 하듯이, 출가다 재가다, 성직자다 신도다 하는 이름에 얽매여서는 안 된다.

한때 학력 위조가 사회적 문제로 심각한 논란을 일으킨 적이 있다. 그중엔 탁월한 실력자들이 위조범이 되어 지탄을 받아 세인을 안타깝게 했다. 위조를 하고 시치미 뗀 채 대접받는 것이야 법적으로 도덕적으로 용납할 일이 아니지만, 한편으론 위조를 권하는 학벌지상주의가 더 큰 문제가 아닐까 싶다. 같은 실력을 가졌더라도 대학을 나왔느냐 못 나왔느냐, 대학도 명문을 나왔느냐 그렇지 못하느냐, 박사 학위가 있느냐 없느냐에 따라 평가와 대우가 달라진다면 언제라도 학력 위조의 유혹을 떨쳐버리기는 어려울 것이다. 학력學歷 말고 진짜 실력을 측정할 수 있는 평가 척도를 마련하지 못한 처지에 그것은 차선책이 아니냐 하겠지만, 우리 사회의 학벌지상주의가 도를 넘은 것은 누구라도 부정할 수 없는 현실이다.

껍데기 학력만 믿고 방자하게 세상을 사는 사람들이 무명의 실력파들과 겨루기를 하여, 스님 인혜가 거사에게 그랬듯이 개망신을 당하는 시대가 온다면, 세상은 좀 더 정의롭고 사람들은 좀 더 행복하지 않을까? "껍데기는 가라/ 사월도 알맹이만 남고/ 껍데기는 가라"고 노래했던 신동엽(1930~1969)의 시구에 아직도 울림이 있다.

진짜 인재와 가짜 인재 가려내기

사람이 늙어서도 버리지 못하는 욕심을 노욕^{老慾}이라 하고 그것이 추하다고 하여 노추^{老醜}라고도 한다. 성욕을 다스리지 못하는 것도 노추고, 권력을 놓지 못하는 것도 노추고, 재물에 집착하는 것도 노추다. 그런데 끝까지 놓기 힘든 노욕이 명예욕이란다. 호랑이는 죽어 가죽을 남기고 사람은 죽어 이름을 남긴다 했으니 꽃다운 이름을 후세에 전하는 것[流芳百世]이 좋지 더러운 이름을 후세에 남기는 것[遺臭萬年]이야 누가 원하겠는가.

그러나 진정한 명예라면 명예욕과는 거리가 있다. 저절로 쌓인 명예야 명예롭지만 지위를 탐하거나 상찬을 구하는 명예욕은 그리 명예롭지 않다. 옛날에는 명예욕을 멀리하고 깊은 산 후미진 골짜기에 숨어 사는 것을 명예로 알기도 하였으니 그런 이들을 은사^{隱士}라 하여 존경하였다. 정치적 지조를 중시하여 그런 이도 있고 속세를 기피하여 그런 이도 있어서 한결같지는 않다. 조선의 생육신이나 중국의 백이숙제는 앞의 예이고, 종교적 수도자들의 경우는 뒤의 예이다. 그밖에 준비하는 은일^{隱逸}(세상을 피해 숨음)도 있다. 위수 강가에서 곧은 낚시질을 하며 세월을 낚던 강태공(여상)이나 유비의 삼고초려에 마지못해 응했다는 제갈공명 같은 경우는, 언젠가 쓰일 날을 기다리며 경륜을 가다듬는 은사였다고 할 만하다.

그러면 은일이 반드시 명예인가? 염세적 기피나 이기적 보신은 어찌할 것인가? 세상에 아무 이익을 주지도 못하면서 혼자 숨어 평생 수도만 한다면 그건 또 무슨 의미를 가지는가? 다음 이야기에서 이런 의문의 해답을 찾아보자.

고승 연회顕僧는 일찍이 영취산에 숨어 살면서 매양 연경을 읽으며 보현관행
을 닦고 있었다. 뜰에 있는 연못에는 항상 연꽃 두어 송이가 피어 사철을 두
고 시들지 않았다. 당시 국왕이었던 원성왕은 그 상서롭고 신기함을 듣고서
그를 불러 국사로 삼으려 했다. 스님이 그 소식을 듣고는 암자를 버리고 숨
었다.

서령의 바위를 넘어가노라니 한 늙은이가 밭을 갈고 있다가 스님에게 어디
를 가느냐고 물어 왔다.

"나라에서 내 소문을 잘못 듣고서 나를 벼슬로 얽매려 들기에 그것을 피해
가는 길이오."

그 늙은이는 듣고 나서 말했다.

"여기서 팔아도 되는데 무얼 그리 수고스럽게 멀리 가서 팔려고 하오? 스님
이야말로 이름 팔기를 진정으로 싫어하는 게 아니로군."

연회는 늙은이가 자기를 모욕하는 것이라 하여 그 말을 듣지 않고 가던 길
을 계속해서 갔다. 몇 리쯤 더 가다가 시냇가에서 한 노파를 만났다. 그 노
파 역시 연회에게 어딜 가는 길이냐고 물어 왔다. 연회는 앞서 했던 답변을
그대로 들려주었다. 노파는 앞에서 웬 사람을 만난 적이 있느냐고 물었다.
연회는 한 늙은이가 있었는데 내게 심한 모욕을 주기에 언짢아서 그냥 오는
길이라고 말해주었다. 그랬더니 노파가 알려주었다.

"그분이 바로 문수보살인데 그 말씀을 듣지 않았으니 어쩌지요?"

이 말을 듣고 연회는 놀랍고 송구스러워 급히 그 늙은이 있는 곳으로 되돌
아왔다. 그러고 머리를 숙이고 뉘우쳤다.

"성인의 말씀을 어찌 감히 듣지 않겠나이까! 이제 이렇게 되돌아왔나이다."

연회가 다시 자기 암자로 돌아와 있자니, 이윽고 사자가 왕명을 받들고 왔

다. 연회는 마땅히 받아들여야 할 업임을 깨닫고 부름에 응하여 대궐로 갔다. 그리고 그는 국사로 봉해졌다. 「피은」, <연회도명 문수점> 초역

진흙 속에 처하되 물들지 않는 정결함이 연꽃의 특징이라면, 여기서 사철 피는 연꽃은 비록 티끌세상에 머물되 오욕^{五慾} 번뇌를 초월한 스님의 모습을 보여준다고 할 것이다. 연경^{蓮經}은 '묘법연화경'이니 줄여서 '법화경'이라 하지 않고 '연경'이라 한 것도 의도적이다. 연꽃 같은 스님이 연꽃을 피우며 연꽃 경전을 읽는다니 한 세트가 될 법하지 않은가.

다음으로 국사 추대를 피하여 암자를 버리고 가는 스님 이야기는 은사들의 보편적 행동거지다. 그런데 밭 가는 늙은이의 비판이 일품이다. 명예를 거부하여 숨는다면서 실상은 명예욕이 없는 도인이라는 상찬을 기대하고 더 높은 명예를 누리기 위해 숨는 것이 아닌가, 하는 일침이다. 이것은 소부와 허유의 귀 씻기 고사와 유관하다.

요 임금이 천하를 물려주려고 후임자를 찾던 중 산에 숨은 허유를 불러 천자위를 넘기려 하였다. 이 소식을 들은 허유가 못 들을 소리를 들었다고 냇가에서 귀를 씻었다. 은사 소부가 마침 소에게 물을 먹이러 갔다가 그 사연을 들었다. 이 말을 듣자 소부는 크게 웃으며 "그대가 깊은 계곡에 산다면 사람 다니는 길이 통하지 않을 텐데 누가 자네를 볼 수 있단 말인가. 자네가 일부러 떠돌며 알려지기를 바라고 명예를 구해서 그렇게 된 것이 아닌가?" 하고 나무랐다. 그리고서 귀 씻은 더러운 물을 소에게 먹일 수 없다며 상류로 끌고 가서 물을 먹였다. 여기서 허유에게 한 소부의 말과 연회에게 한 노인의 말은 그 뜻이 같다.

연회가 평소 닦던 것은, 보현보살의 도요 국사 직을 받으라고 한 노인은 문수보살이다. 문수는 지혜의 보살이요, 보현은 실행의 보살이다. 물러나 지혜를 닦았으면 나아가서 이를 실행에 옮겨야 한다는 뜻이 있음 직하다.

요즈음은 선거판이다. 저마다 높은 자리에 오르겠다고 야단들이다. 진묵스님이 했다는 "가짜 중[假僧]은 입산하고 진짜 중[眞僧]은 하야한다"는 말을 조금 비틀어 패러디하면, "가짜 인재[假士]는 설치고 진짜 인재[眞士]는 숨는다" 할 만하다. 이건 불행이다. 진짜 인재가 나오도록 환경을 만들어주고 경륜을 펼치도록 보장해주어야 한다. 진사와 가사를 가리는 것이 선거의 진정한 구실이다. 또한 가사가 진사를 몰아내는 그레셤 법칙(나쁜 돈이 좋은 돈을 몰아내는 시장 원리)을 막는 일은 유권자의 몫이리라.

만파식적에 담긴 평화 염원

예로부터 집권자는 부국강병富國强兵에 집착했다. 따지고 보면 현대도 기본적으로 거기서 크게 벗어나지 않는다. 그래서 경제와 국방(안보)이 국정의 양대 축이다. 경제는 제쳐놓고 국방을 보자면, 또 두 가지가 있으니 적성국敵性國을 향한 당근과 채찍, 즉 강온 양방향에서 생각할 수 있다. 강경책은 강한 군대를 키워 힘으로 제압하는 것이요, 온건책은 친선과 문화 교류로 다독거리는 것이다. 『이솝우화』에 나오는 바람과 햇볕의 내기처럼 남북 관계에서도 과거 군사정권에서는 적대적 강경책인 바람정책을 썼지만 그 한계를 깨닫고 그 후 10년에는 우호적 온건책인 햇볕정책을 써왔다. 요즈음 남북회담 혹은 북미회담을 보면서도 이명박·박근혜 정부의 대북정책과 문재인 정부의 대북정책의 대조에서 기시감을 느낀다. 물론 바람정책의 불가피성이나 햇볕정책의 한계성을 무시한 일방적 비난이나 지지를 두둔하자는 것은 아니지만 말이다.

역사를 돌아보아 삼국시대는 어떠했을까? 상무정신이 투철하던 고구려는 중원의 주인인 수·당조차 물리쳤고 호전적인 백제는 강병주의로 일관하였다. 그러나 삼국통일을 이룬 것은 강대국 고구려나 백제가 아니고 변방에 자리한 약소국 신라였으니 이것은 어떤 힘 때문이었을까?

제31대 신문왕은 왕이 되자 아버지 문무대왕을 위해 동해변에 감은사를 창건했다. 이 절은 본래 문무왕이 왜병을 진압하고자 짓기 시작한 것으로 아들이 완공한 것이다. 이듬해 5월 초하루 해관 파진찬 박숙청이 아뢰었다. "동해 속에 있는 작은 산 하나가 물에 떠서 감은사를 향해 오는데 물결에 따라 오락가락합니다." 왕이 일관을 시켜 점을 치게 하니 "문무왕이 지금 바다의 용이 되어 삼한을 진호하고 계십니다. 문무왕과 김유신 두 성인이 덕을 함께하여 이 성을 지킬 보물을 주시려고 합니다." 왕이 이견대利見臺로 가서 그 산을 바라보고 사자를 보내어 살피게 하니, 산 모양은 마치 거북이 머리처럼 생겼는데, 산 위에 한 그루의 대나무가 있어 낮에는 둘이었다가 밤에는 합해서 하나가 되었다.

왕이 배를 타고 그 산에 들어가니 용 한 마리가 검은 옥대를 바친다. 왕은 용에게 물었다. "이 산의 대나무가 혹은 갈라지고 혹은 합치는 것은 무엇 때문인가?" 용이 대답했다. "비유해 말씀드리자면 한 손으로 치면 소리가 나지 않으나 두 손으로 손뼉을 치면 소리가 나는 것과 같습니다. 이 대나무란 물건은 합쳐야 소리가 나는 것이오니 임금께서는 소리로 천하를 다스리실 징조입니다. 왕께서 이 대나무로 피리를 만들어 부시면 온 천하가 화평해질 것입니다. 이제 대왕의 아버님께서는 해룡이 되셨고 김유신은 다시 천신이 되어 두 성인이 마음을 같이하여, 값으로 칠 수 없는 이런 큰 보물을 보내시어 나로 하여금 바치게 한 것입니다."

왕은 놀라고 기뻐하여 오색 비단과 금옥을 주고는 사자를 시켜 대나무를 베어가지고 돌아왔다. 왕이 대궐로 돌아오자 그 대나무로 피리를 만들어 월성 천존고에 간직해두었다. 이 피리를 불면 적병이 물러가고 병이 나으며 가뭄에는 비가 오고 장마 지면 날이 개며 바람이 멎고 물결이 가라앉는다. 이 피리를 만파식적萬波息笛이라 부르고 국보로 삼았다. 「기이」, <만파식적> 초록

나라의 모든 풍파를 잠재운다는 마법의 피리 만파식적에 관한 이야기는 같은 책에서 좀 더 이어진다. 32대 효소왕 때 국선 부례랑이 무리를 거

느리고 강원도 통천으로 놀러갔다가 원산만 부근에서 말갈족에게 피랍되는 사건이 일어난다. 이 무렵 왕은 국보인 피리[神笛]와 거문고[玄琴]가 사라진 것을 알고 당황한다. 이때 부례랑의 부모가 백률사 부처님에게 기도하니 적국에서 말먹이를 하고 있던 부례랑에게 어느 스님이 피리와 거문고를 들고 나타난다. 스님의 유도대로 탈출에 성공하여 귀국하니 사라졌던 피리와 거문고도 함께 돌려졌다. 이 영험한 사건으로 인해 나라에선 피리 호칭을 한 단계 높여 '만만파파식적'이라고 불렀다.(「탑상」,〈백률사〉)

또 하나의 이야기는 38대 원성왕 때다. 일본 왕이 군사를 일으켜 신라를 치려다가 만파식적의 소문을 듣고 군사를 물린다. 먼저 피리를 없애야 하겠다고 판단한 일본 왕은 작전을 바꿔 금 50냥에 이 피리를 팔라고 제안한다. 원성왕은 물론 거절한다. 그러자 이번엔 금 1000냥을 줄 테니 구경만 하자고 고쳐 제안한다. 왕은 역시 거절했다.(「기이」,〈원성대왕〉)

이 설화의 배경은 용 사상과 습합된 신라의 호국불교 사상이란 주장에, 각종 모반 사건 등으로 흔들리는 왕권을 붙잡기 위해 조작한 어용 설화라는 주장까지 대립된다. 그러나 어떤 쪽으로 보든 여기서 읽을 수 있는 의미 가운데 분명한 것이 있다. 그것은 국방(혹은 왕권 확립)을 물리적 힘, 군사력으로만 풀려고 하지 않았다는 점이다. 엉뚱하게도 피리나 거문고 같은 악기에다 열쇠를 쥐어주고 있는 것이다.

신라의 국방과 통일의 주역인 화랑을 보면 알 만하다. 『삼국유사』나 『삼국사기』를 종합하면, 지도자 화랑의 인선 기준은 무술이나 용력이 아닌 인물과 덕행이었다. 낭도를 모아 군사훈련을 시키기보다는 "더불어 도의를 닦고 가악을 즐기고 산수를 유람했다"고 했다. 그들이 중시한 것은 전술이 아니었다. 향가를 부르고 차를 마시며 풍류를 즐기고 국토 대자연을 사랑했다. 세속오계를 지키고 풍류도를 받들었다. 피리로 표상되는 율려, 풍류, 음악은 화해의 정신이요, 문화적 힘이다. 문무가 다 필요하지만, 21세기

평화 공존 시대에 우리가 본받을 것으로는 고구려의 상무尙武보다는 신라의 숭문崇文이 더 바람직하지 않겠나. 『중용』에서 공자는 '강强'을 두고 북방의 강함과 남방의 강함으로 나누어 설명하고 있다. 너그럽고 부드러움으로 가르치고 무도함에 보복하지 않는 것이 '남방지강南方之强'이고, 창검과 갑옷을 깔고 죽어도 싫어하지 않는 강포함이 '북방지강北方之强'이라고 했다.

어느 쪽으로 강국을 만들 것인가는 선택의 문제다. 남북이 예술단을 주고받으며 '봄이 온다', '가을이 왔다' 하며 노래하는 것이 평화의 길일까, 아니면 우리가 더 무서운 무기 가졌다고 서로 악다구니하며 어깨 으쓱거리는 것이 평화의 길일까. 이 좁은 땅에서 마주 보고 미사일 쏘고 핵폭탄 터뜨리면 누가 이긴들 남는 게 무엇일까. 노자도 유능제강柔能制剛(부드러움이 굳셈을 이긴다)이라고 했다.

원효와 의상의 거리 재기

헤르만 헤세(1877~1962)의 『나르치스와 골드문트』라는 소설이 있다. 국내 번역은 '지체와 사랑'이라고 되기도 했는데, 필자에게는 이런 번역이 그다지 적절해 보이지 않는다. 자유스런 방랑의 예술가 골드문트와 근엄한 금욕주의 수도사 나르치스를 대비함으로써 생의 이원성, 인간의 두 가지 근본적인 존재방식을 다룬 작품이다. 인간은 누구나 육체와 정신, 감성과 이성, 혹은 쾌락주의와 금욕주의, 현실주의와 이상주의 등등 가치의 양극성에 노출되어 고민하는 때가 있다. 이 두 가지는 정녕 이율배반적이요, 서로 모순되는 것인데 우리가 양자택일해야만 하는 것일까. 이들은 마땅히 통합되어야 온전한 하나가 되는 것이고 그것이 우리의 전인성全人性을 보장하는 것은 아닐까.

『삼국유사』를 읽다가 원효와 의상, 이 두 거목을 대비하여 바라보고 싶은 충동을 느꼈다. 사실은 그것이 본래 취사선택해야 하는 둘이 아니라 우리 내부에 있는 두 가지 성향일 뿐일지라도 비교하는 과정에서 어떤 깨침을 얻을 수도 있기 때문이다.

스님이 어느 날 엉뚱하게도 거리에서 다음과 같은 노래를 불렀다.

그 누가 자루 없는 도끼를 빌려주지 않으려나?
그러면 나는 하늘 떠받칠 기둥을 찍을 텐데.

사람들이 아무도 그 노래의 뜻을 알지 못했다. 이때 태종이 이 노래를 듣고 말했다. "이 스님은 필경 귀부인을 얻어서 귀한 아들을 낳고자 하는구나. 나라에 큰 현인이 있으면 이보다 좋은 일이 없을 것이다." 이때 요석궁에는 마침 과부 공주가 있었으니, 왕이 궁리(궁에서 일하는 관리)에게 명하여 원효를 찾아 데려가라 했다. 궁리가 명령을 받들어 원효를 찾으니 그는 이미 남산에서 내려와 문천교 다리를 지나고 있었다. 이때 원효는 일부러 물에 빠져서 옷을 적셨다. 궁리가 스님을 궁에 데리고 가서 옷을 말리고 그곳에서 쉬게 했다. 공주는 과연 태기가 있더니 설총을 낳았다. 설총은 나면서부터 지혜롭고 민첩하여 경서와 역사에 널리 통달하니 신라 십현 중에 한 사람이다. (…) 원효는 이미 계를 잃고 총을 낳은 후로는 속인의 옷을 바꾸어 입고 스스로 소성 거사小姓 居士라고 하였다. 그는 우연히 광대들이 가지고 노는 큰 박을 얻었는데 그 모양이 괴이하였다. 스님은 그 모양을 따라서 도구를 만들어, 화엄경에서 말한 "일체의 무애인은 한 길로 죽고 사는 것을 벗어난다"는 문구에서 따서 이 박을 무애無旱라 이름 짓고, 계속하여 노래를 지어 세상에 퍼뜨렸다. 평소에 이 도구를 가지고 수많은 마을에서 노래하고 춤추면서 교화하고 읊다가 돌아오곤 했다. 가난한 서민들도 모두 부처의 이름을 알고 나무아미타불을 부르게 하였으니 원효의 교화야말로 참으로 컸도다.

_「의해」, <원효불기>

참고로 말하자면, 무애無旱는 막히고 거칠 것이 없다는 뜻이다. 또 참고로, 설총은 지금도 성균관 문묘에서 제사 모시는 동방 18현 가운데 으뜸이니 '천주요天柱謠'라는 노래대로 '하늘 떠받칠 기둥' 노릇을 한 셈이다.

원효와 의상은 함께 보덕 화상을 찾아가 『열반경』을 배웠다. 현장에게 유식학을 배우고자 당으로 가던 길에 요동에서 첩자로 몰려 함께 곤욕을 치렀고, 이어서 바닷길로 재차 동반 입당을 기도하는 등 여덟 살의 나이 차(원효가 연상)를 극복하고 참 가까이 지내던 도반이었다. 그러나 해로海路 입당 과정에서 두 사람의 인생행로는 영 틀어지고 만다. 오래된 무덤에서 해골 물을 마시고 깨쳤다는 원효. 그는 "신라에 없는 진리가 당에는 있으며 당에 있는 진리가 신라에는 없겠는가?" 하고 더 이상 입당 유학의 필요성을 느끼지 못하게 되자 곧바로 되돌아왔다. 이미 일체유심조一切唯心造의 이치를 알기에 그는 자발적 파계를 통해 요석공주에게서 설총을 낳았고, 파격적 교화에 나선다. 당대의 괴짜 중 혜공, 대안 같은 승려들을 따라 그도 거리로 나가 노래하고 춤추었다. 왕이나 귀족들의 비위나 맞추며 대접받는 승려가 아니라 장바닥이나 가난한 시골 마을을 돌며 그들의 눈높이에 서서 불법을 전했다.

한편 의상은 끝내 유학하여 중국 화엄종의 제2조 지엄 화상에게 배우고 스승을 능가하는 도를 이루었다. 그런 의상을 지극히 연모하던 선묘善妙라는 중국 여인이 너무나 냉정한 의상에게 절망하여 바다에 투신하였다는 일화가 전한다. 지금 부석사에는 그녀의 초상을 모신 선묘각이 있고 조사전 벽에도 선묘상이 붙어 있는데 그것은 바로 그녀의 혼백을 위로하기 위해서다. 이것은 지계관持戒観(계율을 보는 관점)에서 의상이 원효와는 상당한 차이가 있음을 보여주는 것이다. 의상은 근엄한 수도승으로 몸가짐이 엄정했던 모양이다. 원효가 세속에 뛰어들어 대중 교화를 하였다면 의상은 산속에서 교단을 만들어 제자를 양성했다. 원효는 제도권 밖에서 소외자를 위한 제도濟度를 했고, 의상은 제도권 안에서 격식을 갖춘 교화를 한 것이다.

의상은 〈화엄일승법계도〉 정도가 주로 언급될 뿐으로 본격적인 저술 활동을 거의 하지 않은 것으로 보인다. 그러나 원효는 만년에 경율론經律論을 망라한 100여 종 240여 권을 썼고, 『대승기신론소』, 『금강삼매경론』 등은 중국에서도 높은 평가를 받았다. 대신 의상은 표훈 등 이른바 대덕 열 명을 비롯하여 통칭 3000명의 제자를 길러냈지만 원효에겐 직계 제자가 별로 없다.

근엄한 수도사 나르치스는 골드문트를 사모했고, 자유분방한 예술가 골드문트는 나르치스를 사모했다. 어쩌면 의상은 원효, 그 무애도인의 하화중생下化衆生(아래로 중생을 교화함) 방편을 부러워하고, 원효는 의상, 그 청정비구의 상구보리上求菩提(위로 깨달음을 구함) 자세를 부러워하지 않았을까? 원효와 의상의 우열을 논하자는 것이 아니다. 우리의 본성이 아무리 전일적全一的이라 해도 존재 방식, 행동 양식에서는 어차피 선택이 불가피하다면 고민은 깊어진다. 지금도 우리 사회는 구성원들에게 보수와 진보, 강경과 온건, 좌와 우 등 특정 패거리에 소속되기를 강요하고 있지 않은가.

궁예와 견훤의 패륜

강상을 범한다느니 강상을 무너뜨린다느니 하는 말에서 강상^{綱常}이란 삼강오상^{三綱五常}을 가리킨다. 요컨대 가장 가까워야 할 부모와 자식, 가장 의리가 중시되는 임금과 신하 사이에 끼어든 배신은 강상을 무너뜨린 것으로 지탄받는다. 군부^{君父}와 신자^{臣子}라는 말도 있지만 이런 경우의 배신을 흔히들 패륜이라고 일컬었다. 배신이 가장 횡행하는 아사리판이 다름 아닌 정치판, 즉 권력의 세계가 아닐까 싶은데, 흥미로운 것은 군신과 부자를 겸하는 경우다. 역사에서 부왕과 왕자 사이의 패륜적 행태가 유난히 관심을 끄는 것은 군신과 부자, 국가와 가정이라는 이중적 동기가 상승효과를 내기 때문이다.

중학교 1, 2학년 무렵으로 기억하는데, 역사를 가르치던 선생님이 권력의 치부를 건드리는 일화를 하나 들려주었다. 일본의 어느 왕자가 부왕의 자리를 찬탈하는 쿠데타를 일으켰다. "아버지는 무능하니 자리를 내놓으시오." 왕자가 부왕에게 당장 왕권을 내놓으라고 협박하자 자식의 배신에 분노한 아버지는 아들에게 칼을 던진다. 왕자는 잽싸게 몸을 피하여 목숨만은 건졌지만 그의 오른쪽 귓바퀴가 떨어져 나갔다. 왕권을 빼앗는 데 성공은 했지만 신왕(왕자)은 이때부터 사진 찍기를 싫어하였고 부득이 찍더라도 오른쪽 귀가 안 보이도록 얼굴을 조금 돌리고 찍었다. 대강 이런 얘기였다. 내 기억이 맞는다면 주인공은 메이지유신의 주역 메이지 천황이었다. 에도 시대의 마지막 천황 고메이와 15세 새파란 나이에 왕위에 오른 영웅 메이지 간의 얘기라면 아무래도 정사보다는 야사일 듯하다. 조실부모하고 아버지를 늘 그리워하던 어린 필자에게 그것은 커다란 충격이었다. 배은망덕도 분수가 있지, 어떻게 감히 자기 아버지를 내쫓고 왕위를 찬탈하는 패륜을 저지를 수 있는가.

그러나 자라면서 보니 부자간의 패륜적 권력 다툼은 세상에 비일비재였다. 불전을 읽다가 보니 마갈타국의 범비사라왕은 왕자 아사세의 배반으로 왕위에서 쫓겨나 감옥에 갇혀 죽는다. 유사한 상황은 세계 7대 불가사의 중 하나라는 타지마할 창건 설화에서도 재현되고 있었다. 로마의 영웅 줄리어스 카이사르도 양아들 브루투스에게 시해당하면서 그 유명한 최후의 한마디 "브루투스, 너마저도!"를 남기지 않았던가.

당장 우리 근대사에서 태조 이성계와 태종 이방원의 경우도 그랬다. 세자 책봉에서 부왕의 뜻이 이복 아우에게 기운 것을 눈치챈 방원은 '왕자의 난'을 일으키어 이복 아우들을 도륙했다. 상심한 태조는 정종에게 양위하고 한양을 떠나 함흥차사의 사연을 엮는다. 결국 왕위를 차지한 태종이 하도 환궁을 요청하자 태조는 마지못해 돌아오게 되는데, 이때 태종은 교외에 큰 장막을 치고 몸소 마중한다. 여전히 분노를 삭이지 못한 태조가 아들 태종을 만나자 손수 화살을 날리지만, 이런 사태를 미리 알고 세워둔 기둥 덕분에 태종은 목숨을 건진다. 이번엔 술잔을 올리는 태종을 죽이려 소매 속에 철퇴를 준비했으나 내시를 시켜 대신 전하게 함으로써 위기를 넘긴다. 별수 없는 태조가 "모두 하늘의 뜻이로다!"라고 탄식하며, 태종에게 옥새를 건네었다는 일화다. 이것도 야사니까 믿거나 말거나다. 요즘도 패륜 범죄는 차마 보도하기 어려워하듯이 예전에도 강상을 범하는 경우는 정사에서 기피하여 야사의 몫으로 넘어가는 경우가 적지 않았던가 싶다.

앞에서도 언급한 바 있듯이, 궁예는 신라왕(47대 헌안왕 혹은 48대 경문왕)의 아들로 태어났으나 반역할 것이란 점쟁이 말을 들은 부왕에 의해 버림을 받는다. 바리공주(버려진 공주, 일명 바리데기) 아닌 바리왕자인 셈이다. 여종의 도움으로 목숨을 건지고 몰래 길러진 그는 불우한 청소년기를 보내면서 원한에 사무쳐서 결국 조국 신라를 멸망시키려 했으니 부왕의 배신에 패륜으로 응수한 셈이다. 그리스의 오이디푸스 신화를 연상시킨다.

견훤은 신라에서 한갓 비장^{裨將}(지방 수령의 보좌관) 벼슬을 하던 처지에 반역하고 서라벌에 쳐들어가 왕을 죽이고 왕비를 겁탈하고 보물을 도적질하는 등 패륜을 저지른다. 후백제를 세웠으나 세자 책봉에 불만을 품은 맏아들 신검은 부왕이 후계자로 삼으려던 동생을 죽이고 아비를 금산사에 유폐시킨다. 탈출하여 왕건에게 의탁한 견훤은 자기가 세운 나라를 무너뜨리는 데 앞장서고, 나라가 망한 뒤엔 왕건이 배신자 신검을 죽이지 않고 용서했다고 분통을 터뜨리며 죽었다. 비극도 이쯤 되면 어이가 없다.

신라는 운수가 다하고 도를 잃어 하늘이 돕지 않고 백성이 돌아갈 곳이 없게 되었다. 이에 뭇 도적이 틈을 타서 일어나니 고슴도치의 털과 같았다. 그 중에서도 강한 도적은 궁예와 견훤 두 사람이었다. 궁예는 본래 신라의 왕자로서 도리어 제 나라를 원수로 삼고 심지어는 선조 왕의 초상화를 칼로 베었으니 그 어질지 않음이 너무 심했다. 견훤은 신라의 백성으로 일어나서 신라의 녹을 먹으면서 역심을 품어 나라의 위태로움을 기화로 신라의 도읍을 쳐서 임금과 신하를 마치 짐승처럼 죽였으니 참으로 천하의 원흉이다. 때문에 궁예는 그 신하에게서 버림을 당했고, 견훤은 그 아들에게서 화가 생기었으니 모두 스스로 취한 것이어서 누구를 원망한단 말인가. 「기이」, <후백제 견훤>

범부들은 고작해야 재욕 아니면 색욕에 무릎 꿇고 무너진다. 영웅들은 권력욕에 무너지고 최악의 경우 패륜으로 막을 내린다. 승자의 기록으로만 보아도 궁예나 견훤이 영웅인 것만은 틀림없다. 권력을 좇아 윤리를 저버린 영웅의 말로는 참 비참하다. 민심은 패륜의 과보로 맞이한 파국을 동정하지 않는다.

4.19 혁명 때 경무대(청와대) 한 방에서, 이승만에게 양자로까지 바쳤던 맏아들 이강석의 권총에 부모와 형제가 자결하던 이기붕 일가의 비극은 별로 동정받지 못했다. 2001년 총기 난사로 왕실 일가 여덟 명이 몰살당하는 참극을 딛고 네팔 왕위에 올랐던 왕제 갸넨드라가 7년 만에 왕조의 문마저 닫고 하야했건만 세계인의 눈길은 오히려 차갑기만 했다.

피하는 사람과 흔들리지 않는 사람

수도승에겐 계율^{戒律}이라는 금기도 많지만 그중에도 가장 힘든 것은 색계임에 틀림없다. 그러기에 카필라의 왕자 싯다르타도 설산 고행 6년에 가장 참기 힘든 욕망이 색욕이었다고 고백했겠다. 여북해서 그가 제자(비구)들에게, "차라리 칼로 남근을 베어버리거나 독사의 입에 집어넣는 한이 있더라도 음행을 해서는 안 된다"고까지 극약 처방을 했을까 싶다. 그래서 수행자들이 등장하는 설화에서는 여성(드물게는 남성)의 유혹을 어떻게 물리치는가, 혹은 어떻게 파계하는가 하는 것이 흥미로운 주제다. 저자 일연은 비구승으로서 자신이 겪은 체험이 절실했기에 한결 공감하면서 이런 설화들을 거두었을 법하다.

백월산(경남 창원시 소재) 인근 마을에 인물이 출중하고 뜻이 고매한 두 친구가 살았으니 이름이 노힐부득과 달달박박이다. 처자를 거느리고 살던 이들은 20세가 되자 세속을 떠나 머리를 깎고 중이 되어 각기 백월산 깊은 골짜기로 들어가 박박은 북쪽 산마루에 암자를 짓고 아미타불을 염송하며 수도했고, 부득은 동쪽 산마루에 암자를 짓고 미륵불을 모시고 수도하였다. 3년이 미처 못 되던 성덕왕 8년(709) 4월 초파일의 일이다. 스무 살쯤 돼 보이는 얼굴이 매우 아름다운 한 아가씨가 난초와 사향의 향기를 풍기면서 박박이 수행하던 북쪽 암자에 나타나 하룻밤 자고 가기를 청했다. 그러자 박박은 "절은 깨끗해야 하는 곳이니 가까이 오지 말고 지체 없이 다른 데로 가

보시오" 하고 문을 닫았다.

아가씨는 다시 부득이 수행하던 남쪽 암자에 와서 자고 가기를 청했다. 부득은 "비록 여자와 함께 있을 곳은 아니나 깊은 산골에 날이 어두웠으니 물리칠 수가 없군요" 하고 방으로 맞아들여 암자에 머무르게 하였다. 밤이 되자 부득은 벽을 바라보며 조용히 염불을 하고 있는데 밤이 샐 무렵 여자는 갑자기 아기를 낳겠다고 하고 산후 조리를 부탁했다. 물을 데워 목욕통 안에 여자를 앉히고 씻기자니 물에서 향기가 진동하고 물이 금빛이 되었다. 여자가 "스님도 이 물에 목욕함이 좋겠습니다" 권하매 부득은 마지못해 여자 말대로 목욕하니 갑자기 정신이 상쾌해지고 몸은 금빛으로 되고 옆에는 연대(연꽃 모양으로 된 부처님의 앉을 자리)가 생겼다. "나는 관음보살인데 스님이 깨달음을 얻도록 도운 것이오." 말을 마치자 여자는 사라졌다.

한편 박박은, 친구 스님 부득이 여자의 유혹에 넘어가 파계했을 것이라 짐작하고 찾아가서 보니, 부득은 연화대에 앉아 미륵불이 되어 금빛으로 단장되어 있었다. 박박은 저절로 머리를 조아리고 그간의 경위를 듣고 나서 "나는 마음속에 가린 것이 있어서, 다행히 부처님을 만났으나 도리어 대우하지 못했다"고 후회하였다. 부득은 박박에게 "통 속에 금물이 남아 있으니 목욕함이 좋겠네" 하여 목욕을 시키니 박박도 아미타불이 되었다. _「탑상」, <남백월 **이성 노힐부득 달달박박**>

군더더기 장엄(아름답고 거룩하게 장식함)을 빼버리고 나면, 설화의 골격은 명확하다. ① 노힐부득과 달달박박이란 잘생긴 20대 상남자 둘이 구도를 위해 출가했다. ② 백월산 깊은 골에 들어 부득 스님은 동쪽에, 박박 스님은 북쪽에 각기 작은 암자를 짓고 홀로 정진했다. ③ 수도 3년을 지낼 무렵의 어느 저녁, 20대 아리따운 여인이 박박에게 나타나, 날이 저물었으니 하룻밤 묵어가게 해달라고 간청했다. ④ 박박은 여자가 들어오면 부정 탄다고 당장 쫓아내고 문을 닫았다. ⑤ 여인이 이번엔 부득에게 찾아가 같은 부탁을 했는데 그는, 깊은 산 어두운 길에 차마 여인을 쫓아낼 수 없어서 암자 안으로 받아들였다. ⑥ 부득은 밤이 깊도록 염불을 하면서 여인을 외면했지만, 여인은 옷을 벗고 갖은 유혹을 했다. ⑦ 여인 목욕시키기 내지 함께 목욕하기 등 여인의 요청은 들어주되, 부득은 끝내 여인의 유혹에 무릎 꿇지 않았다. ⑧ 이튿날, 마음이 모질지 못한 친구가 여인을 들였다가 파계하지 않았을까 걱정이 된 박박이 와서 보니 부득은 멀쩡했다. ⑨ 박박은 부득의 수행 정도가 자기보다 한 수 위임을 인정하고 감복했다.

여자 없는 곳에 살면서 금욕하기는 쉽다. 성 불구자가 되어 금욕하기도 쉽다. 물론 마음으로 음욕에 시달리는 것이야 별개 문제지만 적어도 음행은 안 할 것이다. 아니 못할 것이다. 바로 그것이다. 진정으로 계행이 청정하다고 한다면, 할 수 있는 여건이 못 되어 못 하는 게 아니라, 여건이 되더라도 안 하는 것이다. 보리수 아래서 치열한 정진을 하던 싯다르타에게 마왕은 미녀들을 보내어 갖은 유혹을 하지만 이에 흔들리지 않음으로써 그는 부처를 이룬다. 욕망으로부터의 자유, 번뇌로부터의 해탈을 달성한 것이다.

황진이의 유혹에 세간의 사나이 화담 서경덕이 흔들리지 않았는데 출세간의 승려 지족 선사는 면벽 수행 10년에도 불구하고 흔들렸단다. 화담같이 흔들리지 않을 자신이 있다면 받아들여도 좋겠지만, 지족 선사처럼 흔들릴 위험이 있으면 단칼에 거절하는 결단력이 있어야 한다. 피가 뜨거운 20대의 젊은 남자에게 아리따운 여인이 제 발로 찾아든다든가, 보는 이도 듣는 이도 없는 깊은 산속의 밤이라든가, 악마의 시험은 이렇게 완벽한 설정을 전제로 한다. 이 시험에서 부득은 흔들리지 않을 자신이 있어서 받아들였으니까 잘했다. 박박은 흔들리지 않을 자신이 없어서 피했으니 잘했다. 둘 다 잘했다. 그러나 부득이 박박보다 한 수 위인 것은 의심의 여지가 없다.

다음은 다소 뉘앙스가 다른 설화다.

신라 제40대 애장왕 때였다. 승려 정수正秀는 황룡사에서 지내고 있었다. 겨울철 어느 날 눈이 많이 왔다. 저물 무렵 삼랑사에서 돌아오는 길에 천엄사를 지나는데, 문밖에 한 여자 거지가 아이를 낳고 언 채로 누워서 거의 죽어가고 있었다. 스님이 보고 불쌍하게 여겨 끌어안고 오랫동안 있었더니 숨을 쉬었다. 이에 옷을 벗어 덮어주고, 벌거벗은 채 절로 달려갔다. 거적때기로 몸을 덮고 밤을 지새웠다. 「감통」, <정수사 구빙녀>

얼음장 같은 여인의 몸을 품에 안고 체온으로 녹여 살린 일이 더 장한 것인가, 한겨울 밤에 벌벌 떨며 돌아와 거적 덮고 밤을 새울망정 여인에게 단벌 옷을 벗어준 일이 더 장한 것인가. 죽어가는 생명을 살리는 일인데, 맨몸으로 여자를 가까이 할 수 없다는 금기(계)에 얽매였더라면 여자와 아기는 죽었을 것이다. 스님 신분과 체면에 벌거벗고 길을 달린다는 일은 있을 수 없다고 생각하여 여자에게 옷을 벗어주지 않았더라면 역시 여자와 아기는 죽었을 것이다. 중생 제도를 한갓 고매한 설법으로 최선을 삼는다면 비현실적 관념유희다. 때로는 팔만장경보다 밥 한 그릇이, 물 한 모금이, 옷 한 자락이, 약 한 봉지가 더욱 소중할 수 있음을 받아들여야 할 것이다.
　근세의 유명한 선승 경허 스님이 정신이상에다 비렁뱅이인 문둥이 여인을 절집으로 끌어들여 품에 안았다는 기행은 또 어찌되는가? 무애행이다, 자비행이다, 미화해선 안 될 파계일 뿐이다, 말들이 무성한 모양이다.

〈원왕생가〉에 서린 금욕주의

『삼국유사』에 값아 있는 보석 중의 보석은 향가와 거기 얽혀 있는 설화일 것이다. 먼저 제5권 「감통」편 〈광덕엄장黃德嚴莊〉에 나오는 〈원왕생가顚往生歌〉를 돌아보기로 한다. 읽기(해독)에 대하여는 하도 여러 의견이 있지만 대강 뜻만 간추린다.

> 달님! 이제/ 서방까지 가거든
> 무량수 부처님께/ 말씀 아뢰소서.
> 다짐 깊은 부처님 우러러/ 두 손 모아
> 원왕생 원왕생 하며/ 그리워하는 사람 있다고
> 아아, 이 몸 남겨두고/ 사십팔대원이 이루어질까.

신라 문무왕 때에 광덕과 엄장이라는 사이좋은 두 수도자가 있었다. 광덕은 분황사 서쪽 마을에 숨어 살면서 신 삼는 일을 하였고, 엄장은 남쪽 산속에 암자를 짓고 살면서 화전을 일구어 농사짓고 생활했다. 그들은 늘 다짐하기를, 누구든 먼저 죽어 저승으로 가게 되면 서로 꼭 알려주자고 했다. 어느 날 저물녘에 엄장이 암자 방 안에 앉아 있는데 창밖에서 광덕의 목소리가 들려왔다.

"여보게! 나 먼저 서방(극락)으로 가네. 자네도 잘 있다가 속히 내 뒤를 따라오소."

엄장이 이튿날 광덕의 집을 찾아가 보니 광덕은 이미 죽어 있었다. 엄장은 광덕의 아내를 도와 장례를 치르고 나서 홀로 된 친구 부인에게 말했다.

"여보시오! 남편이 죽었으니 이제 나하고 사는 게 어떻겠소?"

광덕의 아내는 함께 살기를 선선히 허락했다. 그러나 밤이 되어 엄장이 아내를 범하려 하자 여자는 단호히 남자를 거절했다.

"스님께서 서방정토에 가시려는 것은 마치 나무에 올라가 물고기를 잡으려는 것과 같습니다."

"광덕도 당신과 살았는데 나라고 안 될 것 없지 않소?"

"남편은 나하고 십여 년을 살았지만 한번도 잠자리를 같이한 일이 없는데 어찌 내 몸을 더럽혔겠습니까? 다만 밤마다 단정히 앉아 한결같이 아미타불을 불렀으니, 그 정성이 서방극락 안 갈래야 안 갈 수 없지요. 하지만 스님을 보아하니 서방이 아니라 동방으로 가고 있는 것 같습니다."

이렇게 야무지게 퇴자를 맞은 엄장은 부끄러워 더 이상 보채지 못하고 물러나와 원효 스님을 찾아가 지도를 받고 도를 이루었으며, 마침내 서방극락으로 갔다 한다.

서방은 아미타불(무량수불)이 살고 있다는 극락정토를 가리키는데, 신라인이 가진 미타 정토 신앙은 퍽 열렬했던 것 같다. '밝은 달이 창문으로 비치는 밤이면, 때로 그 빛을 타고 앉아 가부좌하여' 염불했다는 광덕은, 시간 따라 서쪽으로 서쪽으로 기울어지는 달을 보며, 그 달을 메신저 삼아 아미타 부처님께 하늘에 사무치는 서원을 전하는 것이다.

"원왕생 원왕생 하며/ 그리워하는 사람 있다고." 원왕생이란 서방극락 정토에 가서 태어나기를 원한다는 뜻이다. 신라에는 원래 불국토 사상이 있었다. 신라 땅이 전세 부처님 인연의 땅이어서 앞으로 부처님이 오실 땅, 선택받은 나라라고 본 것이다. 이러한 불국토 사상은 신라인의 종교관이 적극적이고 건전했다는 얘기가 된다. 그들은 한국인 고유의 전통처럼 현실을 긍정하고 인간을 사랑했던 것이다.

　그러나 〈원왕생가〉에는 그와 다른 불건전성이 보인다. 현실 도피적 측면, 이승을 거부하고 육신을 학대하는 반인간의 냄새가 난다. 그가 숨어 살았다는 것부터가 그렇고, 아내와 십여 년을 동거하면서 금욕을 고집했다면, 이는 청정비구의 지계持戒와는 또 다른 것이다. 그것은 성에 대한 병적 편견, 결벽증인 것이다. "황촉오호況觸汚乎?" 하물며 손을 대어 내 몸을 더럽혔겠는가, 그 말이다. 부부 간의 성관계가 몸을 더럽히는 몹쓸 짓인가?

　불전에도 부부로 살면서 성관계를 하지 않고 수행하는 이야기가 더러 보이지만, 한국 가톨릭 역사에 나오는 이른바 '동정부부童貞夫婦' 이야기는 또 어떤가? 대표적으로 유중철(요한)과 이순이(루트가르다)의 사례가 있다. 주문모 신부의 주선으로 결혼하여 4년 동안 부부가 아닌 남매처럼 지내다가 1801년의 박해 때에 순교했다고 한다. 이들은 부득이 위장 결혼을 통하여 실제론 수사와 수녀처럼 사는 길을 원했던 모양이다. 하지만, 이순이가 남긴 한글 편지를 보면 이 기간 동안 십여 차례나 동정을 파기하고 싶은 유혹에 시달렸다고 고백했다. 비구나 비구니, 신부나 수녀처럼 해탈 혹은 헌신의 방편으로 선택한 동정이나 금욕은 존경받을 만하다. 성직자나 종교인이 아니더라도 자기 소신에 따른 동정과 금욕이라면 마땅히 존중되어야 한다. 아울러, 부부로서 결혼 생활 중이라면 외도는 추악하고 정절은 미덕이라 함도 수긍할 일이다. 그러나 일반(기혼이든 미혼이든)에게 성교性交는 추악하고 동정이 미덕이라고 설득하려 한다면 수긍할 수 있을까? 아무튼 한국 천주교 역사에서, 결혼 초부터 동정으로 살거나 결혼 중간에라도 금욕 내지 별거를 한 신자들을 기리는 모양새는 고행주의를 보는 듯해서 불편하다. 세계적으로 유례가 없다는 전제까지 깔고서 말이다.

　2018년 2월 28일, 미투mee to 운동의 와중에 천주교 사제의 성폭력 사건이 사회문제로 떠오르자 김희중 대주교는 천주교를 대표하여 사과문을 발표했다. 그 가운데는 "(사제들이) 독신의 고귀한 가치를 지키며"라는 구절이 있다. 독신이 웬 고귀한 가치? 절로 고개를 갸웃하게 되는 것은 결혼을 비천한 일로 보는 듯 들리기 때문이다.

"아아, 이 몸 남겨두고/ 사십팔대원이 이루어질까." 사십팔대원은 아미타불이 아직 수행자로 있을 때 세운 48가지 서원이라 하는데, 이 대목에서는 살아 숨 쉬는 현실에 대한 회의와 좌절이 보이고 사후 세계에 대한 맹목적 동경심이 어른거린다. 좀 더 현실에 당당히 맞서고 행복을 추구함이 바람직한 것 아닐까 싶다.

말의 힘, 노래의 힘

삼국시대의 다른 문화 현상에서도 종종 겪는 일이지만, 향가의 배경 사상을 불교로만 이해하려고 들면 벽에 부닥칠 일이 많을 것이다. 우리 문화에는 불교가 들어오기 이전부터 있었던 고유의 원시종교가 깊이 뿌리 내리고 있었기 때문이니 이것이 샤머니즘^{shamanism}과 애니미즘^{animism}이다. 샤머니즘인즉 신과 인간, 이승과 저승을 오가는 신령스런 매개자로서 무당(샤먼)이 있다. 그들은 황홀경^{ecstasy}이나 빙의^{possession}에 의해 신과 교통하며 복을 빌고 재앙을 물리치며 신의 뜻을 전하고 미래사를 예언한다. 애니미즘은 수목, 동물, 암석 등 온갖 자연물과 자연현상 속에 정령이 들어 작용한다고 보아 이를 신성시하고 숭배하는 일련의 신앙 행위이다. 이러한 신앙이 문학과 손잡을 때 생겨나는 것 중의 하나가 언어 내지 노래에 부여한 신비한 힘이다. 그 신비를 풀려면 각별히 배경 설화를 주목해야 한다.

고대인들은 언어(문자, 상징, 도상, 지표 포함)에 신비한 영혼이나 신이 들어 있다는 생각을 하였다. 이른바 언령 신앙이요, 언신 사상이다. 여기서 생긴 대표적 기호가 주문이고 부적이니, 다라니 같은 밀교의 주술성[口密]이 힘을 보탰다. 이것이 문학적으로 가공되어 시가나 문장 형태로 나타나고, 다시 여기에 음악이 결합하고 무용이 손을 잡아 굿(원시 종합 예술)으로 전개되기도 했다.

앞에서 나온 이야기이지만, 신라 성덕왕 때 순정공이 수로부인을 데리고 강릉 태수로 부임하는 길에 해변에서 머물다가 아내를 해룡에게 납치당했을 때 어떻게 했던가. "뭇사람의 입은 쇠라도 녹이는 법"이란 노인의 귀띔을 듣고 〈해가〉라는 노래를 지어 군중과 함께 부르니 용이 아내를 내놓았다(「기이」, 〈수로부인〉) 했다. 이 설화가 옛사람의 언어관을 잘 보여주고 있지만, 언어는 시로 노래로 음악으로 외연을 넓혀간다. 월명 스님의 피리 이야기도 그 연장선에 자리하고 있다.

월명 스님은 사천왕사에서 살았는데 피리를 잘 불었다. 한번은 달밤에 피리를 불면서 문밖 한길을 지나고 있자니 서천으로 가던 달이 피리 소리를 듣느라고 한 자리에 멈춰서더란다. 그래서 그 동네 이름을 월명리^{月明里}라 부르게 되었다고 한다.(「감통」, 〈월명사 도솔가〉) 일연 스님의 해설인즉, 달이 멈춘 것은 달나라 사는 선녀 항아가 피리 연주에 감동해서 그런 것이라고 했다. 이 이야기에 덧붙여 일연 스님이 전한바 "향가가 하늘과 땅, 귀신을 종종 감동시켰다"는 말도 언어, 노래, 음악 등이 가진 막강한 주술적 위력을 확인시킨다.

신라 35대 경덕왕 19년(760) 4월 초하루, 하늘에 해가 둘이 나타나서 열흘이 돼도 사라질 줄 모르는 변괴가 일어났다. 오늘날 기상 과학에서는 이것을 무리해 혹은 환일^{幻日, parhelion} 현상으로 설명하고 있지만, 당시엔 나라에 재앙이 닥칠 조짐이라고 두려워했다. 임금이 일관(점성사)에게 명하여 대책을 물었다. "인연 있는 중을 청하여 부처님께 꽃 뿌리는 공양을 올리면 재앙을 물리칠 수 있을 것입니다." 이리하여 뽑혀 온 중이 월명 스님이었다. 재식에서는 인도의 산스크리트 말 혹은 중국의 한문으로 된 범패를 부르는 것이 상례이지만 스님은 굳이 향가를 불렀으니 이것이 곧 〈도솔가〉이다. 요샛말로 대강 풀면 이렇다.

오늘 여기에 꽃 뿌리고 노래 부르니,
뿌려진 꽃이여 너는

곧은 마음으로 명命을 받들어

미륵 님을 잘 모시려무나.

이 노래를 부르고 나니 해의 이변이 사라졌음은 물론이다. 신비하고 막 강한 힘을 가진 마법의 주가呪歌이다. 여기에 미륵이 나오니 불교를 제쳐놓고 말하기는 곤란하지만, 이는 불교와 원시 신앙의 습합이 낳은 작품이지 순수한 불교적 전통에서 나온 것은 아니다. 필자 생각으론, 미륵은 '미르[龍]'을 가리키고 이 작품은 가뭄(한발)이란 재앙을 퇴치하기 위하여 비의 신[雨神]인 용을 부르는 기풍·기우의 의식요다.

어쨌든 천문天文의 이상을 해소하는 노래의 힘, 미륵을 모셔 오는 꽃의 매직 파워, 그것은 천체와 인간, 신불神佛과 꽃 등 온 우주가 하나의 거대한 생명체로서 뜻이 오가고 말이 통하는 신비의 하모니다. 일체의 갈등과 불화를 소멸시키는 신성한 기운이 향내처럼 풍긴다.

특히 〈혜성가〉의 주력呪力은 그 스케일이 단연 탁월하여 글로벌 클래스도 뛰어넘어 유니버설 클래스다.

옛날 동쪽 물가 건달바가/ 놀던 성城을 보고

왜군이 왔다고/ 봉홧불 올린 변방 있어라.

세 화랑의 산행 소식 듣고/ 달도 부지런히 불 밝히는데

길 쓰는 별을 보고/ 혜성이라고 사뢴 사람이 있다.

아아, 달도 이미 떠나갔거니/ 여기 무슨 혜성이 있을꼬?

이 노래는 신라 진평왕 16년(594)에 융천이란 분이 지어 불렀다고 하는데, 〈도솔가〉와 같이 천문의 이상이 모티브가 되고 있다. 이번엔 해가 아니라 별(혜성)이 문제이니, 고인들은 혜성이 나타나면 국가적 대난이 생길 것

이라고 하여 혜성을 요성^{妖星}(요사스런 별)이라 하면서 대단히 불길하게 보았던 것이다.

이 무렵 화랑 3인(거열랑, 실처랑, 보동랑 등)이 각기 부하들을 거느리고 금강산 유람 길에 나서는데 바야흐로 혜성이 나타나 28수 별자리의 중심인 심대성을 침범한 변괴가 일어난 것이다. 그런데 왜군이 동해로 침공하는 것과 타이밍이 맞아떨어지니 혜성 출현의 심각성은 대단했을 것이다. 이에 국방에 비상이 걸리고 화랑들의 산행은 취소될 수밖에 없었다. 그리하여 주술사인 융천이 이 신령스러운 노래를 불렀으니 그 의미는 대개 이렇다.

"동해 멀리서 왜군의 배가 쳐들어오고 있다고 봉화^{烽火}를 전해 왔다는데 그건 잘못 본 것이네. 그것은 옛날 '음악의 신'인 건달바가 조화를 부려 만든 성곽이니 다름 아닌 신기루, 일명 해시^{海市}란 것이지. 왜군은 무슨 놈의 왜군! 혜성이 나타났다고, 임금의 별인 심대성을 범했다고 소란을 떠는 모양인데 그것도 모르는 소리. 세 화랑께서 부하들 거느리고 유람차 금강산을 가신다 하니 달이 높이 떠 부지런히 길을 밝히고, 별은 길을 쓸어 깨끗이 청소하느라고 나온 것뿐이지, 살별(보면 운수가 아주 나빠지는 별)은 무슨 놈의 살별! 아, 이제 달도 길 안내를 끝내고 서쪽으로 가버렸는데 살별 따위가 어디 있을 턱이 있겠는가."

살별이라고 불리는 혜성은 긴 꼬리를 끌고 다니는 특수한 별이니 그 모양이 빗자루 같아서 비 혜^彗 자를 쓰는데 융천은 바로 이 점에 착안한 것이다. 달은 하늘의 조명사^{照明師}요, 혜성은 하늘의 청소부다. 존귀하신 화랑들께서 금강산을 오르신다 하니 달과 별이 그분들의 산행을 돕느라고 동원된 것뿐인데 무슨 상서롭지 못한 호들갑이냐. 이 점이 언어의 주력^{呪力}을 믿는 데서 나온 기막힌 발상이다. 즉, 그렇게 믿고 그렇게 말(노래)하면 그렇게 된다는 주술적 인과 논리. 노래의 주력이 통해서 혜성은 사라졌고, 왜군은 신기루처럼 물러갔으며, 화랑들은 아무 일 없었다는 듯이 산행을 계속했던 것이다.

노래는 신라시대에만 주술적 기능을 발휘하고 현대엔 그저 오락적 기능, 예술적 기능에 머무는 것일까? 주술성이라면 거부감이 들지 모르나 노래는 그 쓰임에 따라 현대에도 막강한 힘을 발휘한다는 주장이 있다.

> 노래는 겁에 질린 사람을 일으켜 세웠고, 노래는 산악 밀림 어둠을 깨웠다. 노래는 정신이었고 노래는 희망이었다. 노래는 사랑이었고 노래는 투쟁이었다. 노래는 마시는 물이 됐고, 노래는 먹는 밥이 됐다. 노래는 모든 것이었다. (…) 노래는 그렇게 소중했다. 나는 수많은 민족해방·민주혁명 전선을 취재하는 동안 저마다 노래에서 투쟁 동력을 얻는 걸 보았다. 노래는 혼이었고 노래는 무기였다. _정문태, <노래는 혼이었고 노래는 무기였다>, 「한겨레」(2016. 5. 21.)

〈임을 위한 행진곡〉의 제창 여부로 승강이를 하던 광주 시민과 박근혜 보훈처의 줄다리기를 보며, 연 인원 천만을 넘겼다는 광화문 촛불집회에서 〈아침 이슬〉, 〈상록수〉 등의 떼창으로 민심을 모으던 현장을 보며 노래의 막강한 힘을 다시 곱씹어 생각한다. 예술이, 문화가 남북 화해와 통일의 마중물로서 매직 파워를 발휘했으면 좋겠다.

효도와 카니발리즘

　유교적 가치관이 중심인 『삼국사기』는 물론이고 불교적 가치관이 중심인 『삼국유사』 역시 효에 관한 기록이 적지 않다. 그러나 효의 방식에 관해서는 또한 이의가 없지 않다. 그중에도 어머니의 음식을 빼앗아 먹는다고 어린애를 매장하려 한다든가, 음식 봉양을 하기 위해 자식이 자기 살을 베어 인육 요리를 해드린다든가 하는 이야기에 이르면 엽기적이라 할 것이다. 엽기성이 강한 만큼 어디까지가 실화인지, 아니면 과장되거나 조작된 설화인지 구분하기 어렵다.

　공주에 향득이란 사람이 있었다. 흉년이 들어 그 아버지가 거의 굶어죽게 되자 향득은 다리 살을 베어 봉양했다. 고을 사람들이 사실을 자세히 왕께 아뢰니 벼 500석을 상으로 하사했다. _「효선」, <향득사지 할고공친>

　신효 거사라는 이의 집이 공주에 있었는데 효성을 다하여 어머니를 봉양했다. 어머니는 고기가 아니면 먹지 않으므로 거사는 고기를 구하려고 산과 들을 돌아다니다가 (…) 고기를 얻지 못하자 자기의 넓적다리를 베어서 어머니께 바쳤다. _「탑상」, <대산월정사 오류성중>

　이른바 '할고割股'는 넓적다리 살을 베어낸다는 것이니 '할고요친割股療親'(넓적다리 살을 베어 부모의 병을 고친다)이란 성어가 생길 만큼 지극한 효행의 본보기로 삼았다. 그러나 백범 김구 선생도 밝혔듯이 그게 만만한 일이 아니다. 임종이 다가오는 아버지를 살리기 위한 마지막 방법으로 할고를 행하려다가 실패한 기록이 『백범일지』에 있다. 고절한 인품에다 탁월한 용단력을 갖춘 백범임에도 불구하고, 큰맘 먹고 허벅지 살을 베는 데까지는 성공했지만 살점을 떼어내려고 하니 너무 아파서 '손톱만큼도' 떼어내지 못하겠더란 것이다. 스스로 탄식하기를 "손가락이나 허벅지를 베어내는 것은 진정한 효자나 하는 것이지, 나와 같은 불효자가 어찌 효자가 되랴" 하고 부끄러워했다.

향득向得의 고사는 『삼국사기』「열전」에도 '향덕向德'이란 이름으로 좀 더 자세히 나온다. 흉년이 들어 백성들이 굶주리던 무렵 향덕의 부모는 굶주릴 뿐 아니라 여역(전염성 열병)까지 걸렸고, 특히 어머니는 종기가 나서 사경을 헤매는 처지였다. 향덕은 자기 살을 베어 부모를 봉양하고 종기의 고름을 입으로 빨아 치료했다고 한다. 그런데 김부식은 당나라 「효우열전」을 인용하여 여기에 비판을 가하고 있다. 부모가 병이 들면 약을 달여드려야지, 자식의 몸을 베어내 부모를 먹인다는 것은 어떤 성현도 한 바 없지 않은가. 그게 의로운 일이라면 공자, 맹자부터 행했을 것 아닌가, 그 소리다. 그런 일을 하다가 자식이 자칫 건강을 해치고 죽게 된다면 오히려 부모께 죄짓는 일인데 표창을 한다니 말이 되느냐고도 따진다.

옛사람들은 수도를 해도 고행주의요, 충성이나 효도를 해도 자학주의로 해야 직성이 풀렸던가 싶다. 더구나 산 사람의 살이나 피를 치료용이나 식용으로 한다는 것은 야만스러운 카니발리즘cannibalism에 지나지 않는다. 하기야 요즘에도 뱀파이어니 드라큘라니 하는 황당한 이야기에 환호하는 모습을 대하면 혹시나 젊은이들이 가학성/피학성 음란증에 오염되는 것이나 아닌지 살짝 걱정스럽다. 웃자고 하는 이야기에 죽자고 덤비더라고, 아마도 괜한 우려이겠지만.

손순은 아버지가 죽자 아내와 함께 남의 집에 품을 팔아 양식을 얻어 늙은 어머니를 봉양했다. 손순에게는 어린아이가 있어서 늘 어머니의 음식을 빼앗아 먹으니, 손순은 민망히 여겨 그 아내에게 말했다. "아이는 다시 얻을 수 있지만 어머니는 다시 구하기 어렵소. 그런데 아이가 어머님 음식을 빼앗아 먹어서 어머님은 굶주림이 심하시오. 그러니 이 아이를 땅에 묻어서 어머님 배를 부르게 해드려야겠소." 이에 아이를 업고 취산 북쪽 들판에 가서 아이 묻을 구덩이를 파다가 이상한 석종石鐘을 얻었다. (…) 전후 사정을 들은 왕이 집 한 채를 내리고 해마다 벼 50석을 주어 지극한 효를 숭상케 했다.
「효선」, <손순매아>

덧붙은 설화가 있다. 중국 한나라 때 곽거郭巨라는 이가 있었는데, 집은 가난했으나 효성이 지극했더란다. 어머니가 아이에게 당신 음식을 늘 나누어주니까 어머니 먹을 것이 적었다. 곽거는 아내와 의논하여 아이를 땅에 묻기로 하고 땅을 석 자가량 파니 황금솥이 하나 나왔다. 그 덕분에 자식은 매장당하지 않게 되었다. 이 설화의 신라 버전은 황금솥이 못 되고 고작 석종이라지만 아이를 살리기는 마찬가지였다.

어머니에게 음식을 많이 먹이려면 자식인 저희가 덜 먹는 것이 맞지, 죄 없는 어린애를 생매장하여 죽이려 하다니, 도무지 이해하기 어려운 잔혹 범죄다. 비속 살인 미수로 처벌해야 할 아비어미를 오히려 표창한다는 발상도 그렇다. 그러나 이런 유의 이야기라면 우리 민담 속에 수두룩하다.

한 효부가 있었는데 늙은 시어머니가 병이 들었다. 온갖 약을 다 써도 듣지 않아 드디어 세상을 뜨게 생겼다. 하루는 도승이 집에 왔는데 며느리는 마침 잘 됐다 싶어, 시어머니 살릴 방도를 가르쳐달라고 간절히 부탁했다. 도승이 어렵게 가르쳐주기를, 어린애를 삶아서 그 물을 먹이면 낫는다고 했다.

마침 며느리에게는 아이가 하나 있었다. 며느리가 생각하기를, 시어머니는 한번 죽으면 영영 못 보지만 자식은 또 낳으면 다시 볼 수 있다, 하고 자식을 삶아 먹이기로 했다. 며느리는 밖에서 돌아오는 자식을 부엌으로 데리고 들어가서 큰솥에 넣고 뚜껑을 덮은 후 불을 때서 펄펄 끓였다. 그런데 저녁때가 되니 솥에 넣은 줄 알고 있는 아이가 밖에서 돌아왔다. 깜짝 놀라 솥을 열어보니 솥에는 아이가 없고 아이만큼 큰 동삼童蔘(어린아이 모양처럼 생긴 산삼)이 끓고 있었다. 동삼 달인 물을 시어머니에게 드렸더니 당장 병이 나았다. 며느리의 효성에 감동한 도승이 동삼을 보내어 끓여 먹게 한 것이었다. _임석재, 『한국구전설화: 경상남도 편 I』, 191~192쪽

미당 서정주 시인의 시 〈문둥이〉의 전문은 이렇다. "해와 하늘빛이/ 문둥이는 서러워// 보리밭에 달 뜨면/ 애기 하나 먹고// 꽃처럼 붉은 울음을/ 밤새 울었다." 이미 옛날이야기가 됐지만, 필자 어린 시절엔 문둥병(한센병)을 고치려면 어린애 생간을 먹어야 한다는 속설이 파다했다. 그래서 가끔은 문둥이가 어린애를 잡아 간을 빼 먹었다는 뜬소문이 돌아서 아이들을 공포에 몰아넣곤 했다.

어린애를 삶아 먹이면 병이 낫는다는 민간 처방이 혹 있었을지도 모른다. 설사 그렇다 치더라도 환자 되는 할머니 처지에서 보자. 손자를 삶아 먹고 병이 나을지 말지는 알 수 없지만, 백보를 양보하여 거뜬하게 나았다 치더라도 그러면 이 할머니가 '얼씨구 좋다!' 행복할까.

효를 강조하려는 취지야 백번 이해하지만, 효 광신주의, 효 근본주의에 매몰되면 그야말로 효로써 효를 상하는[以孝傷孝] 것이니 과유불급이다.

에로티시즘 가면에 가린 처용아비

　신라 향가들은 대개 배경 설화를 가지고 있다. 『삼국유사』를 쓴 일연 스님 덕분이다. 스님에겐 향가를 기록하고 전달한 공로가 있을 뿐 아니라 천수백 년 전에 불린 노래를 후인들이 해석하고 감상할 수 있도록 제작 배경을 자상하게 설명해둔 공로 또한 크다. 노래가 어떤 상황에서 불리고 어떤 사연을 감추고 있는지를 설명한 배경 설화는 자체로 또 하나의 소중한 문학이 되고 있어서 매력적이다.

　향가 중 그 배경 설화가 가장 흥미롭고 현대인의 관심을 끄는 것은 아마도 〈처용가〉일 듯싶다. 문학자들뿐 아니라 〈처용가〉를 연구하는 여러 분야의 전문가들로부터 가장 다양한 해석을 이끌어내고 있는 것은 처용의 신분, 그의 정체가 가진 수수께끼 때문이다. 아니 어쩌면 수수께끼일 것이 없음에도 우리가 진실을 외면한 채 보고 싶은 것만 보는 외눈박이 시각을 가졌기 때문일 수도 있다.

　〈도솔가〉를 부른 월명도, 〈혜성가〉를 읊은 융천도, 다름 아닌 샤먼이었다. 고대국가 왕들이 으레 그렇듯 초기 신라의 왕들은 대개 나라의 제사를 담당하는 사제(무당)이기도 했겠지만, 세월 따라 제정일치로부터 정교분리의 기미가 보이매 군왕 대신 굿(제사)만 전문으로 하는 무당이 필요했던 것이다. 신라 무당으로 가장 잘 알려진 이가 처용이다.

　동해 용왕의 아들이란 그는, 헌강왕이 울진에 갔던 길에 데려다가 급간이란 높은 벼슬을 주어 왕실 전용 무당을 삼은 모양이다. 처용의 아내는 앞서 말한 순정공의 아내(수로) 못지않은 미인이었다고 한다. 그러던 어느 날 밤늦게 돌아온 처용은 낯선 사내가 자기 아내를 범하는 현장을 목격하게 된다. 이때 처용은 질투와 분노로 칼부림을 하는 대신 춤을 추며 노래한다.

> 서울 밝은 달에/ 밤들도록 노니다가
> 들어가 자리를 보니/ 가랑이가 넷이로구나.
> 둘은 내해였고/ 둘은 누구 것인가.
> 본디 내 것이다마는/ 빼앗김을 어찌할까나.

'가랑이 넷'이 보여주는 신라적 에로티시즘과, 간부^{姦夫}를 용서하는 성자적 인욕^{忍辱}이 작품의 분위기를 압도하는 바람에, 우리는 자칫 샤먼의 본질을 망각하기 십상이다. 아내의 간통 현장을 잡고 나서 노래하고 춤추는 사나이, 알고 보면 그는 지금 아내의 병굿을 하고 있는 박수무당에 불과한 것이다. 간부는 역신^{疫神}, 아내의 고운 얼굴을 박박 얽게 만들 마마 귀신이었다. 열에 들떠 앓고 있는 아내가 천연두 신에게 겁탈당하고 있다고 비유하고 그는 노래와 춤으로 한바탕 굿판을 벌여 귀신을 쫓아낸 것이다. 이로부터 〈처용가〉는 설화적 매력과 더불어 주가의 위력이 생활 밀착형으로 나타나서 주인공 처용은 더욱 인기 캐릭터가 된 것이다. 그리고 정말 흥미로운 비밀이 하나 있으니, 처용의 아내는 다른 이가 아니고 무조(무당의 시조) 바리데기라는 것이다. 그렇다면 처용 부부는 쌍으로 무당인 셈이다.

  신라 향가 〈처용가〉는 고려가요 버전의 〈처용가〉로 변신하는데 여기에는 처용 우상(인형)의 모습이 머리, 이마, 눈썹부터 코, 이, 턱을 거쳐 허리, 종아리, 발까지 자세히도 묘사되고 찬미된다. 이어서 그 유명한 '가랑이가 넷이로구나'를 포함하는 향가가 삽입되어 나온다. 그런데 향가의 끝 부분 (7, 8구) "본디 내 것이지마는/ 빼앗긴 것을 어찌하리오"가 "이런 적(때)에 처용아비 곧 보시면/ 열병신이야 횟감이로다"로 바뀐다. 주목해야 할 지점이다. 향가에선 남편 처용이 아내와 역신의 불륜 현장을 보자 체념하고 용서하는 미덕(?)을 발휘했지만, 고려가요 처용의 사전에는 용서란 낱말이 아예 없다. 처용한테 걸리기만 하면 역신 너 같은 건 횟감밖에 안 된다는 협박성 저주가 줄줄이 튀어나온다.

천금을 주리요 처용아바
칠보를 주리요 처용아바
천금 칠보도 그만두고
열병신을 나에게 잡아주소서.
산으로 들로 천 리 밖으로
처용아비를 피해 가고 싶어
아으 열병대신의 소원이로다.

복수를 위해 이를 가는 처용을 달래고자 막대한 위자료(천금, 칠보)를 제시하나 용납이 되지 않는다. 별수 없이 열병신(역신)은 산과 들, 천 리 밖으로 삼십육계 줄행랑을 치고 도망 다니는 수밖에 도리가 없다는 것이다.

붉은 얼굴에 복숭아[辟邪](재앙을 물리침)와 모란꽃[進慶](행운을 맞이함)으로 장식한 가면을 쓰고 오방색으로 분장한 큰무당 처용은 불교의 고려를 거쳐 주자학이 지배하던 조선의 궁중에도 등장했다. 궁중의 정재(기악, 노래, 춤으로 이루어진 굿 예술)에서 그는 유장한 〈수제천壽濟天〉 가락에 맞추어 길고 흰 소매를 펄럭이며 부드럽고도 힘찬 남성적 춤을 춘다. 고려시대엔나 홀로 추는 독무였던 것을 오방색으로 구분하여 다섯 명이 추는 오방신장무로 편제를 강화한 것이다. 연산군 같은 군왕은 이 춤을 너무 좋아하여 몸소 분장을 하고 춤추기를 즐겼다니 망발치고는 초대형이다.

신라인들은 집집마다 문간에 처용의 화상을 그려 붙여 귀신 쫓는 부적을 삼았다 하거니와 처용의 벽사진경 기능은 고려를 거쳐 조선조에까지 유전되었다. 궁중에선 섣달그믐에 잡귀 쫓는 나례굿에서 처용가·처용무·처용희 등으로 변용되고, 민간에서는 짚으로 인형을 만들어 처용아비(제용, 정아비)라 일컫는 액막이 풍속으로 남아 전했다. 1950년대까지만 해도, 정월이 되면 가운에 낀 재난을 예방하고자 집집이 정아비(처용아비)를 만들고 그 몸 안에 잔돈푼이나마 숨겨서 내다버리는 풍속이 살아 있었다. 아이들은 부정 타서 재앙이 묻어오는 줄도 모르고 그 돈을 서로 차지하려고 다투기도 했고.

9세기에 생성된 처용 콘텐츠가 1100여 년을 넘으며 신라, 고려, 조선을 거치고 현대에 이르기까지 사랑받은 것은 그 에로티시즘 덕분이 아니다. 그 정도의 에로틱 콘텐츠야 천지사방에 널렸다. 질병 축출이란 데서 약소하게 출발하여 인간세의 온갖 재잉을 물리치고 니이가 행운을 맞이하려는, 시공을 초월한 인간의 간절한 소망, 이것이 진실이다. 불운을 물리치고 행복을 부르려는 민중적 열망이 있는 한 아무리 허망한 짓일지라도 유사한 신앙 행위는 세상에서 사라지지 않을 것이다. 더러 미신이라 지탄받기도 하고, 전통문화로 미화되기도 하고, 혹은 종교로 승화하기도 하며 변신과 진화를 거듭하겠지만.

출세를 위한 아내 사용법

동서고금에 권력과 성의 유착은 고리가 끊어진 적이 없었다. 영웅호색이라는 말로 자기 합리화에 숟가락을 얹기도 하고, 호색을 영웅의 조건인 듯 호색영웅으로 순서를 뒤집어 '역이 반드시 참은 아니다'라는 논리학적 기본을 유린하는 과대 망상가도 없지 않은가 보다.

다음은 7세기경 신라에서 있던 일인데 그 의미를 곱씹을 만하다. 내용을 발췌하고 문장을 손질하여 싣는다.

문무왕이 서제庶弟(서모에게서 태어난 아우) 거득공車得公에게 재상 자리를 맡아달라고 하자, 그는 민정 시찰부터 먼저 하겠다고 하며 승복을 입은 거사 차림으로 위장하고 서울을 떠났다. 강릉, 춘천, 충주 등지를 거쳐 무진주[光州]에 이르러 촌락을 돌아다녔다. 이 모습을 본 관리 안길安吉은 거득공이 보통 사람이 아닌 줄을 눈치채고 자기 집으로 청하여다가 정성을 다해 대접했다. 밤이 되자 안길은 처첩 세 사람을 불러 말했다. "오늘 밤에 거사 손님을 모시고 자는 사람은 내가 몸을 마치도록 함께 살 것이오." 두 아내[妻]는 "차라리 함께 살지 못할지언정 어떻게 남과 함께 잔단 말이오?" 하고 거부하는데, 다른 아내[妻] 한 사람이 말한다. "그대가 몸을 마치도록 함께 살겠다면 명령을 받들겠습니다." 이튿날 일찍 떠나면서 거사는 말했다. "나는 서울 사람으로서 (…) 주인이 만일 서울에 오거든 내 집을 찾아주면 고맙겠소." 그 뒤에 거득공은 서울로 돌아와 재상이 되었다. 후에 안길이 서울로 찾아가니 거득공은 궁중으로 안내하고 부인을 불러내어 잔치를 벌였는데 음식이 50가지나 되었다. 임금께 아뢰어 밭 30묘(3000평)를 하사하는 등 많은 보답을 했다. 「기이」, <문무왕 법민>

핵심은 지방 관리 안길이 밀행하는 중앙관리를 알아보고 극진한 접대를 한 덕에 푸짐한 보상을 받았다는 얘기다. 김영란법도 없던 시절이니까 그렇다 치고, 문제는 그 '극진한' 접대 가운데는 자기 아내를 동침하게 내놓는 대목까지 포함하고 있다는 점이다. 비범한 인물을 알아보고 자기 딸을 잠자리에 밀어넣는 이야기는 드물지 않지만 자기 아내를 바치다니! 처첩 3인이란 말로 보아 처가 아닌 첩(원문엔 처로만 나옴)이라 하더라도 그렇지, 세 아내 중에서 하나를 처음부터 손님 접대용 여분으로 장만해두었을 리도 없는데 말이다. 손님으로 가서 주인의 아내를 잠자리에 넙죽 받아 챙기는 그 친구는 또 뭐냐 싶기도 하고.

세계의 성 풍속사를 놓고 보면, 손님에게 아내를 제공하는 해괴한 풍속이 유럽이나 아시아의 소수민족 중에도 있다 하고, 심지어는 공공연히 돈 받고 자기 아내를 임대하는 경우까지 있다고 한다. 그렇지만 예의지국이니 군자지국이니 하며 자부하던 나라에서 이런 야만적 풍속이 버젓이 사서에까지 오른 것을 그냥 넘기기는 참 어렵다. 현대에도 뇌물로 성 접대가 횡행하고, 아내나 여친에게 성매매를 강요하는 파렴치한도 있지 않더냐, 하고 쏘아붙이면 할 말 없지만, 그래도 읽거나 듣기에 적잖이 불편하다.

각설하고, 필자에게 각별히 눈길이 가는 대목은 동침을 거부한 앞의 두 아내와, 동침을 수락한 뒤의 한 아내의 선택이다. ① 손님과 동침하지 않으면 평생 동거를 보장할 수 없다. ② 손님과 동거한다면 평생 동거를 보장한다. 두 선택지를 던져놓고 세 아내의 눈치를 보는 남편(안길)의 태도는 일방적 강요보다야 한결 좋아 보이긴 하다. 그건 그렇다 치고 아내들의 선택은 ① 이혼을 할지언정 외간 남자와 불륜을 저지를 수 없다는, 명분을 중시하는 두 여인과 ② 평생 동거를 보장한다면 까짓 거 하룻밤쯤 불륜을 마다할 것 없다는, 실리를 중시하는 한 여인으로 나뉜다. 뒤의 여인은 상대적으로 중간에 버림받을 확률이 높은 불안정한 신분이었기에 자구책을 모색한 듯도 하고, 남편의 출세를 위해서는 어떤 민망한 일도 감수하는 적극적인 성격일 듯도 하다. 몰래 바람피우는 것도 아니고 남편의 요구가 먼저 있어서 응한 것뿐이니 뒤의 아내가 보다 현명한 여인일까. 아니면 설령 남편이 출세하고 자기에게도 이로울지라도 부도덕한 요구는 단호하게 거부하고 이혼까지 감수하겠다는 두 여인의 선택이 용기 있는 일일까.

권력을 가진 자에게 당한 성폭력을 고발하는 이른바 '미투' 운동이 미국에서 시작하더니 어느새 한국으로까지 번지고 있다. '한국으로까지'가 아니라 요즈음엔 한국에서 가장 뜨거운 이슈가 되어 방송, 인터넷 등을 달구는 중이다. 특히 문화계 원로들이 가해자로 등장하면서 낯 뜨거운 사연들이 자꾸 폭로된다. 현대인이라면, 거득공과 안길의 행위, 혹은 아내들의 두 갈래 선택을 어떻게 평가해야 할까.

II

신비로 포장된
신화의 민낯

설화문학의 한 장르로서 신화는 여타 장르와는 다른 시각에서 바라볼 여지가 있습니다. 그것은 종교와 불가분의 관계가 있기 때문입니다. 달리 말하면 신화는 원칙적으로 신성한 이야기입니다. 그래서 아무나 아무 때나 아무 데서나 이야기할 수 없고, 사제가 신성한 의식에서 허용된 방식으로만 반복 재현하였습니다. 그러나 이런 신화가 종교적 배경을 가지고 전승되는 것만은 아니고, 종교의 세속화와 더불어 금기가 풀리며 신화도 세속화의 과정을 겪습니다. 전설이나 민담과 섞이며 경계가 모호해진 것도 그 효과입니다. 문학은 물론이고 음악, 미술, 영화, 애니메이션 등등 현대의 문화예술은 신화에서 소재를 얻고 영감을 부릅니다. 그뿐 아니라 현대인의 삶과 의식 구석구석에 다양한 형태로 신화가 숨어 있죠. 그런 의미에서 보면, 이미 2000년 전에 살루스티우스(기원전 86~35)가 내린 신화의 정의, "신화란 한번도 일어난 적이 없지만 언제나 존재하는 것"이 지극히 당연한 말인 듯싶습니다.

여기 실린 글들은 2007년, 주간신문 「한울안」에 '신화와 종교'란 이름을 달고 연재됐고, 다시 원고를 고친 후 '원음방송(wbs)'에서 여러 회에 걸쳐 방송된 것입니다. 이 장에서 다루고자 하는 콘텐츠는 신화의 학문적 체계와 무관하게 교양 자료로 기획된 것입니다. 그래서 산책하듯이 주섬주섬 생각나는 대로 엮었고 말투 역시 진지하기보다 장난기 있게 구사했습니다. 그것이 신문사나 방송국의 기획 의도에 맞는 것이기도 했고요.

새로 손보며 가급적이면 특정 종교의 색깔을 지우느라 어떤 부분은 몽땅 들어내기도 했지만, 곳에 따라 글감이나 테마가 특정 종교의 테두리를 벗어나지 못한 부분이 있음에 양해를 바랍니다. 아울러 양해 구할 것은 책 중에 이 장만 서술 문체를 높임말로 한 것입니다. 방송 원고의 구어체 말맛을 살리려는 뜻도 있지만, 독자들에게 좀 더 가까이 다가가려는 숨은 의도가 있습니다.

햇빛을 못 보는 동굴의 화소

작가 이병주의 "태양에 바래지면 역사가 되고 월광에 물들면 신화가 된다"는 말은 어느새 명언이 됐지만, 사실을 있는 그대로 기억하려는 역사와, 진실을 상상으로 이야기하려는 신화는 닮은 듯 많이 다릅니다. 신화는 흔히, 우주의 기원이라든가 신과 영웅에 관한 신성한 이야기라고 정의됩니다. 이 신성한 이야기는, 자아와 세계, 즉 인간과, 그 인간을 둘러싸고 있는 세계를 어떻게 이해하고 어떤 방식으로 설명하는가에 따라 옛사람들 나름의 통일된 세계관을 보여주고 있습니다. 그런데 정작 중요한 것은 이 신화라는 것이 아득한 옛날에 만들어진 이야기일 뿐 아니라 실은 현재에도 살아서 문화 생성력을 과시하고 있다는 것이죠. 신화 자체는 잊힐 수 있지만 신화적 사고만은 결코 소멸되지 않는다는 것입니다. 무슨 소린지 아리송하십니까?

예컨대 3월 신학기만 되면 대학 신입생들이 선배들한테 기합을 받고 시달리는 풍속이 사회문제로 등장합니다. 군대에선 신병들이 신고식을 치르느라 애먹습니다. 결혼식장에 가보면 신랑은 행진에 앞서 사회자의 요구로 푸시 업을 한다든가 신부를 안고 앉았다 섰다를 반복한다든가 하며 애를 먹습니다. 이런 것들이 알고 보면 통과제의^{initiation}라는 신화적 구조와 사고에 뿌리박고 있는 것이라 한다면 이해가 되십니까? 이 글을 고쳐 쓰는 2018년 뉴스엔 대학병원에서 신입 간호사들이 혹독한 신고 과정 '태움^{burning}'을 못 견뎌 자살하는 경우까지 있다 하니 이쯤 되면 신화는 잔인하게 살아 있네요.

정신문명의 통제를 벗어난 물질문명의 맹목적 힘이 인류를 파멸로 몰아가는 위기의 시대를 맞이하여 인류 구원의 해법을 찾으려는 학자들, 그들은 기성의 종교나 철학이나 과학이 아니라 바로 신화에서 답을 찾으려고 한답니다. 그것은 왜일까요? 그 이유는 신화가 인류의 집단 무의식을 구성하는 보편적 상징, 즉 원형原型, archytype을 저장하고 있기 때문입니다. 인류의 원형적인 사고의 표상인 신화를 통하여 우리가 인간을 제대로 이해한다면, 그를 바탕으로 하여 인간 구원의 길도 찾을 수 있으리라 기대하는 것이죠. 조지프 캠벨(1904~1987)의 "모든 종교와 세상 모든 신화가 말하고자 하는 것은, 나를 구속하는 나의 의식을 타파하고 내 무의식 속의 무한한 가능성과 화해하는 과정이다"(『천의 얼굴을 가진 영웅』, 민음사)라는 한마디가 도움이 될 법하군요. 무의식이 품고 있는 무한한 가능성, 그것은 신화나 꿈과 같은 모습으로 얼굴을 내밉니다.

우선 우리가 잘 알고 있는 단군 신화의 예를 가지고 신화의 세계에 접근하는 법을 생각해볼까 합니다.

『삼국유사』가 전하는 신화는 이렇습니다. 환인이라 불리는 하느님은, 환웅이라 불리는 아드님이 인간 세상에 가고 싶어 하자, 그러면 세상에 내려가 인간을 다스려라 하고 허락합니다. 환웅은 천부인天符印(천자의 자리를 뜻하는 표지로서 하느님이 내려 전한 신표) 세 개를 받아서 부하 신들을 거느리고 태백산 꼭대기 신단수 아래로 내려와 세상을 교화합니다. 그런데 같은 동굴에 사는 곰과 호랑이가 환웅에게 와서 인간이 되기를 기원합니다. 환웅은 쑥 한 줌과 마늘 스무 알을 주면서 그것을 먹고 100일 동안 햇빛을 안 보면 사람이 될 것이라 합니다. 곰은 금기를 지키며 삼칠일을 지내어 사람(웅녀)이 되었고 호랑이는 실패합니다. 남자가 없는 여자(웅녀)를 위해 환웅은 잠시 사람의 몸이 되어 혼인하고 아기를 낳으니 이분이 단군왕검이라는 것입니다.

　여기서 중요한 화소^{話素, motif}가 햇빛을 못 보는 굴속의 100일 혹은 삼칠일이란 것입니다. 한마디로 말하자면 그 기간은 죽음 뒤에 새로 태어나기 전까지 머무는 세계인 중음^{中陰}과 같은 것이죠. 축생(곰)이 중음을 거쳐 사람으로 환생(웅녀)하는 과정을 보인 것입니다. 아기를 낳고 삼칠일(세이레) 혹은 백일(백날) 동안 금줄을 친다든가 백설기를 한다든가 하는 산속^{産俗}이 지금도 남아 있지만, 따로 일곱이레(49일)가 중시되기도 하는 것은 불교의 영향도 크리라 짐작됩니다. 동굴 화소와 문화 생성력에 관한 본격적인 이야기는 다음 편에 이어질 것입니다.

죽음으로 거듭나는 신앙의 속성

　앞에서 곰이 햇빛을 안 보고 지낸 기간이 중음이나 마찬가지라 했습니다만, '동굴' 화소에 유념해주시기 바랍니다. 공간적으로 볼 때 이것은 무덤입니다. 중음이나 무덤이나 어차피 죽음을 전제로 하는 말이지요. 동굴에 들어가는 것이 사망이라면 동굴에서 나오는 것은 출생이니 동굴은 전생과 후생이 나뉘는 공간이로군요. 여기에 '죽음과 재생'이란 신화적 사고가 숨 쉬고 있는데 이것이 아주 요긴한 화소입니다.

　신화에서 흔히 보듯이, 농경을 경험한 이들은 곡물의 종자가 땅에 묻히고 죽은 후에 새로운 싹으로 재생하는 과정을 익히 보아왔습니다. 봄마다 죽고 다시 살아나는 주기적인 '죽음과 재생'의 실증적 체험은 그것이 식물계에 그치지 않고 인간의 경우도 마찬가지라고 생각했습니다. 새롭고 정화되고 숭고한 생명으로 움트기 위해 한 알의 씨앗이 묻혀 죽지 않으면 안 된다는 관념은 자연스레 "인간의 경우도 일단 죽어 땅속에 매장되는 것이 보다 빛나는 세계에 보다 행복한 존재로 태어나기 위한 필연적인 과정"이라고 믿게 만든다는 것입니다.

　그리스 신화에 나오는 술의 신 디오니소스(로마 신화의 바커스)는 적에게 쫓기며 수소로 변신했다가 적의 칼에 마디마디 찢기어 죽습니다. 디오니소스 제※에서 숭배자들은 이 과정을 재현하기 위하여 살아 있는 소의 살과 피를 먹으며, 그들이 다름 아닌 디오니소스의 살과 피를 먹는다고 믿는답니다. 이 이야기를 들으면서 생각나는 것이 없나요? 네, 맞습니다. 최후의 만찬에서 예수는 제자들에게 떡과 포도주를 주면서 이것이 자신의 살과 피라고 했습니다. 어떤 전승에선 디오니소스가 죽어서 매장됐는데 얼마후 다시 살아나 하늘로 올라갔다고 돼 있습니다. 이것도 예수가 죽어 동굴에 묻혔다가 부활하여 승천했다고 하는 이야기와 너무나 닮았죠? 맞습니다. 예수의 생애를 쓴 사람은 실화를 기록하기보다는 이런 신화적 구조를 반복한 셈입니다.

누구나 조금만 눈여겨보면 종파나 종족을 초월하여 다양한 신화 속에 반복적으로 나타나는 공통점이 보입니다. 신화들이 가지는 보편적 성질과 구조 내지 캐릭터를 추출하여 신화학자 조지프 캠벨은 모노미스^{monomyth}라는 말로 정리했습니다. 이 말은 단일 신화 혹은 원질 신화^{原質 神話}로 번역됩니다만 참고할 가치가 있습니다.

성경 「요한복음」에는 "한 알의 밀이 땅에 떨어져 죽지 아니하면 한 알그대로 있고 죽으면 많은 열매를 맺느니라" 하는 유명한 구절이 나옵니다만, 예수 한 사람의 희생이 인류를 구원한다는 대속^{代贖}의 의미를 비유한 것이라고 합니다. 그러나 농부들에겐 한 알의 씨앗을 뿌려 몇십 배의 열매를 거두는 것이 가성비(가격 대비 성능의 비율) 높은 투자로 보이지 않았을까 싶기도 합니다. 아무튼 이건 질^質의 문제가 아니라 양^量의 문제로 접근하는 것이지만, 신화 구조에서 죽음과 재생은 질의 문제로 보는 것이 정설입니다. 비유하자면, 100원 투자하여 1000원 버는 경영학이기보다는 납을 가지고 금을 만드는 연금술 같은 것이죠.

심청이는 인당수에 몸을 던지고 용궁을 다녀온 후, 비렁뱅이 소녀로부터 황후로 신분 상승이 이루어집니다. 여기서 용궁은 동굴이요, 무덤입니다. 죽음과 재생을 통해 신분에서 엄청난 질적 승화를 이룬 것입니다. 춘향이는 사또의 수청을 거절한 죄로 감옥에 갇혔다가 나와서, 천한 신분에서 일약 사대부집 정실(정경부인)로 신분 상승이 이루어집니다. 여기서도 감옥은 동굴이요 무덤이니, 춘향은 상징적인 죽음을 겪은 것이죠. 역시 죽음과 재생의 과정을 통과하고 나서 신분의 질적 승화를 이룹니다. 그것은 앞서 말한 단군 신화에서 동굴을 다녀온 곰이 사람으로 질적 승화를 이루는 것과 같은 구조임을 눈치채셨을 것입니다.

사실도 아닌 것이 허구도 아닌 것이

　2007년 일이니까 한참 지난 얘기입니다만, 프랑스 현대문학의 거장 르클레지오(1940~, 2008년 노벨문학상 수상)가 서울에 와서 강연을 했는데, 그 주제가 '기억과 상상'이었습니다. 인간의 생각을 '기억'이란 기능과 '상상'이란 기능으로 양분하여 연구하는 것은 본래 철학에서 시작한 방법이지만, 문학을 얘기할 때에도 퍽 쓸모가 있는 것 같습니다.

　요즈음 잘 쓰이는 서양 말에 팩트[fact]란 것과 픽션[fiction]이란 것이 있습니다. 기억 편에 있는 것이 팩트이고 상상 편에 있는 것이 픽션입니다. 팩트란 실제로 있던 일, 사실이라는 말이고 픽션은 꾸며낸 얘기, 허구라는 말이지요. 대표적 팩트는 역사이고 대표적 픽션은 소설입니다.

　텔레비전 시청자들을 많이 잡아두었던 사극 〈주몽〉 같은 경우, 우리는 그 장편 드라마의 장면들을 놓고 저것이 역사 속에 실제로 있던 일일까 의심을 해봅니다. 주몽이 해모수와 유화의 아들이라든가, 금와왕의 양자로 컸다든가, 금와왕의 아들 대소 등의 시샘에 고통을 받았다든가, 고구려를 세웠다든가, 사생아로 태어난 태자 유리를 후계로 삼았다든가 등등은 역사적 사실입니다. 물론 세밀한 내용(디테일)은 그렇지 않을 수도 있지만 큰 그림은 팩트입니다. 주몽에 관련된 옛 기록, 드라마 〈주몽〉의 근거(텍스트)가 된 사료들을 어떻게 다 믿느냐고 한다면 그 말도 일리가 있습니다. 그래도 사료에 실린 것들은 팩트로 간주됩니다.

　그런데 작가는 몇 줄 되지도 않는 역사 기록만 가지고 그렇게 긴 이야기를 만들어냈습니다. 그것은 작가의 상상력, 즉 팩트 맞은편에 있는 픽션의 도움을 받아서 가능한 일입니다.

없던 인물을 만들어내고 있지도 않던 사건을 꾸며낸 것입니다. 상상이란 무책임한 것이지만 없던 인물, 있지도 않은 사건이라도 그럴싸하게 꾸며야지 그렇지 않으면 시청자들은 엉터리라고 욕할 것입니다. 그런 의미에서 팩트에도 한계가 있고 픽션에도 한계는 있습니다.

〈주몽〉 이야기를 했습니다만, 그 작품은 사실과 허구, 팩트와 픽션의 합작이라고 할 수 있습니다. 팩트와 픽션의 합작으로 만들어진 작품을 요샌 팩션faction이라고도 합니다. 그건 그렇다 치고 이제 다시 신화 쪽으로 눈을 돌려봅시다.

주몽 사료에는 신화적 요소가 적지 않습니다. 주몽의 아버지 해모수는 다섯 마리 용이 끄는 수레(오룡거)를 타고 하늘을 나는 하느님이고, 유화는 물의 신 하백의 딸로서 물속에서 살았습니다. 주몽은 알에서 나왔고, 주몽이 대소에게 쫓길 때 강을 만나자 자라와 물고기가 나와 다리를 놓아주어 달아나게 합니다. 광개토왕비에서는 주몽이 죽지 않고 황룡을 타고 하늘로 올라갑니다. 이런 것들은 신화만이 가지는 화소입니다. 그렇다면 이런 이야기는 사료에 있다고 하니 팩트일까요? 믿을 수 없다고요? 그러면 픽션일까요? 꾸며낸 이야기라고요? 저기 '예수 천국 불신 지옥'이란 팻말을 들고 있는 분이 한번 대답해보세요. 예수가 동정녀에게서 태어났고 죽었다가 부활하여 승천했다는 것은 사실인가요, 허구인가요? 주몽 얘기는 픽션이지만 예수 얘기는 팩트라고! 과연 이것을 균형 잡힌 사고라고 할 수 있을까요?

신화는 팩션이 아니지만, 신화가 팩트와 픽션의 중간 지대에 있다는 점에서 보면 팩션과 통하는 구석이 없지도 않습니다. 어떤 신화든 그것은 픽션이면서도 팩트로 인식되는 속성을 가지니까요. 팩트든 픽션이든 신화는 진실이라고 한다면 헷갈리시나요? "꿈은 개인의 신화요, 신화는 집단의 꿈"

이라고 정의한 조지프 캠벨은 신화와 꿈을 가리켜 인류의 원형질에 대한 오랜 수수께끼라고도 했습니다. 꿈에는 수수께끼 같은 무의식의 진실이 담겨 있다는 것이지요. 무의식은 불교 유식론에서 말하는 제8식(아뢰야식)에 속할 듯합니다. 보고 듣고 냄새 맡고 맛보고 감촉하는 전5식이 팩트를 담당하고, 제6식(의식)은 픽션을 담당하고, 제8식은 꿈이나 신화 담당인가 합니다. 꿈이 개인 무의식이라면 신화는 집단 무의식이란 차이야 있겠지만 말입니다. (의식과 무의식 사이에 다리가 되는 것으로 제7식(말나식)도 있는데, 심리학에서 의식과 무의식 사이에 잠재의식을 설정하는 것에 대응시키면 그럭저럭 이해가 되겠지요.)

신화가 사실도 아니고 허구도 아니라 한 것을 달리 말하면, 실제로 있던 일은 아니지만 그렇다고 없는 것을 생으로 꾸며낸 거짓말도 아니라는 것입니다. 여기서 양보할 수 없는 핵심 요소는 리얼리티입니다. 그것이 허구보다 더 황당한 이야기일지라도 그 안에는 사실보다 더 신뢰할 만한 진실이 들어 있다는 뜻입니다. 개인의 꿈이 논리로 설명하려면 뒤죽박죽이지만 그 사람의 무의식 속에 깊이 감추어진 진실을 드러내듯이, 신화는 말도 안 되는 이야기지만 인류가 혹은 특정 민족이 오랜 세월 집단 무의식 속에 품어온 진실을 담고 있습니다. 다만 그 진실은 '다빈치 코드' 못지않게 난해한 코드 뒤에 숨어 있을지도 모릅니다. 앞으로 말씀드릴 이야기 가운데서 우리는 그 진실을 찾는 신비하고 흥미로운 경험을 함께할 것입니다.

바리데기와 조실부모

종교는 어떻게 탄생할까요? 하늘, 바다, 산, 돌, 나무, 동물 같은 자연물이나 해, 달, 별 같은 천체를 향한 막연한 외경심이 낳은 것이 원시종교지요. 그러나 고등 종교라면 비상한 생각이나 탁월한 능력을 가진 교조로부터 창시되는 경우가 많습니다. 그 가운데도 기독교나 이슬람교처럼 교조敎祖가 절대자의 계시에 근거하여 만든 종교도 있고, 불교나 원불교처럼 교조가 우주와 인생의 진리를 깨달음으로써 창시된 종교도 있습니다.

그런데 여러분은 이런 생각을 해본 적 없습니까? 종교를 창시한 사람은 슬픔과 한을 많이 가진 분들, 적어도 그런 데 예민한 감수성을 지닌 이들이란 생각 말입니다. 예컨대 부모의 부재 내지 결손도 그중의 하나이지요. 석가는 생후 이레 만에 모친을 잃었고, 공자는 세 살 때 아버지를 잃었고, 마호메트는 유복자에다 여섯 살 때 모친마저 잃었습니다. 예수는 사생아로 양부 손에 큰 것 같은데, 복음서에선 유년기를 빼면 양부의 자리조차 공백입니다. 결핍도 에너지라 하던가요. 한이 깊으면 그 추동력 역시 막강한 법입니다.

근세 신종교의 경우도 그렇습니다. 6세에 모친 잃고 17세에 부친 잃은 수운(최제우)이나, 6세에 모친 잃고 12세에 부친 잃은 해월(최시형) 같은 동학 지도자들이 갑오년 동학농민혁명에 불을 지핀 것이라면 이도 우연이 아닐 수 있겠다 싶습니다. 다음 얘기를 읽고 다시 말하기로 합시다.

오구(혹은 어비)대왕의 왕비는 혼인한 후 딸만 여섯을 내리 낳는다. 다시 일곱 번째로 임신을 한 부인이 이번에도 딸을 낳자 화가 난 왕이 갓난애를 옥함(옥으로 만든 상자)에 넣어 바다에 버린다. 마침 자녀 없는 노인 부부가 이 옥함을 건져다 아기를 키우니 이 아이가 곧 바리데기 혹은 바리공주. 버려진 아이(공주)라는 뜻이다. 그렇게 커서 바리는 어느새 열다섯 살이 된다. 이 무렵 오구대왕 내외는 불치의 병에 걸린다. 점쟁이에게 점괘를 짚어보게 하니, "대왕의 병은 하늘이 주신 자식을 버린 벌이라 아무 약도 듣지 않을 것이며 오직 서천 서역국의 약수를 마셔야 나을 것"이라고 한다. 왕은 맏딸에게 약수를 구해 오라고 부탁하나 거절당한다. 둘째부터 여섯째까지 부탁해도 한결같이 핑계를 대며 거절한다. 절망에 빠진 대왕 내외는 죽기 전에 일곱째 딸을 만나보기로 하고, 수소문 끝에 산속에 숨어 사는 바리데기를 찾아낸다.

바리는 부모의 목숨을 구하고자 서천 서역국으로 약수를 구하러 나선다. 그러나 가는 길이 워낙 험난하여 가지가지 난제를 만난다. 육로 3000리 험로 3000리를 지나고 팔만사천 지옥을 하나하나 돌파한 뒤, 구름도 쉬어 넘는 철성을 지나서 새의 깃털도 가라앉는 약수 3000리까지 건너고 보니 거기에 거인 무장승이 버티고 있다. 그의 요구를 다 들어주고 나서야 겨우 약수를 구하고 숨살이·뼈살이·살살이 삼색 꽃까지 얻는다. 집으로 돌아와 보니 부모는 이미 죽어서 상여가 나가고 있다. 바리는 가지고 온 약수와 꽃을 이용하여 부모의 생명을 살려낸다.

어떻습니까? 더러 낯선 말들이 보이긴 해도 무슨 소리를 하는지는 아시겠지요? 이것은 무속 신화 가운데 가장 유명한 것으로 씻김굿(오구굿, 진오귀굿) 할 때 부르는 서사무가입니다. 일국의 공주로 태어났으나 곧장 버림받은 바리데기의 슬픔과 한이야 얼마나 컸겠습니까. 그래서 부모 밑에 호

강하고 지낸 여섯 공주들이 하지 못할 일을 바리공주만은 할 수가 있었던 것입니다. 바리가 겪는 고행, 난행은 곧 깨달음(자기 구원)을 성취하려는 몸부림과 같은 것이며, 그가 마침내 얻은 약수는 곧 세상을 고치고 생명을 건지는 제생의세濟生醫世의 생명수인 것입니다. 주인공 바리데기는 무당의 시조인 무조巫祖가 되었답니다. 무교의 신화적 교조인 셈이지요. 요컨대 성자들은 하나같이 피나는 수행의 과정을 거쳐 득도를 하고, 그다음엔 중생 구제에 올인 하는 것입니다. 조지프 캠벨은 다시 "신화 속 영웅들이나 종교의 성인들께서 겪은 온갖 모험이나 고난은 바로 우리를 얽어매는 우리의 자아의식을 타파해나가는 심리적 경험의 상징화다"(『천의 얼굴을 가진 영웅』, 민음사)라고 했죠. 방점은 '심리적 경험의 상징화'에 찍힙니다. 그러니까 무조 바리데기가 겪는 첩첩산중 같은 고난도, 우리 인간이 자기중심적 사고의 굴레를 벗어나기 위해 겪을 수밖에 없는 심리적 갈등을 상징한 것으로 볼 수 있다는 것이겠죠.

알에서 나온 왕들과 태양 숭배

　어느 나라 역사에나 그 첫머리에 신화적 요소가 들어 있습니다. 이는 하나도 이상할 것이 없을뿐더러 이 대목이 어쩌면 그 나라나 겨레의 정체성을 밝히는 열쇠가 될 수도 있음을 놓쳐서는 안 됩니다. 고조선을 비롯하여 몇몇 고대국가의 시조에 얽힌 이야기 가운데서 우리 민족의 정체성과 유관한 화소들을 찾아보면 뜻밖에 공통 요소가 있으니 그것은 바로 광명 사상입니다. 이는 태양 숭배와 연계되는데 태양 숭배는 이집트, 그리스, 수메르, 잉카, 인도 등 모든 고대 문명에 광범위하게 퍼져 있는 신앙으로 신화로 갈무리되어 있습니다. 그중에도 그리스 신화의 아폴론, 힌두 신화의 수리야, 이집트 신화의 호루스, 일본 신화의 아마테라스 등은 유명한 태양신들이죠. 그러니까 태양 숭배는 한국 문화만의 특징으로 내세울 처지는 아닙니다. 그러나 이를 광명 사상으로 진전시킨 것이라든가, 건국 신화 중심으로 정착시킨 것이라든가 하는 측면에서 보면, 한국의 광명 사상은 상대적으로 유난스럽다고 할 만합니다.

　우리나라 시조 이야기를 보다가 알에서 아기가 나오는 난생 신화를 종종 접해보셨을 겁니다. 앞에서도 말씀드린 적이 있지만, 하느님의 아들이라는 해모수와 정을 통한 유화는 그 실행을 나무라는 아버지에게 쫓겨났다가 금와왕에게 발견되어 어두운 방에 갇힙니다. 그런데 햇빛이 방 속까지 따라와 유화를 비추더니 유화가 마침내 알을 하나 낳고, 그 알에서 아기가 나오니 그가 고구려 시조인 주몽입니다.

또, 나정이란 우물가에 번갯빛처럼 이상한 기운이 뻗치기에 사람들이 가보니 하늘에서 백마가 옮겨 온 알 하나가 있었고 거기서 사내아이가 나옵니다. 이 아이를 샘에 데려가 목욕시키니 몸에서 광채가 나고 해와 달이 청명해졌습니다. 이 아이가 다름 아니라 신라 시조인 박혁거세라 합니다.

또, 김해 구지봉이란 산에 사람들이 모여 춤을 추자 하늘에서 붉은 보자기에 싸인 황금 상자가 줄에 매달려 내려옵니다. 열어보니 해처럼 둥근 황금알 여섯이 있었습니다. 이들 알에서 각각 어린애가 하나씩 나오고, 이들이 김수로왕을 비롯하여 여섯 가야의 왕들이 되었다고 합니다.

이렇게 알에서 나라의 시조가 나오는 난생 신화가 딴 나라에도 있을까요? 거의 없다고 해도 좋습니다.

그러면 알로 태어난다는 것은 어떤 상징성을 가지고 있을까요? 그 해답은 수로왕 등 여섯 가야 임금의 탄생 신화에서 나오는 '해처럼 둥근 황금알'에 있습니다. 달걀이 그렇듯이 대개 새알은 동그랗지 않고 길쭉합니다만 여기서 말하는 알은 공 모양이라니 이상하지 않습니까? 이 동그란 알은 새알이 아니라 태양의 표상입니다. 주몽의 아버지 이름이 해모수로 성씨가 '해'였으니 그게 바로 태양입니다. 우리 겨레는 태양 숭배족이고 태양은 하느님의 다른 이름이라, 그러므로 해모수는 하느님의 아들이라 했고, 박혁거세나 김수로도 하늘에서 내려온 것입니다.

태양의 본질은 광명입니다. 그래서 고구려에서는 태양의 정기인 햇빛이 방구석까지 쫓아다니며 임신을 시켰다는 것이요, 신라에서는 번갯빛처럼 이상한 기운이 땅에 비치고 해와 달이 청명해졌다 한 것입니다. 같은 이유로 주몽은 동녘 동東 자 밝을 명明 자 동명성왕東明聖王이 되었고, '밝게 세상을 다스린다는 뜻'의 혁거세赫居世는 성씨 역시 '밝'다는 뜻으로 박朴을 쓴 것입니다.

그리고 보니 단군 신화에서 "박달나무[檀木] 밑에서 났기에 단군檀君이라 했다"는 말을 살피면, '단국'은 '밝달 나라'요, '단군'은 '밝달 임금'이 됩니다. '달'은 '양달·응달'에서처럼 땅을 뜻하는 말이니까 '밝달'은 '밝은 땅'을 가리킵니다. 이 광명 사상은 해가 뜨는 동쪽을 선호한다든가 새벽(새밝)을 알리는 닭을 숭배한다든가 하는 식으로 번져가기도 했습니다.

아무튼 우리 조상은 태양 숭배족으로 광명에 최고의 가치를 부여했습니다. 고려의 황성 정문이나 조선 경복궁의 정문 이름이 꼭 같이 '빛으로 된 문[光化門]'임도 얼마나 시사적인가요.

광화문은/ 차라리 한 채의 소슬한 종교/ 조선 사람은 흔히 그 머리로부터 온몸에 사무쳐 오는 빛을/ 마침내 버선코에서까지도 떠받들어야 할 마련이지만/ 온 하늘에 넘쳐흐르는 푸른 광명을 (…) _서정주, <광화문>

그렇습니다. 그것은 이미 유구한 민족종교인 것입니다.

신화가 낳은 가장 매력 있는 신

2007년에 번역 출판되어 화제를 몰고 왔던 리처드 도킨스의 『만들어진 신』(김영사)이란 과학 저술이 있습니다. 영국의 저명한 생물학자인 리처드 도킨스(1941~)는 이 책에서 종교 때문에 세상이 온통 피비린내 나는 전쟁의 소용돌이에 내몰리고 인간은 지옥에서 살게 되었다고 고발합니다. 여기서의 종교란 기독교, 이슬람교, 유대교 같은 일신교를 가리키는 말이긴 합니다만, 어떤 종교 어떤 종교인이든 깊은 성찰이 필요할 듯합니다.

도킨스의 말인즉, 애초에 있지도 않은 신을 만들어놓고 그에게 영광을 돌리기 위해 싸움박질을 하고 있다니 이건 한마디로 미친 짓거리라는 겁니다. 맞습니다. 사랑하고 미워하고 성내고 질투하는 인격신은 인간의 욕망이 만들어낸 우상일 뿐입니다. 그런데도 인류는 언제 어디서나 신을 잘도 만들어냅니다. 그중의 하나가 용신입니다. 용龍, 드래곤dragon 말입니다.

인간은 왜 신을 만들고 자기가 만들어낸 신의 노예가 되는 일을 자초할까요? 인간은 자기 능력의 한계를 느낄 때 초월적인 무엇인가를 갈망하게 되고, 거기에 의지하여 위안을 받고 대리 만족을 얻고 싶어 하는 것 같습니다. 이것은 판타지죠. 뻔히 거짓이라는 것을 알면서도 우리는 판타지에 열광합니다. 그 환상적 초월자 가운데 하나가 용신龍神입니다. 신기한 일이지만, 제가 알기로는 용신이 없는 나라나 문화는 세계적으로 거의 없습니다. 중국처럼 용이라면 사족을 못 쓰는 나라도 있고 일본처럼 짝퉁 용이라 할 뱀[大蛇]이 고작인 나라도 있어서 편차가 크지만, 어쨌든 파충류를 모델로 한 초월자로서 용신은 거의 가지고 있습니다.

사람들은 예나 지금이나 애나 어른이나 용 판타지에 열광합니다. 보세요! 영화 〈쥬라기 공원〉, 〈쥬라기 월드〉, 〈괴물〉, 〈불가사리〉, 〈고질라〉 등이 다 용 판타지입니다. 〈용가리〉로 실패한 심형래가 다시 〈디 워〉를 가지고 승부수를 던졌다가 더 끔찍한 실패를 당한 모양입니다만, 둘 다 용 판타지입니다. 공룡이라고 하건 이무기라고 하건 오리지널은 용입니다. 그리고 모든 드래곤 판타지의 뿌리는 용 신화입니다. 드래곤 판타지는 영화뿐 아니라 소설, 게임, 만화, 애니메이션 등에서 지금도 왕성한 번식을 하고 있습니다.

그렇다면 용에 대한 세상 사람들의 인식은 같거나 비슷할까요? 아닙니다. 엄청나게 다릅니다. 종교마다 용 판타지가 있는데 불교, 유교, 도교, 기독교, 무교(샤머니즘) 등 다 차이가 있고, 같은 나라 사람이라도 계층마다 그 이미지가 다릅니다. 용신은 그야말로 열두 가지 얼굴을 가졌습니다. 그래서 더욱 매력이 넘치고 창조적으로 재생산되는 것이 아닐까 싶습니다. 판을 넓게 펼치면 감당하지 못하니까 용 신앙이란 쪽에서만 이야기를 나누기로 합시다.

용龍이라는 한자가 들어오기 이전부터 우리나라엔 '미르'(혹은 미리)라는 말이 있었습니다. 그런데 이 '미르'의 어원이 물水과 같다고 합니다. 다시 말하면 미르[龍]는 본래 물의 신(수신)입니다. 이 수신이 농경민에게는 비를 내리는 비의 신(우신)으로 발전합니다. 때맞추어 비가 내리느냐 마느냐가 농사의 풍흉을 좌우하다 보니 우신은 다시 농업의 신(농신)으로 승격됩니다.

그런가 하면 이 '물의 신'은 방죽이나 저수지를 지키다가 강으로 나가고 거기서 다시 바다로 나갑니다. 마침내 용은 바다의 신, 해신으로 격상되고 수궁에서 왕 노릇을 하다 보니 용왕이 됩니다. 어민들은 항해의 안전을 용왕에게 빌게 되고, 더 나아가 고기가 많이 잡히도록 빌다 보니 해신은 '어업의 신'(어신)으로 발전하는 것이 '농업의 신'과 경우가 같습니다.

성경 중에 「요한계시록」이란 것이 있습니다. 거기에도 용이 등장합니다. 사탄의 딴 이름이니 악룡입니다. 이렇게 기독교 때문에 서양에선 악룡 이미지가 압도적이지만, 동양에선 그렇지 않습니다. 불교의 용을 보면, 애초엔 나가[那伽]라고 불리는 코브라가 악룡으로서 부처님께 위해를 가하려 하다가 곧 감화되어 부처님과 불법을 보호하는 호법룡이 됩니다. 불화[佛畵]를 보면, 실행 제일 보현보살이 코끼리를 타고 다니고 지혜 제일 문수보살이 사자를 타고 다니듯이 자비 제일 관음보살은 용을 타고 다니잖습니까. 대승불교로 오면서 용은 고승대덕의 비유로 쓰이기도 하고 숫제 부처님을 상징하게도 됩니다. 아마 중국에서 용이 제왕의 상징으로 쓰이게 된 영향이 아닐까 싶습니다. 더구나 미륵불의 용화회상[龍華會上]과 맞물리면서 용과 미륵불이 달라붙습니다. 더더구나 우리나라에선 '미르[龍]'와 '미륵[佛]'의 혼동이 생기면서 용이 미륵불이 되기도 하는 대책 없는 상황이 벌어지고 말았답니다.

영화 〈트랜스포머〉 시리즈 이래 영화, 애니메이션, 장난감 할 것 없이 변신 로봇이 대세랍니다. 변신 모드는 어린이야 말할 것 없고 성인들의 마음까지 사로잡습니다. 그렇다면 변신의 귀재 미르야말로 가장 현대적인 캐릭터일 법도 하네요. 아무튼 이래저래 미르는 시대를 초월하여 세계인 혹은 한국인에게 가장 매력적인 신(판타지 동물)으로 등극하셨습니다.

선악과와 천도복숭아

지난 2007년에 있던 분당샘물교회 선교단 피랍 사건을 아직 기억하는 분들이 적지 않을 것입니다. 아프가니스탄 탈레반이 한국인 스물세 명을 인질 삼아 벌이던 42일간의 지루한 줄다리기가 깊은 상흔을 남기고 마무리되었었죠. 아랍 이슬람교와 서방 기독교의 싸움판에 멋모르고 끼어든 한국 개신교 선교단이 두 명의 목숨과 또 다른 대가를 치르고 겨우 생환한 이 사건은 후유증도 꽤나 길었습니다.

경전이라기보다는 신화집 성격의 『구약성서』에는 아시다시피 여러 가지 흥미로운 이야기가 담겨 있습니다. 그중에도 야훼(혹은 여호와) 신의 별난 성격 때문에 일어난 사건들이 많습니다. 두 가지만 맛보기로 예를 들겠습니다.

인류의 조상이라는 아담과 이브 사이에 태어난 두 형제 카인과 아벨을 봅시다. 형 카인은 농사를 짓고 아우 아벨은 양을 치니 각기 농업과 목축을 생업으로 한 모양입니다. 그런데 야훼가, 곡물로 바치는 카인의 제물은 받지 않고 육물로 바치는 아벨의 제물은 받아들이는 편애를 보입니다. 채식보다 육식을 선호한 신이었던 모양입니다. 결국 카인이 시기하여 아벨을 쳐 죽이는 끔찍한 일이 벌어지고 맙니다.

뒤에 아브라함의 자식에게도 유사한 일이 생깁니다. 서자로 태어난 형 이스마엘과, 적자로 태어난 아우 이삭의 경우입니다. 야훼의 뜻에 따라 아우 이삭이 가계를 계승하고 형 이스마엘은 사막에 버려집니다. 이삭의 후

손이 유대교 및 기독교를 믿는 족속이 되고 이스마엘의 후손이 이슬람교를 믿는 족속이 되어 수천 년을 두고 앙숙으로 지낸다는 속설입니다. 야훼가 뿌린 불화의 씨앗이 현대사에서 미국과 아랍의 전쟁으로까지 이어졌다니 어이없는 일입니다. 부모만 돼도 자녀를 공평하게 사랑하지 않으면 안 된다는 것쯤은 아는데 전지전능한 신이라면서 야훼는 그만한 양식도 없었단 말인가요?

그러나 가만히 보면, 형제간의 시샘이나 적서 차별이나 다 신들의 이야기가 아니라 인간의 이야기임을 알 수 있습니다. 요컨대 신화란 신의 이야기가 아니라 인간의 이야기란 말씀입니다. 그러게 성녀라는 테레사도 수녀로 50년을 지냈지만 여전히 신의 존재에 대한 의심에서 벗어나지 못했다지 않습니까? 붕어빵에 붕어가 없듯이 신화에 신은 없다, 있다면 오직 인간의 욕망과 상상력이 있을 뿐이다. 이것이 정답임을 믿어도 좋습니다.

유대나 아랍이나 유일신을 섬기는 헤브라이즘Hebraism에서 인간은 결코 신이 될 수 없습니다. 그리스 로마 쪽의 다신교적 배경을 가진 헬레니즘에서도 그렇습니다. 신과 인간이 연애도 하고 싸움질도 하여 종종 헷갈리긴 하지만 인간은 역시 불사의 신이 될 수 없습니다. 서양의 종교가 기본적으로 신인현격神人懸隔이란 수직적 세계관의 틀에 갇혀 있다는 얘기지요.

그러나 동양의 종교는 차원이 다릅니다. 유儒·불佛·선仙이 글자마다 사람 인人을 달고 있는 것이 우연이 아니듯이, 동양에서는 인간이 수도를 통해 신의 경지에 합일할 수 있다는 신인동격神人同格의 수평적 세계관을 가지고 있는 것입니다. 범부 중생에게도 성인·부처·신선이 될 수 있는 길은 늘 열려 있습니다. 신인합일이요, 인내천입니다. 이런 판이한 배경이 있기에 신화 역시 다를 수밖에 없습니다.

구약 「창세기」에 보면 에덴동산에는 선과 악을 알게 하는 지혜나무(선악과)와 영생을 누리게 하는 생명나무가 있습니다. 이 선악과를 먹지 말라는 야훼 신의 금기를 어긴 이브와 아담은 낙원에서 쫓겨납니다. 생명나무 열매마저 따 먹을까 걱정되어 화염검으로 지키게 합니다. 요컨대 신은 인간이 선악 분별의 지혜를 가지거나 영생을 누릴까 봐 겁을 낸다는 것이죠. 선악과를 먹고 생명과를 먹으면 신의 독점적 지위를 위협할 테니까 그걸 용서하지 않는 겁니다.

그렇습니다. 신인현격 세계관에서 신에 대한 인간의 도전은 결코 용납되지 않습니다. 사람들이 하늘 높이 쌓던 바벨탑의 꿈을 무너뜨린 신의 의도도 같은 이유입니다. 그리스 로마 쪽을 보더라도 마찬가지죠. 날개를 달고 하늘 높이 날던 이카루스는 추락사하고, 제우스의 비리를 드러낸 시시포스는 바위를 산꼭대기로 반복해서 밀어 올리는 벌을 받고, 인간에게 불씨를 훔쳐다 준 프로메테우스는 독수리에게 간을 쪼아 먹히는 형벌을 받습니다. 신의 권위에 도전하면 여지없이 혹독한 벌을 받는 거지요.

이번엔 신인동격 세계관의 동양으로 올까요? 서왕모라는 여신의 복숭아 과수원(반도원)에는 3000년(혹은 6000년, 9000년)에 한 번 열리는 천도복숭아가 있는데 그걸 먹으면 신선이 되어 늙지 않고 죽지 않는다고 합니다. 그런데 감히 이걸 훔쳐 먹는 인간이 있다네요. 3000갑자(18만 년)를 살았다는 동방삭이 그렇고, 손오공은 원숭이 주제에 감히 이걸 훔쳐 먹은 놈입니다. 신의 권위에 도전하고 신이 되고자 하는 이들이 어떤 모진 형벌을 받았다는 얘기는 없습니다. 옥황상제가 먹는다는 복숭아를 사람도 먹고 원숭이도 먹고 복숭아벌레도 먹습니다.

석가모니와 소태산은 해탈과 열반의 즐거움을 독점할 마음이 없습니다. 아니, 없을 뿐 아니라 같이 와서 누리자고 꼬드깁니다. 아마 석가불이나 소태산이었다면, 에덴의 선악과와 생명과를 푸짐하게 따다 놓고 잔치를 벌였을 것입니다. 사람아, 원숭이야, 복숭아벌레야! 모두 모두 모여라, 실컷 먹고 즐기자.

양치기와 소치기의 간격

　신화 속에는 사람의 욕망과 상상력이 빚어낸 것이 또 있습니다. 바로 신화적 동물입니다. 신화적 소품으로 등장하는 것이 동물만은 아니고, 식물도 있고 무생물도 있고 신기루 같은 신이한 현상도 있습니다. 앞서 말한 선악과나 천도복숭아는 신화적 소품으로 쓰인 식물이라고 보아야겠죠. 그러나 동물이 대표성을 가지는 것만은 틀림없습니다.

　이들 동물은 대체로 두 가지 모습을 보입니다. 하나는 소나 말처럼 실재하는 동물이요, 또 하나는 용이나 봉황처럼 초자연적인 상상의 동물입니다. 앞의 것에도 두 가지가 있습니다. 우리가 일상으로 보는 동물과 일상에서 볼 수 없는 신령스러운 동물입니다. 그러니까 말[馬]이라고 하더라도 우리가 일상 보는 말이 있는가 하면 신라의 천마처럼 하늘을 날아다니는 초월적 말도 있다는 것입니다. 그러고 보면 상상의 동물에도 두 가지가 있다고 할 만합니다. 예컨대 그리스 신화에 나오는 페가수스처럼 실재하는 말에다 날개만 달아 변형시키는 경우가 있고, 물고기 하반신에 여자의 상반신을 결합한 모습의 인어처럼, 실재하는 동물(사람 포함) 두어 가지를 합성하여 만든 경우가 있습니다. 합성 얘기라면 동서양을 통틀어 용이 으뜸일 듯합니다. 아홉 가지의 합성이라니까요.

　"머리는 낙타 같고 뿔은 사슴 같고 눈은 토끼 같고 귀는 소와 같으며, 목은 뱀과 같고 배는 큰조개 같고 비늘은 잉어 같고 발톱은 매와 같고 발바닥은 범과 같다."

신화 동물에는 포유류나 조류, 파충류, 어류, 양서류에 영장류도 있습니다. 서양 신화 얘기입니다만, 독수리 머리와 날개에 사자의 몸통과 뒷다리를 가져서 날짐승도 길짐승도 아닌 그리핀 같은 것도 있고, 말의 몸통에 사람의 상반신을 결합한 켄타우로스 같은 반인반수半人半獸도 있습니다. 그중에는 해괴한 것도 많지요. 기괴한 것을 좋아하는 그리스 사람은, 머리카락 한 올 한 올이 뱀으로 되어 있고 쳐다보는 사람을 돌로 만들어버린다는, 날개 달린 여자 괴물 메두사를 만들었고, 뻥이 심한 중국 사람은 날개 길이가 3000리나 되고 한번에 9만 리를 날아간다는 붕새를 만들어냈습니다.

그건 그렇다 치고 도대체 이런 황당한 동물들은 왜 신화 속에 나올까요? 단지 재미 삼아 만든 경우나 토템으로 쓰인 경우를 비롯하여 여러 가지 이유가 있지만, 그 기능 한가운데는 종교의 불변 명제라 할 제재초복除災招福(불행을 물리치고 행복을 가져옴)이 자리 잡고 있음을 알 만합니다. 불변 명제라 한 것은, 이러쿵저러쿵 고상한 말로 치장하더라도 '모든 종교의 궁극적 목적은 제재초복이다' 하는 뜻입니다. 이것을 '모든 종교는 반드시 인간의 제재초복 요구에 응답해야 한다'로 바꾸면 칸트의 정언명령定言命令이 되는 것이죠. 그럼에도 역사 속에서든 현실에서든 이 불변 명제도 무시되고 정언명령도 지켜지지 않으니 한숨이 나는 것입니다.

옛날 한옥 대문에는 좌우로 '호축삼재虎逐三災 용수오복龍輸五福'과 같은 글이 붙어 있었습니다. 호랑이는 삼재를 물리치고 용은 오복을 실어오라는 기원입니다. 이와 같이 신화 속에 나오는 동물 중에는 재앙을 막아주거나 복을 가져다주는 역할을 하는 것들이 적지 않다고 말씀드리려는 것입니다.

고등 종교의 경전에 나오는 신화적 소품들은 비유나 상징으로만 쓰이는 경우도 종종 있습니다. 기독교의 올리브나 뱀, 불교의 연꽃이나 사자 같은 것이 그런 경우겠지요. 기독교와 불교의 종교적 성격을 가르는 상징적 동물은 양과 소라고 봅니다. 기독교에서 쓰는 목사, 목자, 목회 같은 말의

'목牧'은 짐승을 '친다·기른다'는 뜻이고, 그때의 짐승은 양입니다. 그러니까 목양牧羊입니다. 그러나 불교에서는 목우牧牛입니다. 목우도 목우십도송牧牛十圖頌이 그렇고 보조국사의 호 목우자牧牛子가 그렇습니다.

여기서 목양과 목우, 양치기와 소치기를 놓고 기독교 발상지인 유대 국가에선 양을 쳤고 불교 발상지인 인도에선 소를 쳤으니 양과 소의 비유로 갈라졌다고 본다면 이건 곤란합니다. 양떼를 일방적으로 몰고 다니는 기독교가 집단적 신앙으로 나아갈 소지가 많다면, 잃어버린 소를 찾아다가 길들이는 불교는 개인적 수행으로 나아갈 개연성이 높다는 것쯤은 알아야 합니다. 새벽기도에 수천 명이 나와서 할렐루야, 아멘을 외치며 통성기도를 하는 대형 교회의 풍경과, 고요한 산사의 법당에서 선승들이 가부좌한 채 미동도 않고 자아의 내적 성찰에 침잠하는 풍경, 그 벌어진 간격을 짐작하시겠습니까? 양은 피조물로서의 인간이요, 소는 중생의 마음이며 본성입니다. 타력 신앙과 자력 수행의 갈림길입니다.

기독교의 양은 목자를 절대 믿고 순종함으로써 구원을 약속받습니다. 불교에선 잃은 소를 찾아내어 길들이듯이, 자성을 찾고 욕망을 잠재워 해탈을 추구합니다.

영혼이 들어 있는 말, 신비가 숨 쉬는 주문 ①

어릴 때 일을 생각하면 아련한 동화처럼 세상이 온통 신비로 가득 찼었습니다. 그중에는 이런 것들도 있습니다. 모래톱에서 한 손을 바닥에 엎고 그 위에 모래를 쌓아 다지면서 "두껍아, 두껍아, 헌 집 줄게. 새 집 다오"를 연호했습니다. 그다음에 손을 빼도 모래집이 안 무너지고 형태를 유지하는 것은 그 주문 때문이라고 믿었습니다. 젖니를 갈 무렵, 흔들리는 이를 실에 묶어 잡아당겨 뽑으면 아파서 절로 눈물이 찔끔 흘렀습니다. 그래도 그 이를 지붕으로 던지며 "까치야, 까치야, 헌 이 줄게. 새 이 다오"라고 외쳤지요. 그래야 새 이가 나오는 것이라고 믿었습니다.

『아라비안 나이트』(혹은 『천일야화』)를 읽을 때쯤 되니 〈알리바바와 40인의 도적〉에서 보물이 숨겨진 동굴 문을 열 때 '열려라 참깨'를 외치자 바위 문이 스르르 열립니다. 이건 또 얼마나 신기한 일이던가요! 『서유기』를 보면, 망나니 손오공을 꼼짝 못 하게 하는 것은 그의 머리에 씌워진 쇠테(금고아)인데 손오공이 말을 안 듣고 장난을 치면 삼장법사는 관음보살이 가르쳐준 주문을 외웁니다. 주문의 힘으로 이 쇠테가 옥죄어 들면 손오공이 살려달라고 울부짖으며 꼼짝을 못 하니 소의 코뚜레만이나 되는 셈입니다. 손오공 자신도 주문 한마디로 변신과 분신이 자재하고 여의봉을 능수능란하게 부립니다.

아무튼 동서고금을 막론하고 사람들은 말이나 문자 자체에 영혼이 깃들어 있어 불가사의한 힘이 있다고 믿어왔습니다. 이러한 주술적 신념 체계를 언령 신앙言靈信仰이니 언신 사상言神思想이니 합니다.

숫자나 이미지 등도 기호학적으로 같은 효과를 가집니다. 4四가 죽을 사死와 같은 음이라 하여 넷이란 숫자를 기피하고, 심지어는 빌딩에서 4층을 건너뛰어 5층이라 하거나 승강기의 층 표시도 4층 대신 F층이라 하는 짓이 그것입니다. 기독교 신자들은 예수의 죽음과 관계된다는 '13일의 금요일'을 불길하게 여긴다든가, 「요한계시록」에 나오는 '666'이라는 숫자를 사탄의 징표로 삼아 금기시하기도 합니다. 한국인이 '3'을 신성시하고 서양인이 '7'을 선호하고 중국인이 '8'을 좋아하는 것 등도 그렇습니다.

신화를 비롯한 설화 가운데 언령 신앙은 여러 가지 형태로 숨 쉬고 있습니다. 〈가락국기〉에 보면 사람들이 하늘 임금을 맞이하는 의식을 합니다. 그런데 그들이 "거북아, 거북아, 머리를 내밀어라. 만약 안 내밀면 구워 먹으리라" 하고 노래하니까 하늘에서 금합에 담긴 여섯 황금알이 내려오고 이들이 부화하여 여섯 가야의 왕들이 됐다고 했습니다. 여기서 "거북아, 거북아, 머리를 내밀어라. 만약 안 내밀면 구워 먹으리라" 이 말의 주술적 효과가 상당했다나 봅니다.

신라 성덕왕 때 순정공이 강릉 태수가 되어 어여쁜 아내 수로를 대동하고 부임하는 길이었습니다. 한번은 해안에서 점심을 먹고 있는데 동해 용왕이 수로를 납치해서 바닷속 용궁으로 데리고 갔더랍니다. 마누라를 빼앗긴 순정공이 넋을 놓고 있을 때, 동네 사람들이 몰려와서 노래를 부릅니다. "거북아, 거북아, 수로를 내놓아라. 남의 부인 빼앗아간 죄 그 얼마나 크랴. 만약 거역하고 안 내놓으면, 그물로 잡아서 구워 먹으리라." 그러자 용이 수로부인을 데리고 나와 돌려주더란 것입니다.

신라 향가에는 이런 언신 사상이 깔린 것이 꽤 있습니다. 예컨대 불길한 조짐이라는 혜성이 나타나 노래를 불러 이를 물리쳤다는 〈혜성가〉라든가, 해가 둘이 나타나는 흉조를 처치하느라 이 노래를 불러 해결했다는

〈도솔가〉라든가, 질병의 귀신을 물리친 〈처용가〉나 선화공주를 얻기 위해 이용한 〈서동요〉, 관음보살에 빌어 눈먼 딸의 눈을 띄운 〈도천수관음가〉 등 헤아리기 바쁩니다. 재미있는 것은 전문적 주술사의 주가呪歌입니다. 예컨대 무당의 푸닥거리에 쓰였을 것으로 보이는 〈성황반〉 같은 것을 보자면 무의미한 여음으로 도배되어 있습니다.

다리러 다로리 로마하/ 디렁리 대리러 로마하/ 도람다리러 다로링디러러/ 다리렁 디러리

이런 식인데 이걸 보면, 글자도 아니고 그림도 아닌 무의미한 문양에 불과한 부적의 효과와도 통합니다. 어찌 보면 의미를 싣지 않음으로써 더욱 신비한 주술성을 확보한다고 할 만도 합니다.

세계적으로 선풍적인 인기를 얻은 소설, 조앤 롤링이란 영국 작가의 판타지 『해리포터』 시리즈에는 100가지도 넘는 마법 주문이 있는 모양입니다. 은밀한 대화를 나눌 때 쓰는 '머플리아토'는 남이 그들 말을 못 듣도록 하는 방음 주문이고, '실렌시오'는 상대방의 목소리가 안 나오도록 하는 침묵 주문이고, '스투페파이'는 상대를 실신시키는 기절 주문이라는 식입니다.

해리포터의 마법 주문이라면 우리가 재미 삼아 웃고 끝낼 수도 있지만, 호모로퀜스(언어적 인간)로서 인간은 자기도 모르게 언령에게 홀려 자기최면에 빠져 있지는 않은가 반성할 일도 없지 않습니다. 다음 이야기를 보시면 알아요.

영혼이 들어 있는 말,
신비가 숨 쉬는 주문 ②

　　앞서 말씀드린 언령 신앙의 속편입니다. 그런데 과연 특정한 말이나 글자 혹은 부적이나 노래 속에 그런 신비한 힘이 있는 것일까요? 말 속에 정령이 들어 어떤 불가사의한 작용을 한다는 것이 가능할까요? 과학적으로 근거가 있을까요? 여기서 십여 년 전에 우리나라에도 번역되어 화제를 뿌렸던 일본 책을 하나 소개하겠습니다. 에모토 마사루의 『물은 답을 알고 있다』(더난출판사)라는 책입니다.

　　저자는 많은 실험을 통해 얼었던 물이 녹는 순간에 보이는 결정을 현미경으로 촬영하여 관찰하다가 놀랄 만한 결과를 얻었습니다. 아름다운 고전음악을 들려준 물이 제각각 아름다운 육각형 결정을 만드는 데 반해, 분노와 반항의 언어로 가득한 시끄러운 음악을 들려준 물에서는 제멋대로 깨어진 결정이 보이더란 것입니다. 물이 음악의 진동을 받아 정보를 기억하기 때문에 기쁜 곡을 들은 물의 결정은 아름다운 반면, 슬픔 또는 분노를 담은 곡을 들은 물의 결정은 일그러져 보인다는 설명입니다. 누구나 여기까지는 반신반의하면서도 신기하다고 생각할 만합니다.

　　그러나 종이에 '바보', '그만해' 같은 부정적인 뜻의 글을 써서 보여준 물은 흐트러진 결정을 보이고, '고맙습니다', '사랑해' 같은 긍정적인 글을 써서 보여준 물은 아름다운 결정을 보이더란 대목에 이르면 점점 고개가 삐딱하게 기울어질 것입니다. 그는 물의 결정구조가 꽃처럼 활짝 핀 모습으로 안정되고 치밀한 상태, 즉 가장 이상적인 상태는 '사랑'이나 '감사' 같은 단어를 물에게 보여줬을 때라고 주장합니다. 제가 보기엔 한마디로 난센스입니다. 음악을 통해서나 혹 염력을 통해서라도 물속에 모종의 기氣나 전자파를 전달하여 어떤 흔적을 보인다, 이런 것이라면 그나마 '글쎄올시다' 정도는 될지 모릅니다. 그런데 물이 글을 읽고 반응한다? 이런 얘기라면 '아니올시다'입니다. '고토다마노 사키와우구니'(언령이 번영하는 나라)를 나라의 미칭美稱으로 삼는 일본 같은 나라에서나 나옴 직한 발상입니다.

요전에 텔레비전을 보다가 이런 얘기를 들었습니다. 젊고 예쁜 여자 무당이 겪은 일입니다. 연예인이나 운동선수 중에 단골이 많다는 그녀가 한번은 유명 프로선수의 상담을 받습니다. 중요한 시합을 앞두면 매일 밤 가위에 눌려 고생한다는 것입니다. 이 무당은 부적을 그려서 봉투에 밀봉하여 주면서 잘 때 베갯속에 넣고 자라고 일렀습니다. 얼마 후 그 선수가 나타나 그 부적 덕분에 가위에 눌리는 일이 없어졌다고 고마워하더란 것입니다. 그런데 그 무당이 뭐라고 털어놓은 줄 아세요? 봉투에 그려 넣은 부적은 바로 가위 그림이었다는 것입니다. 꿈속에 나타나 사람 숨통을 죄는 그 가위 귀신이 아니라 바느질할 때 쓰는 그 가위 말입니다. 중요한 것은 선수가 그 부적의 신비한 힘을 철석같이 믿었다는 것이지요. 믿는 자에 복이 있나니……. 그게 그거 아니겠습니까? 플라세보placebo, 僞藥 효과처럼 최면 요법에서 쓰는 자기암시의 효과 말이지요.

말이나 글의 본질은 그 사회 구성원의 의사소통을 위한 약속 체계일 뿐입니다. 그 어떤 말소리나 글자 속에 무슨 신령한 존재나 힘이 숨어 있어서 작용한다고 믿는 것은 미신입니다. 말짱 헛소리입니다. 허튼소리를 북한에서는 '개나발'이라고 한다지만, 제발 '개나발' 좀 불지 말라고 하고 싶습니다.

그런데 '미신'이라고 단정하고 보니 켕기는 구석이 없지도 않군요. 미신 아닌 고등 종교의 교리 깊숙한 구석에도 이 언령 신앙이 화끈하게 드러나거나 혹은 몰래 숨어 있다는 것입니다. "태초에 말씀이 있었다. 말씀이 곧 하나님이다. 말씀 안에 생명이 있었다"(「요한복음」)라고 한 기독교 언어관도 언령 신앙, 언신 사상의 범주에 들어 있습니다. 그런가 하면 불교의 진언, 주문 혹은 다라니라고 하는 것은 언신 사상 아니면 설명이 불가능합니다. '옴마니반메훔'만 지성으로 외면 만사형통이라는 일본발 불교나 진언종·염불종 내지 밀교가 아니라도 태반의 불교 종파가 언령 신앙을 수용하고 있습니다.

신종교 역시 그렇습니다. 동학의 저 13자 본주(시천주조화정 영세불망만사지)와 강령주 등이 그렇고, 증산교에선 23자 태을주(훔치훔치…훔리함리사파하)와 개벽주 등이 있고, 원불교에는 영주(천지영기아심정…만사여의아심통)와 성주 등이 있습니다. 한국 신종교의 주문 종류가 무려 1000종에 이른다는 통계도 있으니, 이거 어떻게 추슬러야 할지 대책이 없군요. 그러나 주문의 효과를 신비주의가 아닌 사실적 설명으로 해명하려는 견해도 있습니다. 진리의 문구를 정성으로 송함으로써 얻어지는 효과, 혹은 단순한 주문을 반복함으로 몰입flow에 이르러 뇌파를 알파파 상태에 잡아두는 효과는 언령 신앙과 별개로 뇌과학적 근거가 있음 직도 합니다.

잠깐! 언령이 저를 보고 눈을 흘기면서 가만두지 않겠다고 벼르네요. 이거 큰일입니다. 이열치열이요, 이이제이以夷除夷(적을 이용하여 다른 적을 제어함)라 하니 저도 이럴 때 대비하여 진언 한두 마디쯤 준비해두었지요. 말 잘못한 죄를 씻기 위해 먼저 정구업 진언부터 합니다. '수리수리 마하수리 수수리 사바하!'(3회 반복) 그다음에 참회 진언입니다. '옴 살바 못자 모지 사다야 사바하!'(3회 반복)

신화 속의 물, 종교 속의 물 ①

　원시 신앙은 산, 바다, 돌, 나무 같은 자연물이나 해, 달, 별 등 천체에 대한 외경 의식에 바탕을 둔 것이 많습니다. 당연한 얘기지만, 신화 속에서도 이들에 대한 인식과 설명을 담고 있는 것이 흔하지요. 그런데 그중에는 우주를 구성하는 기본 물질인 원소에 대한 것이 있어 주목을 끕니다. 물론 오늘날 화학에서 말하는 산소, 수소, 철, 금, 우라늄 하는 식의 화학원소와는 비교가 안 되게 단순합니다. 요즈음엔 천연 원소 90개에 인공 원소 17개까지 합하여 107개의 원소를 말하는 모양입니다만, 고대에서 중세까지는 4원소설이 정설이었던가 싶습니다. 고대 그리스나 인도에서 동일한 4원소설이 통용되었다는 것만 보아도 그것이 세계적 보편성을 가지는 것이 아니었나 생각됩니다. 4원소가 무엇이냐고요? 그야 흙, 물, 불, 바람(지·수·화·풍) 등 이른바 사대四大라고 하는 것이지요. 트럼프에서 쓰는 기호를 떠올려 보시기 바랍니다. 하트는 물, 다이아는 흙, 스페이드는 공기, 클로버는 불을 나타내는 것이라니 서양의 지수화풍 사대로군요.

　우선 물에 대해 말씀드리겠습니다. 사실 이들 4원소 가운데서도 물이 차지하는 비중은 다른 원소들보다 더 큽니다. 자연철학의 아버지라는 탈레스도 "만물의 근원은 물이다" 하였지만, 전 세계의 창세신화 태반은 물로 시작됩니다.

　알타이 신화의 경우, "태초에는 이 세상이 물바다였다. 하느님이 물속에서 흙을 얻어 땅을 만들었다" 이렇게 나옵니다. 수메르 신화에서는 "태초에는 바다뿐이었다" 이렇게 되어 있고, 바빌론 신화 역시 "태초에는 민물 바다와 간물 바다뿐이었다" 이렇게 시작됩니다. 기독교 「창세기」에는 "하나님이 가라사대 물 가운데 궁창sky이 있어 물과 물로 나뉘게 하리라 하시고, 하나님이 궁창을 만드사 궁창 아래의 물과 궁창 위의 물로 나뉘게 하시매 그대로 되니라" 이렇게 돼 있습니다.

한국의 경우는 어떨까요? 미리 말씀드릴 것이, 우리나라에서는 창세신화가 발달하지 않았다는 것입니다. 제주도 등 무속 신화에 약간 남아 있긴 하지만 그것도 불교 전래 이후에 만들어진 것으로 보입니다. 대신 우리나라는 건국신화가 주류입니다. 그러면 건국신화에서 물은 어떤 기능을 하고 있을까 알아보기로 합시다.

한국의 건국신화라면 이미, 시조들이 태양의 상징인 알에서 태어나는 난생 신화와, 비를 내리는 용이 나오는 용 신화를 한 차례씩 언급한 바가 있습니다. 그 신화들을 단순화하면, 친가인 남자 쪽은 하늘의 신인 해(태양)에 줄을 서고 있고, 외가인 여자 쪽은 물의 신인 미르(용)에다 줄을 대고 있다는 것입니다.

고구려와 백제의 공동 국모인 유화를 봅시다. 하늘의 아들 해모수가 유화를 처음 만난 것이 웅심연熊心淵이라는 못에서입니다. 유화는 동생 둘과 함께 물에서 헤엄을 치고 있습니다. 이들은 하백의 딸이라고 했습니다. 하백의 정체인즉 물의 신으로서 백룡입니다. 다시 말하면 주몽의 외할아버지는 용이요, 어머니 유화는 용녀인 것입니다.

신라에서는 박혁거세의 비妃가 알영부인으로 나옵니다. 그런데 알영의 어머니가 누구냐 하면 우물 속에 사는 계룡입니다. 계룡은 머리가 닭의 머리를 닮은 용입니다. 그러니까 혁거세왕의 왕후도 용녀입니다.

고려의 경우는 시조 왕건의 할아버지 작제건이 서해 용왕의 목숨을 구해주고 보상으로 용녀를 얻어 부인으로 삼았다고 했습니다. 이것이 『고려사』등 정사에 나오는 것이라면 무당이 굿할 때 부르는 무가 〈군웅본풀이〉에서는 아예 태조 왕건의 부인이 용녀로 나오고 있음은 흥미로운 대목이기도 합니다.

이밖에도 한두 가지 덧붙일 것이 있습니다. 가락국 시조 김수로왕의 비 허황옥이 인도 아유타국에서 왔다고 하나, 육당 최남선은 일찍이 허 황후가 용녀임을 지적한 바 있죠. 제주도에 있던 탐라국은 삼성혈에서 나온 세 신인이 고·양·부 세 씨족의 시조가 되었는데 그들의 배우자가 된 벽랑국의 세 처녀들 역시 동해 용녀라는 것이 학계의 정설입니다.

한국의 건국신화에 나오는 용 화소는, 농경 민족으로서 물의 신이자 비의 신인 용신을 끼지 않고는 왕권의 정통성을 유지하기 어려웠다는 배경을 보여주고 있는 것입니다. 이것은 정신분석학자들이 말하는바, 태양의 부성적 성격과 물의 모성적 성격의 대비와도 일치하는 것이어서 더욱 흥미롭습니다.

신화 속의 물, 종교 속의 물 ②

　보편적인 물의 이미지 혹은 기능은 무엇일까요? 먼저 물은 생명의 물질로 볼 수 있습니다. 창세신화에서 그렇듯이 생명의 시초, 생명의 탄생은 물로부터 시작이 됩니다. 오늘날 생물학에서도 지구상에 생명체의 발생이 바닷물에서 시작되었다고 말합니다. 또 식물의 씨앗이 싹트기 위해 물이 필수적임을 지적합니다. 화성과 같은 별에 생명체가 있는가, 생물이 살 수 있는가를 가리는 판별도 물의 존재 유무입니다.

　프랑스의 시인이자 철학자인 가스통 바슐라르(1884~1962)가 물에 대해 현상학적 접근으로 수집한 의견은 이런 식입니다. 가장 값진 물의 상태는 정액이다. 태아가 사는 자궁의 양수도 물이고, 아기를 키우는 젖도 물이다. 동물의 피도 물이고 식물의 수액도 물이다. 물은 대지의 피요, 대지의 생명이다.

　요컨대 물이 생명의 탄생이나 유지에 없어서는 절대 안 되는 물질임을 말하는 것입니다. 무가 〈바리데기〉에서 바리데기가 부모를 살리려고 천신만고 끝에 가져오는 것도 약수, 바로 물이었음을 기억하십니까?

　그런데 피가 생명의 상징인 동시에 죽음의 상징이듯이, 물은 생명을 태어나게 하고 동시에 생명을 없애는 역할을 합니다. 태양이 바다에서 뜨고 바다에서 지듯이 삶과 죽음은 물이라는 동일한 접점에서 일어납니다. 그래서 어떤 시인은 사람이 물을 마시기도 하지만 물이 사람을 마시기도 한다고 하였습니다.

종교적으로 볼 때 물은 또 다른 의미가 있습니다. 그것은 정화淨化입니다. 더러운 것, 거짓된 것, 죄악 등을 깨끗이 씻어 없앤다는 정화의 기능입니다.

불교의 관음보살도를 보면 왼손에 정병淨瓶이란 것을 들고 있습니다. 자비로운 보살께서는 정병에 담긴 가장 깨끗한 물, 감로수를 이용하여 중생들의 고통이나 목마름을 없애준다고 합니다. 이것은 생명의 물과 정화의 물이란 이중적 의미가 있어 보입니다. 우리 선조들이 기도를 드릴 때는 정화수를 떠놓고 했는데 그것도 이런 이중적 효과를 염두에 둔 것이 아닐까 합니다. 인도의 힌두교도들이 갠지스강에서 하는 목욕도 그렇습니다. 실제로는 청결치 못한 물이라는데 그들은 성수라고 하면서 몸을 씻고 그 물을 마시고 화장한 뼛가루조차 거기에 뿌립니다.

물의 정화 의식이라면 아무래도 서양의 종교의식, 세례니 침례니 하는 것이 으뜸일 듯합니다. 몸을 전부 담그는 침례 의식에는 세 가지 상징적인 의미가 있다고 합니다. 물에 들어가는 것은 죽음을 의미하고, 물속에 완전히 잠기는 것은 매장을 의미하며, 다시 나오는 것은 부활을 의미한다는 것입니다. 여기서 우리는 '죽음과 재생'이라는 신화의 원형을 다시 보게 됩니다. 물에 들어감으로써 묵은 사람은 완전히 죽어서 매장된다는 뜻이고, 물에서 나올 때는 새 사람이 되어 나오는 것입니다. 묵은 사람은 죄악으로 더럽혀진 사람이고 새 사람은 영적으로 정화된 사람, 승화된 사람입니다.

이런 물의 정화 기능이 글로벌 차원에서 일어나는 것이 홍수 신화입니다. 개인의 정화는 세례나 침례 의식으로 물에 의한 정화가 가능하지만, 세상이 다 오염되고 죄악이 지구에 가득하다면 별수 없이 홍수라는 방법을 동원하는 것이지요. 조물주가 있다면 묵은 세상을 뒤집어엎고 새 판을 짜고 싶은 생각이 날 법하지 않겠습니까? 〈노아의 홍수〉란 기독교 신화도 그래서 나온 것입니다.

순환적 시간관이 전통인 동양에서는 우주적 새 판 짜기라 할 개벽이 일회적인 것이 아니라 반복될 여지를 가지는 것입니다. 직선적 시간관에 근거한 서양의 종말론과는 다릅니다. 선천 개벽 이후 인류의 역사가 돌이킬 수 없는 한계에 처했을 때 이것을 말세라 하고 이를 치유하기 위해 후천개벽이 온다는 것이 동양의 전통적 우주관입니다.

그런데 거대한 세계 속에서 개인은 그저 홍수에 휩쓸리는 나뭇잎처럼 흘러가는 것밖에 할 일이 없는 것일까요? 한 사람의 마음, 한 사람의 노력은 무의미한 헛수고에 불과할까요? 앞에서 말한 바 있는 가스통 바슐라르의 시적 상상력은 "순수한 한 방울의 물은 대양을 정화시키기에 충분하며 불순한 한 방울의 물은 우주를 오염시키기에 충분한 것"이라고 했는데 정말 그렇게 믿어도 될까요? 우리 누구나가 그 위력적인 한 방울의 물이 될 수는 없을까요?

불교 경전 「유마경」에는 '일심청정一心淸淨 국토청정國土淸淨'이란 말이 나옵니다. 한 마음이 깨끗하면 온 세계가 깨끗해진다는 말씀이지요. 또, 「원각경」에서는, 한 사람의 마음이 깨끗하면 대중의 마음이 깨끗해지고, 대중의 마음이 깨끗하면 온 나라가 깨끗해지고, 온 나라가 깨끗하면 온 세계가 깨끗해진다고 했습니다. 세상 탓만 하지 말고 우리들 한 사람 한 사람이 열어가는 세계, 그것이 진정 희망이 아닐까 합니다.

신화 속의 불, 종교 속의 불 ①

　지난번에는 세계를 구성하는 4원소 가운데 물을 가지고 그 신화적 의미와 종교적 기능을 말씀드렸는데 오늘은 불로 대상을 바꾸어 말씀드리고자 합니다.

　불의 신화적 성격을 소개하려면 우선 떠오르는 것이 그리스 신화의 프로메테우스가 아닐까 합니다. 그는 하늘에서 불을 훔쳐다가 인간에게 주었다고 하죠. 여기서의 불을 기술 문명의 시작점으로 볼 때는 인류에게 엄청난 축복이 되겠지만, 하늘을 주재하는 제우스 신은 노발대발하였습니다. 불을 훔친 프로메테우스와 훔쳐다 준 불을 받아들인 인간에게 쌍벌죄가 적용됩니다. 프로메테우스에게는 산 위의 있는 바위에 묶인 채 독수리에게 끝없이 간을 쪼아 먹히는 벌을 내리고, 인간에겐 판도라라는 여자를 보내, 육체적 질병과 정신적 고통을 받도록 한 이른바 '판도라의 상자'를 열게 했다는 것이지요. 백팔번뇌의 기원이라고 해둡시다.

　맛보기는 이 정도로 하고 본격적인 불 이야기로 들어갑니다. 먼저 주목할 것이 있습니다. 흥미로운 일은, 물과 불이 흔히 상극이라고 하지만 그 상징성과 기능이 겹치는 경우가 적지 않다는 것입니다. 앞에서 한국의 건국 신화가 남자 쪽의 태양신과 여자 쪽의 용신을 양대 축으로 하는 구도라고 했고, 그것을 원소로 단순화시키면 불과 물의 결합임을 말씀드린 바 있습니다. 이것은 건국이란 창조적인 작업이 남과 여, 물과 불의 합작이 아니면 이루어질 수 없다는 진리가 아니겠습니까. 그런 의미에서 물과 불, 두 원소는 상극이면서 상생입니다. 둘이 서로의 부족을 채워 온전한 하나가 되기를 지향하는 상보적 관계로, 이는 음양 사상에서 잘 설명되고 있습니다.

어떤 사물은 이해 못할 양면성을 보이는 경우가 종종 있습니다. 물이 생명과 죽음이란 모순된 두 가지 상징성을 가졌다고 말씀드린 바 있듯이 불의 경우도 마찬가지입니다. 생성과 소멸, 삶과 죽음을 같이 보여주고 있습니다. 그래서 연금술사들은, 만물이 불에서 나와 불로 돌아간다고 하고, 불이 생성과 소멸의 집행자라는 관념을 가지고 있답니다. 그러니까 불은 에너지의 원천으로 생명의 탄생이나 유지에 필수 불가결한 요소이지만, 동시에 만물을 태워 없애는 파괴와 죽음의 물질이기도 합니다.

불이 가진 소멸의 관념은 부정한 것을 제거하는 정화의 기능과 긴밀하게 연결되어 있습니다. 그리스의 미스테리아 세례 의식에서도 정화는 물만이 아니라 불로도 이루어졌습니다. 또한 「마태복음」에서 세례 요한은 말합니다. "나는 너희가 회개하도록 물로 세례를 주거니와, 내 뒤에 오시는 이는 나보다 능력이 많으시니, 그는 성령과 불로 너희에게 세례를 주시리라." 요컨대 물로 세례를 주는 것보다 불로 세례를 주는 것이 한 수 위라는 말이지요. 다만 물이 더러운 것을 깨끗이 하는 정화의 성격이 강하다면, 불은 삿됨을 제거하고 재앙을 물리치는 성격이 더욱 강하다고 할 만합니다.

어르신들은 정월에 하는 쥐불놀이란 민속을 기억하고 계실지도 모릅니다. 이것은 쥐와 해충을 태워버린다는 현실적 의미와 함께 한 해의 액을 막고 재앙을 미리 제거한다는 의미가 있습니다. 대보름의 달집 태우기도 마찬가지입니다. 중국을 비롯하여 세계적으로 광범위하게 퍼져 있는 민속적 폭죽놀이나 불꽃놀이는 하나같이 삿된 귀신과 재앙을 물리침으로써 복을 부른다는 뜻을 지닙니다.

제임스 조지 프레이저(1854~1941)의 명저 『황금가지』(한겨레출판)에서 사례를 보면, 유럽에서의 불놀이는 전염병이나 흉작과 같은 재앙은 물론 마법이나 마귀를 물리치는 효험을 기대하고 행해진 것입니다. 15세기에서 18세기까지 전 유럽에서 행해진 마녀사냥 이야기를 들어보셨겠지요. 페스트 같은 전염병이나 흉작으로 인한 기근은 물론 전쟁의 원인까지도 마귀 탓으로 돌리고, 기독교의 종교재판이 주도하여 퍼뜨린 악명 높은 마녀재판! 거기서 잔인한 고문을 거쳐 이른바 마녀로 지목된 가엾은 여자들이 무려 4만 명이나 처형되었다는데 그 대부분은 불에 태워 죽이는 화형이었습니다. 사탄은 그 흔적조차 없애야 한다는 무지몽매한 논리인데, 어쨌건 이것도 부정한 것을 원천적으로 해소하는 불의 정화 기능을 믿었기 때문이었습니다.

종교학적으로는 불을 경배의 대상으로 하고 신성시하는 신앙 시스템을 통틀어 배화교라고 합니다. 대표적인 것이 기원전 6세기경 고대 페르시아에서 시작된 조로아스터교입니다만, 신자들은 신전에 불을 모시고 그로써 정화 의식도 실행합니다. 그런데 그들은 우주적 새 판 짜기인 개벽 역시 홍수가 아니라 대화재를 통한 소멸 후에 부활의 과정을 통하여 이루어진다고 믿습니다. 즉, 소멸과 생성, 죽음과 재생이 불을 통하여 이루어지는 것이지요.

이것은 그리스 신화에서도 그렇습니다. 인간세계가 너무나 타락하여 못 쓰게 되자 제우스는 세상을 멸하고 새 판을 짜기로 합니다. 처음엔 불로 다 태워버릴 생각이었지만 불이 하늘까지 태울까 걱정이 되자 한 등급 낮추어 불 대신 홍수로 세상을 멸하고 새 판을 짰습니다. 다시 말하면 불이나 물이나 세상을 정화하는 기능은 같다는 전제지만 강력하기로야 물보다 불이 윗길이라는 것이기도 하지요.

신화 속의 불, 종교 속의 불 ②

불경에는 불의 신(화신)에 관한 유명한 이야기가 나옵니다. 부처님이 깨달음을 얻은 후, 부다가야에서 화신 아그니를 섬기며 세력을 떨치고 있던 가섭 삼 형제를 찾아갑니다. 그들은 자그마치 1000명이나 되는 제자들을 거느리고 있었습니다. 거기서 부처님은 그들이 섬기는 불의 신, 불을 뿜는 화룡을 모셔둔 굴에 가서 부처님을 해치려는 용을 항복시킵니다. 이로부터 불은 부정적 이미지를 띠며 탐貪(탐욕)·진瞋(분노)·치癡(우치) 삼독심을 삼화 즉 '세 가지 불'이라고 부르게도 되었습니다.

꼭 이 사건을 두고 하는 말은 아니지만 불교에서는 불을 부정적인 비유로 쓰는 일이 종종 있습니다. 예컨대 「법화경」에 나오는 '화택'이란 표현이 있죠. 인간 세상은 불타는 집이라, 그런 뜻입니다. 우리가 화를 낸다든가 홧병이라든가 할 때에도 화가 불 화火 자임은 그 때문입니다. 불교의 궁극적 지향점인 니르바나, 즉 열반은 '불이 꺼진 상태'를 말하는 것이라지요. 몸을 태워 불전에 바치는 소신공양이나 사체를 화장하는 다비 의식 같은 것도 소멸을 전제로 하는 정화 의식일 수도 있지 않을까 생각됩니다.

불은 빛과 열을 가지고 있습니다. 불이 열을 발산하고 물질을 태우는 쪽이 아니라, 빛을 발산하여 어둠을 밝히는 광명光明의 뜻일 때는 불교에서도 사정이 다릅니다. 빛의 보편적 은유는 진리나 지혜 혹은 희망 같은 것이기도 합니다. '원광'이라 하면 진리의 광명을 뜻하고, '혜광'이라 하면 지혜의 광명을 뜻하는 경우가 그렇습니다. 공양 중에는 등 공양이 있고, 초파일에는 연등을 켜고 불전에는 촛불을 밝힙니다.

　불을 말하기로 하면 그 근원인 태양에 대해 말을 안 할 수 없습니다. 불 숭배보다 태양 숭배가 먼저 있었으니까요. 프로메테우스도 태양의 불수레에서 불씨를 훔쳤다고 했습니다. 태양 숭배는 이미 한두 차례 말씀드린 바 있으므로 태양에 관한 신화 가운데 좀 별다른 것 한 가지만 소개하는 것으로 대신하겠습니다. 다음은 중국의 신화입니다.

　　요임금 때 하느님 제준의 부인 희화가 열 개의 태양을 낳았다. 처음엔 매일 아침 순서대로 하나씩 떠서 세상을 밝혔는데 이들은 열흘에 한 번씩 뜨는 것이 따분하여 언제부턴가 한꺼번에 떴다. 열 개의 태양이 뜨니 땅 위엔 난리가 났다. 너무 뜨거워 땅이나 물은 말랐고 짐승과 곡식이 타 죽었다. 요임금은 활 잘 쏘는 영웅 후예를 시켜 해를 처치하도록 했다. 후예는 활을 가지고 태양을 하나씩 쏘아 떨어뜨렸다. 그러나 태양을 모두 쏘아버리면 안 되기에 화살 하나를 숨겨서 아홉 개의 태양만 떨어뜨리고 하나는 남겨놓게 되었다고 한다. 그런데 화살을 맞고 떨어진 해를 보니 모두 다리가 세 개 달린 까마귀, 즉 삼족오였다.

　빛과 열을 주어 생명을 지켜주는 태양이 반대로 죽음의 원인일 수도 있음은 사물의 양면성을 잘 드러냅니다. 우리나라 제주도 무가에 〈초감제〉라는 것이 있습니다. 천지개벽 때에 해도 둘, 달도 둘이었는데 낮에는 햇볕에 사람이 타 죽고 밤에는 달빛에 사람이 얼어 죽었답니다. 그래서 대별왕과 소별왕이라는 영웅 형제가 활을 갖다가, 형은 해를 쏘고 동생은 달을 쏘아 하나씩 떨어뜨려 그것으로 별을 만들었다고 합니다. 우리 역사서에도 보면 신라시대에 해가 둘 혹은 셋이 나타나서 이를 퇴치하느라 애쓴 이야기가 나옵니다. 어쨌건 태양이 고마운 것이긴 해도 꼭 하나만 있어야 한다니, 이는 삼복더위에 가뭄과 폭염을 겪어본 사람이라면 이해가 갈 것입니다.

그런데 왜 하필 그 해의 실체가 까마귀일까요? 이 삼족오의 연장선에 봉황이 있고 이집트 신화에선 매로 나오기도 합니다. 이는 태양을 상징하는 불새들입니다. 그리고 재미있는 것은 불새를 단순화한 것이 열십자(十) 기호라는 것입니다. 고대의 이집트, 바빌로니아, 아스텍, 마야 등에서 행해진 태양 숭배에서도 열십자가 태양신의 상징이었고, 그리스로마 신화에서도 열십자는 불새의 상징이자 태양신의 상징이 되었습니다. 불교에서 쓰는 부처 만卍 자 역시 태양의 빛과 회전을 나타내는 도안으로 인도, 그리스 등에서 태양신을 가리키는 기호였답니다. 원불교의 일원상도 예외가 아니라네요. 일찍이 바빌론 종교에서는 원(동그라미)이 '태양신'을 상징하는 것이었습니다.

우리와는 악연이지만 일본의 일장기日章旗나 욱일기旭日旗가 궁금하신 분도 있겠죠. 태양 숭배 민족인 일본의 국기 히노마루(빨간 동그라미)가 태양의 상징임은 두 말할 나위가 없지요.

여러분! 덤 하나 드릴게요. 이집트 신화에 나오는 불사조 피닉스를 들어보셨죠? 빛나는 진홍과 금빛의 깃털을 가진, 아름다운 소리의 영조靈鳥, 아라비아에 살며 500년마다 태양신의 도시인 헬리오폴리스에 나타난다고 전해지는 전설적인 새입니다. 피닉스는 생명이 종말에 가까워지면, 향기 나는 나뭇가지로 둥지를 틀고 거기에 불을 붙여 스스로 몸을 태워 죽는다고 합니다. 그러면 거기서 새로운 피닉스가 탄생한다고 전해집니다.

그러나 알고 보면, 불사조 신화는 저녁에 진 해가 아침에 다시 떠오르는 것을 상징하는 '죽음과 재생'이란 원형의 반복에 불과하답니다.

무속 신화와 해원 ①

　여러분은 무속 신앙을 어떻게 생각하십니까? 조선시대 유교(주자학)가 국가 이념으로 채택되면서 초기부터 탄압을 받은 무당은 승려, 백정 등과 더불어 팔천민八賤民 중 하나로 도성 출입도 금지될 만큼 천대를 받았습니다. 개화기, 일제강점기, 해방으로 이어지면서 그 나름의 통치 이념과 정치적 이해관계로 탄압을 받으니 미신 타파가 불변의 행정 지침이요, 교육 명분이었습니다. 군사정권이 들어서자 새마을운동과 함께 또 다시 된서리를 맞습니다. 그런데 이상합니다. 조선조 500년에 다시 100년을 보태면서 갖가지 수단으로 없애려고 애를 썼지만 무속은 건재합니다. 첨단 과학이 지배하는 21세기 디지털 강국 대한민국의 수도 서울에도 무속은 번창 중입니다. 세습무(단골)는 사라지되 내림굿을 하고 무당이 되는 강신무들은 날로 늘어난다니 이게 웬 말입니까. 게다가 불교는 물론 기독교 신앙 속에도 무속은 알게 모르게 똬리를 틀고 앉아 있습니다. 참 이상합니다.

　그런데 생각을 조금만 돌려보면 이상할 게 없습니다. 무속 신앙(샤머니즘)은 단군 이래 우리 민족의 정통 신앙이었습니다. '단군'부터가 무당을 뜻하는 말이요, 신라왕 이름에 붙은 '차차웅'(제2대 왕 남해 차차웅) 역시 무당을 뜻합니다. 부여의 영고, 예의 무천, 고구려의 동맹, 고려의 팔관회 같은 것도 나라에서 베푼 굿이었습니다. 서슬 푸른 조선시대에도 왕가에서조차 정월이면 나라굿(나례)을 주선했고, 마을에선 대동굿이나 도당굿을 연례행사로 치렀습니다. 가정에서도 가장의 묵인 아래 부녀자들이 정월이나 시월에 안택굿을 하고 수시로 푸닥거리며 객귀 물림을 하는 것이 우리네 풍속이었습니다. 그래도 무속 신앙은 미신이 아니냐고요?

어느 나라든 토속신앙치고 미신적 요소가 없는 게 있나요? 일본의 신도神道나 중국의 도교는 국교 내지 그에 버금가는 지위를 누리지만 무속보다 미신적 요소가 덜하지는 않더군요. 까놓고 말해서 불교나 기독교는 또 얼마나 미신적 요소가 많으냐고요! 교단 성립이 안 돼 있고 체계적 교리나 경전이 갖추어지지 않은 데다가 어중이떠중이 돈벌이에 나선 사이비 무당들이 많다 보니 신뢰도가 낮은 것은 사실이지요. 이른바 고등 종교들에 비해 상대적으로 그렇기는 하지만 무속 신앙도 종교 대접을 해줘야 맞습니다. 그래서 요즈음엔 '무속'이 아니라 '무교巫敎'라고 부르는 추세입니다.

어차피 모든 종교는 순기능과 역기능이 있게 마련이고, 불교나 기독교가 그렇듯 무교 역시 부정적 요소와 긍정적 요소를 다 가지고 있습니다. 한마디로 무속이니 무교니 하지만 여기에는 대단히 다양한 측면이 있어서 간단히 재단할 일은 아니지요. 따지고 보면 우리 민족이 무교에 진 빚도 많습니다. 문학, 음악, 미술, 무용, 연희 등 문화예술 전반에 끼친 공덕은 그렇다 치고 정신문화에서도 그 은혜는 엄청 큽니다. 그중에도 공동체 의식을 키워준 수평적 사회 통합이나 조상과 자손을 묶어준 수직적 혈연 통합에 기여한 바는 높이 평가받을 만합니다. 또 하나는 정서적 안정과 위로이겠는데 그중에도 원한을 풀어주고 한을 승화시키는 해원解寃의 기능이 주목할 바라고 하겠습니다.

> 낙양성 십 리허에/ 높고 낮은 저 무덤은
> 영웅호걸이 몇몇이며/ 절세가인이 그 누구냐.
> 우리네 인생 한번 가면/ 저기 저 모양 될 터이니
> 에라 만수/ 에라 대신이야.

이게 〈성주풀이〉라는 굿노래, 무가인데 더 많이는 민요로 불립니다. 영웅호걸과 절세가인, 그들은 아무리 원한이 남았다고 해도 한때는 잘나가던 사람들이니 그나마 위안이 되겠지만, 이름 없는 필부필부匹夫匹婦들이야 막상 죽음에 이르러 어찌 남은 한이 없겠습니까. 인생이 소중한 것이라 한다면 왕후장상의 경륜만 소중한 것이 아니라 미천한 범부 중생의 원망願望도 나름대로 소중한 것 아니겠습니까. 핑계 없는 무덤이 없다지만, 수명 장수하고 자손 창성하고 부귀공명을 누리다가 고종명(제 명대로 다 살다가 편안하게 죽음)하는 것까지야 아니더라도 억울한 죽음, 한 많은 죽음이라면 편안하게 저승으로 가겠습니까. 그러니까 중음신으로 허공에 떠돌며 산 사람에게 해코지를 하기도 한답니다.

산에 올라 호랑 영산/ 거리 노변에 객사 영산/ 약을 먹고 죽은 영산/ 목을 매어 죽은 영산/ 물에 빠져 수사 영산/ 총에 맞아 죽은 영산/ 포탄 맞아 죽은 영산/ 칼에 찔려 죽은 영산/ 말에 떨어져 죽은 영산/ 소에 받혀 죽은 영산/ 기차 자동차에 깔려 죽은 영산/ 다리에 떨어져 죽은 영산/ 기계사고 죽은 영산/ 산사 길에 가신 영산/ 추야장 긴긴밤에 임 그리던 상사 영산/ 엄동설한 모진 추위 얼어 죽고 굶어 죽은 영산/ 일락서산 사발 들고 거적자리 옆에 끼고 청치마 휘어잡고 불에 화탈 신에 화탈도 영산이요 (…) _〈뒤영산풀이〉

여기서 영산이란 정상적으로 죽지 못하여 원한이 맺힌 귀신을 말합니다만, 어쨌건 우리도 죽으면 원과 한이 맺힌 영산귀靈散鬼가 되지 말란 법이 있습니까. 이제 마침내 영산귀들의 원과 한을 풀어줄 방법을 놓고 깊은 고민을 해야 할 단계에 이르렀나 싶네요.

무속 신화와 해원 ②

　무교의 신앙적 뿌리는 이 원풀이(해원), 한풀이(해한)이며 이것이 민중의 정서적 공감대이기도 합니다. 그래서 무속에는 '풀이[解]'라는 말이 참 많이 쓰입니다. 살풀이, 손님풀이, 칠성풀이, 장자풀이, 황천해원풀이, 객귀풀이, 영정풀이, 부정풀이 등. 그리고 무불습합에 의한 경문에 불설연화해원경, 육갑해원경, 청춘해원경, 조상해원경 등이 있는 것도 같은 맥락입니다.

　국어사전에 보면 '풀다'의 뜻이 여러 개 나오지만, 그중에 ① 어떤 감정이나 분노 따위를 누그러뜨리다, ② 마음에 맺혀 있거나 품고 있는 것을 이루다, 등이 이와 관련 있어 보입니다.

　무당은 죽은 이들의 원한을 풀어주는 의례를 통하여 역설적으로, 살아 있는 민중들의 한스럽고 원통한 인생에 위안을 주었던 것입니다. 이미 한두 차례 언급한 바 있듯이 바리데기가 무조로 될 수 있었던 것은 그가 바로 원통하고 한이 많은 여자이기 때문이었습니다. 그녀는 임금의 딸로 태어나 온갖 부귀를 누려야 했지만 일곱째 공주라는 이유로 버림받아 외롭고 가난하게 성장했습니다. 부모가 병들어 죽게 되자 정작 사랑받고 호강한 언니들은 쏙 빠지고, 대신에 서럽게 고아로 자란 그녀가 천신만고 목숨을 걸고 약수를 구하러 가야 했으니 원한이 사무칠 노릇입니다. 그래서 그녀는 해원의 사제인 무당의 시조가 된 것입니다.

　샤머니즘은 시베리아에서부터 한·중·일을 거쳐 동남아까지도 뻗쳐 있다지만, 우리나라 무교는 오랜 역사 속에서 차별적 특성을 가지고 있습니다. 그 가운데 무당이 섬기는 무신들도 독특한 면이 있습니다. 하늘, 해, 달, 별 같은 천체도 있고 돌, 산, 땅, 물, 바람 같은 자연물도 있고 신화적 인물이나 역사적 인물로서 신위를 획득한 경우도 있습니다. 그런데 역사적 인물 가운데서는 단군, 주몽, 수로 등의 시조 신처럼 성공한 인물도 있긴 하지만, 그보다는 원한을 품고 죽은 인물들이 주류라는 것은 우연한 일이 아닙니다. 예컨대, 최영 장군, 임경업 장군, 남이 장군처럼 억울한 죽음을 당한 충신이라든가 마의태자, 단종, 송씨부인(단종비), 사도세자처럼 원한을 품고 죽은 왕족들이 그런 예입니다.

현대 무당 천복화는 내림굿 후 여자 귀신이 몸주 신으로 오려는 것을 알자 처음엔 유관순인가 육영수인가 의심하다가 명성황후임을 알고 모시게 됐다고 합니다. 꿈 많은 소녀로 고문 끝에 옥사한 유관순이나 대통령 영부인으로 총 맞아 죽은 육영수, 황후 신분으로 일본 자객에게 살해되어 불에 태워진 명성황후, 이런 원혼이 무신으로 등극할 자격이 있지 부귀가에서 천명을 누리고 여한 없이 죽은 사람은 해당이 안 된다는 말씀입니다.

무속 신화(서사무가)를 보아도 주인공들은 대개 원한이 많은 인물들입니다. 결혼 후 6~7년 만에 아들 일곱 쌍둥이를 낳은 아내를 소박한 뒤 첩을 얻어 가출한 남편 대신, 혼자 애들을 키운 〈칠성풀이〉의 질대부인, 동냥 온 스님에게 쌀 시주한 죄밖에 없는데 도술에 걸려 임신하고 집에서 쫓겨나 토굴에 감금당한 채 아들 세 쌍둥이를 혼자 낳아 키운 〈제석본풀이〉의 당금애기, 과거 보러 가던 길에 포악한 강도에게 목숨을 빼앗기고 억울하여 그 강도의 아들로 환생한 후 원수를 갚는 〈진가장굿〉의 삼 형제 등.

풀이의 전형은 원혼을 달래는 지노귀굿, 오구굿, 씻김굿 등으로 불리는 해원굿일 것입니다. 시집 못 가고 죽은 처녀는 손각시가 되고 장가 못 들고 죽은 총각은 몽달귀가 되어 가엾다고 영혼 결혼까지 시켜주는 것이 우리의 해원 의식입니다. 혹시 동물의 영혼을 위해 위령제를 지낸다는 이야기를 들어보셨습니까? 식품 안전이나 의약용 실험으로 자그마치 400만 마리가 넘는 동물이 해마다 희생된다고 합니다만, 이들 동물을 위한 위령제가 식약청, 서울대병원 등에서 매년 거행되며, 국립수산과학원에서는 실험용 물고기 위령제가 시행된다고 합니다.

우리의 근현대는 억울한 죽음들이 너무 많았습니다. 가까이만 해도 한국전쟁에서 얼마나 많은 희생자가 있었으며, 그중에도 원한을 머금고 죽어간 이들이 또 얼마나 많겠습니까. 특히 6.25 민간인 피학살자나 제주 4.3사건 희생자나 광주 5.18 희생자들에게는 각별한 배려가 필요합니다. 가해자들의 죄의식이나 방관자들의 부채감으로 인해 사건의 성격이 왜곡되어서는 안 됩니다. 피해자들을 빨갱이, 부역자, 폭도라고 매도함으로써 학살을 정당화하고 죄의식이나 부채감을 덜 수 있으리라고 생각하는 것은 원혼들과 유가족의 원한을 더욱 심화시키는 짓입니다. 세세생생 보복의 악순환에서 해방되기 위해서는 가해자 쪽에서 손을 내밀고 위령을 해야 합니다. 제 잘못으로 왕위를 잃은 연산군이나 광해군조차 위령 진혼하는 무교의 해원 의식을 본받을 필요가 있습니다.

2007년 우리에게 충격을 주었던 미국 버지니아공대 총기 난사 사건은 본인 포함 33명이 죽은 참사였습니다. 그런데 교정에서 행해진 추모 행사에는 피해자뿐 아니라 가해자 조승희의 몫까지 하여 꽃다발이 33개 놓였다는 기사를 보고 감동했던 적이 있습니다. 살아서는 원수였고 아무리 죄가 큰 사람이라도 원혼은 위로받고 해원되어야 합니다.

종교적으로 해원 사상을 가장 잘 드러낸 이는 증산 강일순이라고 해야 할 것입니다. 그는 후천개벽의 기틀을 까마득한 요순시절의 원한을 푸는 일로부터 시작해야 한다고 주장했습니다. 미륵 신앙, 정감록, 남조선 사상 등 민중 신앙 운동의 배경에 무교가 있습니다. 조선조 왕권에 도전하다 참

혹하게 죽은 무당들도 적지 않습니다. 어쩌면 그들도 예수나 수운에 버금가는 순교자들일지도 모릅니다.

꿈과 이야기가 있는 종교

이 장의 첫 꼭지에서 인용한 "태양(햇볕)에 바래지면 역사가 되고 월광(달빛)에 물들면 신화가 된다"는 말을 다시 상기해보세요. 기억과 상상, 혹은 팩트(사실)와 픽션(허구)에 대해 말씀드린 적도 있는데요. 여기서는 상상, 픽션, 달빛에 바래진 이야기를 하려고 합니다. 우선 이렇게 만들어진 신화 몇 개를 꺼내보겠습니다.

성덕대왕신종(국보 29호)이라 하면 아실 분이 많지 않겠지만 에밀레종이라 하면 모르는 분이 드물 것입니다. 종을 주조하는 데 연속 실패하던 끝에 어린아이를 쇳물에 넣고서야 비로소 종이 완성되었는데 아이의 혼이 자기를 시주하여 죽게 한 어미를 원망하며 '에밀레'(엄마 때문에)라고 운다는 전설. 비파괴 검사로 확인한 바로도 종 속에 인체 성분은 없다는 것이 밝혀졌다지만 이 끔찍하고 슬픈 전설은 팩트가 아닐 것입니다.

경기 양평에 있는 용문사라는 절에는 천연기념물 30호인 은행나무가 있습니다. 전문가들은 수령을 자그마치 1100년에서 1500년까지로 추정하는데 여러 전설이 있습니다. 그중에는 의상대사가 지나다가 지팡이를 꽂았는데 그게 자라난 것이 이 은행나무라 하는 것이 있습니다. 역시 팩트가 아닐 것입니다.

중국 선종의 둘째 조사인 혜가^{慧可} 아시죠? 그가 소림사 은거 중인 달마 스님을 찾아가 가르침을 청합니다. 엄동에 무릎까지 쌓이는 눈 속에서 저녁부터 새벽까지 밤새워 기다렸으나 달마가 받아주지 않습니다. 그러자 혜가는 칼을 뽑아 자기 왼팔을 잘라 달마에게 바치고서야 제자로 받아들여 집니다. 믿어집니까? 팔이 무슨 수수깡이나 가래떡도 아니고……. 이것도 팩트일 수 없습니다.

그런데 중요한 것은 이 빤한 거짓말이 오랜 세월 달빛에 바래지면서 21세기를 살아가는 오늘의 우리를 현혹한다는 겁니다. 머리로는 설득되지 않는데도 가슴으로는 감동하는 것입니다. 그런 신화가 없다면 에밀레종이나 은행나무를 보러 갈 흥미를 잃을 것이며 혜가를 입에 올릴 일도 별반 없다는 말씀입니다.

우리는 정보사회라는 말을 입에 달고 삽니다. 특히 한국은 누구나 개인용 컴퓨터를 가지고 인터넷을 하며 정보를 얻고 돈을 벌고 통신을 하고 놀기도 하니 정보사회인 것만은 틀림없습니다. 그러나 덴마크 미래학자 롤프 옌센은 유명한 그의 저서 『드림 소사이어티』(리드리드출판)에서 지식정보사회의 종언과 함께 꿈과 감성의 시대가 시작되고 있음을 예고했습니다. 과학기술의 발달로 이제 우리는 과거 그 어느 때보다도 여유로운 물질적 풍요를 누리고 있고, 그러다 보니 이제 더 이상 물질적 풍요가 우리들의 삶의 목적이 아닙니다. 이제 21세기의 인류는 수렵채취시대에 살았던 우리의 먼 조상들과 마찬가지로 신화와 이야기를 꿈꾸고 있다는 것입니다. 꿈과 감성이 지배하는 '드림 소사이어티'에서는 감성에 바탕을 두고 꿈을 대상으로 하는 시장이 정보를 기반으로 하는 현재의 시장보다 훨씬 더 커지게 될 것이라고 합니다.

롤프 옌센과 더불어 미래학자로 유명한 미국의 짐 데이토 교수는 '드림 소사이어티'를 해일에 비유했습니다. 드림 소사이어티에서는 상상력과 이야기가 만들어낸 이미지가 경제의 원동력이며, 상상력과 창조성이 국가 경쟁력의 핵심이 된다는 것입니다. 꿈과 감성을 파는 드림 소사이어티에서 기업은 단순히 상품을 판매하는 것이 아니라 상품에 담긴 이야기를 판매한다고 합니다.

드림 소사이어티에서는 부의 원천이 바로 '이야기'입니다. 광고에다 꿈과 감성이 숨 쉬는 이야기를 담기 시작한 지는 벌써 한참 되었지만 요즈음엔 패션쇼에도 이야기가 있더군요. 상품뿐 아니라 자선조차 그렇습니다. 미얀마 사이클론 비극보다 중국 지진이 더 주목받은 것은 콘크리트 더미에 깔린 채, 임신 중인 아내와 함께할 행복을 꿈꾸며 죽어간 젊은이의 사연이 있기 때문이고, 우리는 미얀마보다 중국 쪽에 돈을 기부하고 싶은 마음이 더 가는 것입니다.

차가운 현대 과학의 뒤에도 알고 보면 꿈이 있고 이야기가 있습니다. 예컨대 러시아의 티올코프스키는 로켓 비행 공학의 근본 원리를 알아내어 우주탐사의 길을 연 과학자입니다. 그런데 그가 그런 연구를 하게 된 성취 동기는 프랑스의 이야기꾼 쥘 베른(1828~1905)의 『지구로부터 달까지』(열림원)라는 공상과학소설에 감동했기 때문이었습니다. 티올코프스키의 이론을 이용하여 로켓 제작에 성공한 미국 과학자 로버트 고다드 역시 같은 작품을 읽고 감동하여 품게 된 꿈을 과학적으로 펼친 것입니다. 문학적 상상력과 과학적 탐구심이 합작하여 이루어낸 업적은 수도 없이 많습니다만, 비행기의 발명이나 인간의 달 착륙처럼 모든 혁신적인 발명과 성과 뒤에는 항상 꿈(신화)이 있었고 그 꿈의 실현이 현실을 창조하게 된 것입니다.

종교는 철학이나 윤리와 협력해야 합니다. 현대 종교라면 과학과 배치되어서도 안 됩니다. 그러나 어느 대목에선 햇빛이 아닌 달빛이 깃들 구석이 몇 평쯤 확보돼야 하지 않겠습니까. 안 그러면 신화가 꿈이 정서가 문화 예술이 질식할 수도 있으니까요. 민숭민숭 무미건조한 분위기에선 신앙생활에 윤기와 감동을 주기 어렵지 말입니다.

III

술과 설화,
그 짜릿한 궁합

술의 기원은 5000년설부터 8000년설까지 있으니 인류의 역사와 나란히 간다고 해야 맞을 듯하다. 수렵채취시대에는 산을 헤매다가 자연 발효된 과일주를 발견하였을 것이고, 유목 민족은 가축의 젖이 발효하여 젖술이 만들어지는 원리를 진즉 알아냈을 것이고, 농경 민족은 누룩을 이용하여 곡주를 만드는 양조의 기술을 익혔을 것이다. 고대로부터 술이 신에게 바쳐지는 최고의 신성한 제물이었음도 흥미롭다. 아마도 알코올이 가진 신비한 마취 작용 때문이었을 듯하다.

가스통 바슐라르는 물질의 4대 원소인 흙, 물, 불, 공기의 이미지 연구로 일가를 이뤘다. 그는 연구에서 '술'을 놓고 합리적 설명을 가하기가 처음엔 매우 곤혹스러웠던 모양이다. 술은 물인 동시에 불이기 때문이요, 물과 불은 정반대의 성질이라고 보기 때문이다. 술이 물(액체)의 성질과 심상을 지녔다는 것은 다시 말할 바도 없거니와, 불과 상극으로 불을 끄는 데 쓰이는 것이 물임에도 불구하고 여기에 불을 붙이니 불꽃이 일며 탄다? 이것이야 화학도들에겐 알코올의 산화 현상으로 간단히 설명될지 몰라도 심리학이나 미학 쪽에서 보면 신비일 수밖에 없다. '불타는 물', 그것은 어쩌면 마법이요, 기적이다.

술의 이러한 신비성은 술의 효용에도 그대로 적용됨 직하다. 그러나 술의 용도와 효용에 대한 논의는 술의 역사나 양조법 등의 연구와 함께 전문가의 손을 빌려야 할 것이니 문학도인 필자로서는 섣불리 참견할 바가 아니다. 다만, 일상적 생활 체험을 통해 다음과 같은 정도의 이야기는 할 수 있다.

술의 효용을 심리적 측면에서 보아 소극적 기능과 적극적 기능으로 나눈다. 소극적 기능인즉 긴장의 이완과 억압의 해소이며, 적극적 기능인즉 의욕의 고취과 흥분의 고양이라 하겠다. 괴로울 때 취하고 싶은 것은 전자에 해당하고 즐거울 때 마시는 것은 후자에 속한다. 그 순기능과 역기능은 논외로 하고, 다만 술과 문학의 관계에 주목하자.

문학은 언어의 예술이요, 예술이란 본질적으로 이성의 산물이 아니라 감성의 결실이다. 신비의 액체인 술은 원래 이성을 무디게 하고 감성을 부추기는 속성을 가지고 있다. 그러므로 예술과 술, 문학과 술은 숙명적으로 불가분의 관계다.

한국의 문학 속에는 한국인의 사상과 정서가 담겨 있고, 한국의 고전 속에는 한국인의 생활과 역사가 숨 쉬고 있다. 그렇다면 한국의 고전 설화 속에서 술은 어떤 기능을 하고 있을까? 술과 설화, 그 밀회(密會) 현장을 탐색해보기로 한다.

여기서 다룰 설화는 월간 「술멋」에 연재(1989~1991)했던 글 중에서 설화 관련 글을 가려 뽑고 약간의 보완이 보태졌다. 잡지의 성격에 맞추느라 용어나 문체 역시 짐짓 흐트러뜨렸음에 양해를 구한다.

비단자리 깔아놓고 금술동이 차려두니

　　미인을 미끼로 하여 목적을 이루려는 계략을 미인계라고 하듯이, 작전 상 술을 이용한다면 주계酒計라 하겠다. 신화 속에 등장하는 술이 주계의 소 품으로 등장하는 것이 의미 깊거니와 술과 미인이 함께하는 것은 예나 이 제나 변하지 않는다.

　　한국의 신화는 제주도의 무속 신화를 제외하면 창세신화가 거의 없 고, 대개는 건국신화나 시조 신화에 치중되어 있음이 특징이다. 그 전형이 라 할 것이 주몽 신화인데 여기에 한국 역사상 처음으로 술이 등장한다. 흥미롭다.

　　고구려 시조인 동명왕 주몽에 얽힌 이 신화는 단군 신화와 더불어 가 장 널리 알려진 이야기다. 단군 신화가 환인·환웅·단군의 삼대에 걸쳐 이 루어지듯이 주몽 신화 역시 해모수·주몽·유리 삼대에 걸치는 고구려 건 국신화다. 이중 주몽의 부모인 해모수와 유화의 결연에 매개물로 등장하는 것이 다름 아닌 술이다. 주몽 신화는 『삼국유사』, 『제왕운기』 등에 두루 나 오지만 보다 구체적으로 드러나 문학적 향기를 풍기는 것은 고려의 문호 이 규보(1168~1241)가 지은 서사시 〈동명왕편〉이다. 해설을 겸하여 줄거리를 소개하면 아래와 같다.

　　하느님[天帝]의 아들 해모수는 부하 200여 명을 거느리고 웅심산에 내 려왔다 했다. 웅심산이란 태백산으로도 불리는 성산聖山이니 곧 백두산을 가리키는 것이다. 해모수는 어느 날 사냥을 나왔다가 압록강 변까지 왔는데, 이때 거기서 유화柳花와의 운명적인 만남을 이루게 된다. 유화(버들꽃)는 서하의 용왕인 하백의 딸인데 그녀는 동생인 훤화(원추리꽃)와 위화(갈대꽃) 등과 수영을 하다가 잠시 물가에 나와 쉬고 있던 판에 호색한인 해모수에게 들켜버린 것이다.

그때에 어디 수영복이 있었겠나. 떡 감는다고 알몸으로 나왔다가 사내의 불꽃같은 시선을 만나자 기겁을 한 세 자매는 다투어 물속으로 뛰어들었다. 예나 지금이나 권력자 옆엔 아첨꾼, 모사꾼이 있게 마련이어서, 해모수의 엉큼한 눈빛을 얼른 훔쳐본 종자 하나가 권하여 말하되, "대왕님, 얼른 궁전을 마련하여 놓고 여자들이 방에 들거든 덮치사이다!" 해모수는 기다렸다는 듯이 말채찍으로 요술을 부려 순식간에 집 한 채를 지었다. 그는 한술 더 떠 여기에 맛있는 술 한 통을 갖다 놓았다. 멀찌감치 숨어 망을 보자니 드디어 덫에 걸려들기 시작한다. 유화와 자매들은 사내가 안 보이니까 안심하고 다시 물가로 나와 옷을 주워 입고 정석대로 함정에 빠져들었다. "어머, 여기 언제부터 이런 좋은 집이 있었지? 한번 들어가볼까?" 조심조심 문을 열어보니 인적이라곤 없는데 웬 술통이 하나 놓여 있다. 발효 향이 코를 찌른다.

"얘들아, 우리 이 술 조금 마셔볼까?" "글쎄 괜찮을까, 언니?" "조금, 아주 조금만 마셔보자, 얘." 한 잔, 한 잔 또 한 잔. 웬 술이 이렇게 감칠맛이 있을까. 셋이서 어느새 술 한 통을 거뜬히 비우고 나니, 머리는 어질어질하고 다리는 후들후들 떨린다. 이때다 싶을 무렵, 해모수가 회심의 미소를 띠고 드디어 등장한다. 단번에 술이 확 깬 훤화·위화 자매는 탈출에 성공했으나, 맏언니 유화는 비틀비틀하다가 해모수한테 번개같이 낚아채이고 말았다. 이 상황을 백운 거사 이규보 선생이 한시로 읊었는데 번역하면 이렇다.

세 여자는 임금 보자 물속으로 피하였다.

궁전을 임시 짓고 노는 모습 망보리라.

말채로 땅을 긋자 동실(銅室)이 우뚝 서네.

비단 자리 깔아놓고 금술동이 차려두자

제 발로 찾아들어 주고받고 실컷 취해

이때 왕이 막아서자 놀라 뛰다 넘어지니

맏딸 이름 유화인데 왕이 그녈 잡았구나.

이쯤 되니 하백이 노발대발 항의하지 않을 수 없다. "호래자식! 남의 귀한 딸을 납치하여 농락하다니 이 무슨 방자한 짓거리냐?" 해모수는 이미 지칠 만큼 재미를 보고 난 끝이라, 유화한테 "네 아비 뭐라 하니 그만 가보거라" 하고 튕긴다. 그러자 이번에는 유화 쪽에서 찰거머리처럼 매달리며 가로되, "인제 자기 없인 못 살아!" 해모수는 마지못해 오룡거에 유화를 태우고 용궁으로 하백을 찾아간다.

하백은, 하느님의 아들이라고 자기를 소개하는 해모수가 미덥지 않아 시험을 치르기로 한다. 하백이 수중의 잉어가 되어 도망하면 해모수는 수달이 되어 뒤쫓고, 하백이 공중의 꿩이 되어 날아가면 해모수는 매가 되어 덮치고, 하백이 육상의 사슴이 되어 뛰면 해모수는 늑대가 되어 달려든다. 이리하여 해모수는 하느님의 아들임이 증명되고 사윗감으로 합격되었다.

그러나 정작 하백의 심중은 불안했다. 저 녀석이 내 딸을 실컷 농락하고 뺑소니를 치는 날엔 어쩌지? 더구나 오룡거를 타고 하늘로 줄행랑을 놔 버리면 속수무책이다. 생각이 여기에 미친 하백은 잔치를 열고 해모수에게 무진장으로 독주를 퍼 먹였다. 그 술은 마셨다 하면 일주일 후에나 깨는 술이란다. 하백은 마침내 곤드레가 된 해모수를 유화와 함께 가죽가마[革車]에 처넣고 꽁꽁 봉해서 오룡거에 실어 출발시켰다. 하늘나라 천궁(天宮)까지만 간다면 설마 제가 어쩌지 못하겠지. 더구나 제 아버지 되는 하느님의 체면을 보아서라도 버리지는 못하리라.

그러나 웬걸! 오룡거가 미처 해궁^{海宮}을 벗어나기도 전에 해모수는 정신이 번쩍 들었다. 취중에도 그의 상황 판단은 정확했다. 그는 재빨리 유화의 황금비녀를 뽑아서 견고한 가죽가마를 찢고 몸을 빼 나왔다. 해모수는 속으로 중얼거렸다. "내가 바보냐? 외입질 좀 했다고 저 혹을 달고 하늘엘 가게." 그는 유화를 짐짝처럼 수레 밖으로 내동댕이치고 혼자만 승천해버렸다. 닭 쫓던 개 지붕 쳐다보는 꼴이 된 유화. "남자는 다 도둑놈이야!" 하고 악을 쓰며 울어보았지만 모두 부질없는 노릇이다. 엎친 데 덮친 격으로 그녀가 임신까지 하고 보니, 화가 난 하백은 딸을 용궁 밖으로 추방해버렸다.

해모수의 주계^{酒計}는 성공했고 하백의 주계는 실패했는데, 이 사이에 신세를 망친 건 유화뿐이다.

제주도 무속 신화인 〈차사^{差使}본풀이〉에도 주계가 나온다. 강임^{姜任}이라는 저승사자의 기원을 밝히는 이 신화에선 요절할 운명을 타고 난 부잣집 삼 형제 이야기가 나온다. 어느 날 지나가던 도승이 삼 형제가 놀고 있는 모습을 보다가 단명할 운명이라고 예언한다. 놀란 부모는 당연히 스님께 자식 수명을 늘려달라고 매달린다. 3년을 기약하고 불공을 드리기로 한 삼 형제는 스님을 따라 절로 들어간다. 그날부터 목욕재계하고 불공을 드리기 시작하여 날이 가고 달이 가고 해가 바뀌기 세 번이었다. 그만 고향으로 돌아가고 싶다는 삼 형제를 보내며 스님은 신신당부를 한다. "도중에 연못이 있는데 그 곳에 있는 여자를 조심하라. 그러지 않으면 3년 불공이 헛수고가 되리라." 봇짐을 하나씩 둘러메고 얼마쯤 가자니 연못이 나오고, 그 옆에는 과양선이라는 젊고 예쁜 여자가 살았다. 스님이 그리도 당부했건만, 배고프고 목마르다는 핑계로 이 집에 들어가 여자에게 물을 부탁했다. 과양선은 삼 형제를 환대하며 물 아닌 술을 차려 가지고 들어왔다.

드사이다 드사이다

이 술 한잔 드사이다.

한 잔만 먹어도 천 년을 살고

두 잔을 먹으면 구만 년을 삽니다.

석 잔을 먹으면 억만 년을 살고 (…)

이 얼간이 친구들, 주계랑 미인계랑 여기다 덤으로 붙인, 오래 산다는 감언이설에 귀가 솔깃해서 여자가 권하는 대로 널름널름 받아 마시고 셋이 모두 곯아떨어졌다. 여자는 이때를 놓칠세라 광으로 들어가 '3년 묵은 참기름을 뜨겁게 펄펄 끓여서 삼 형제의 왼쪽 귀에 소로록 부어넣었'더란다. 여인은 이렇게 간단히 삼 형제를 죽이고, 그들 짐 속에 있던 귀중품을 몽땅 차지했다. 삼 형제의 시신을 연못에 처넣어버리니 3년 불공도 헛되도다. 가엾은 수중고혼이 되었다.

이 역시 술을 이용한 흉계에 순진한 젊은이들이 희생당하는 사연이다. 팜므파탈이든 옴므파탈이든 여기에 술만 보태지면 옴치고 뛸 수 없다. 그래서 나온 경구도 많다. "주색을 조심하라. 신상에 근심이 있으리라[莫近酒色 身上有憂]."(이지함, 『토정비결』) 이게 무슨 대단한 비결까지 되랴만, 가볍게 들으면 반드시 후회한다. "원숭이띠, 패가망신 주색을 조심하라"(오늘의 운세) 어찌 원숭이띠만 그러랴, 쥐띠나 돼지띠나. 어찌 오늘의 운세일 뿐이랴, 평생의 운세다.

술로 울고 술에 죽고 술 때문에 사랑도 하고

조선조 숙종 때 이중집李仲集이란 이가 술을 주제로 재미있는 시조를 지었다.

뉘라서 날 늙다 하는고 늙은이도 이러한가.
꽃 보면 반갑고 잔 잡으면 웃음 난다.
춘풍에 흩나는 백발이야 낸들 어이하리오.

요컨대 아무리 늙었다 해도 꽃과 술 앞엔 젊은이와 다를 게 없다는 고백이다. '꽃'은 미색(여자)을 은유한 것일 테니 그 심리를 알 만하나 그건 일단 제쳐놓고 보자. 묘처는 '잔 잡으면 웃음 난다'이다. 나이가 들면 주량은 줄고 숙취는 심해진다고 한다. 알코올에 내성이 줄어 같은 양을 마셔도 더 취한단다. 그런데도 이중집은 누가 뭐래도 술이 좋은 걸 어떡하냐는 거다. 여기선 꽃도 겨우 술맛을 돋우는 안주쯤으로 취급되는가 싶다. 더구나 '봄바람에 흩날리는 백발', 이 그림은 최고다.

그런데 늙은이만 술을 이렇게 좋아하는 게 아니라 청소년도 좋아하는 데 어쩌랴. 미성년자의 음주 문제는 어느 나라나 골칫거리다. 한 연구에 따르면, 17세 이전에 술을 시작했던 사람 세 명 중 한 명가량이 훗날 알코올중독자가 된다고 한다. 이는 21세 이후 술을 시작한 사람 열 명 중 한 명이 알코올중독자가 되는 것에 비하면 위험도가 엄청 높다. 성년의 기준이 스무 살이니 혹은 열아홉 살이니 하는 것이 이런 것으로 보아도 근거가 있어 보인다. 네 나이 이팔(16세)이라는 춘향이를 앉혀놓고 내 나이 사사(16세)라는 이몽룡이 감히 합환주를 마시고, 이어서 춘향모 월매와 '일배일배부일배一杯一杯復一杯'(한 잔 한 잔 다시 한 잔)로 대작하던 〈춘향전〉의 시대라면 요즘과는 견줄 수 없이 기준이 낮기야 했겠지만, 이번에는 청소년과 술의 관계로 이루어진 사연들을 설화문학 중에서 더듬어보기로 한다.

필자는 어린 시절에 할아버지 술심부름을 곧잘 했다. 술심부름인즉 같은 마을에 있는 양주장에 가서 막걸리를 사 오는 일이었다. 한 되들이 주전자와 몇 푼의 지폐를 받아들고 경중경중 뛰면 금방 양주장 바깥마당에 이르고, 그러면 벌써 곡주의 발효 향이 풍기기 시작한다. 안마당을 거쳐 술 곳간으로 들어서면 신비하리만큼 매혹적인 짙은 향내가 광에 온통 가득했다. 키를 훌쩍 넘긴 큰 술독에서 긴 자루가 달린 됫박으로 술을 퍼서 작은 주전자에 부어주는 것을 지켜볼 무렵이면 주향도 절정에 이른다. 할아버지가 왜 술을 드시며, 술을 드시고 나면 왜 기분이 좋아지시는가 하는 의문의 해답을 어렴풋이 알 것 같았다.

어느 날은 술을 받아 돌아오는 길에 호기심을 못 참아 주전자 주둥이에 입을 대고 몇 방울을 입술에 묻히고 혀로 핥아보았다. 괜찮은 것 같았다. 용기를 내어 한 모금을 입 안으로 쭉 빨아들였다. 아, 그 감미로움이라니! 마치 금단의 열매라도 따 먹은 양 가슴조차 두근거렸다. 술이 축난 걸 할아버지가 아시면 어떡하나 걱정이 되었다. 그러나 그 후로도 술심부름 때마다 신이 나서 뛰어갔고 올 때는 표 나지 않을 만큼씩 훔쳐 마시곤 했다. 다행인지 한번도 어른들께 들키지는 않았다.

어린 시절 술 이야기라면 가슴 아픈 사연을 간직한 세대가 있을 것이다. 전쟁 후의 궁핍은 다시 들먹거리고 싶지도 않지만, 그 무렵 가난한 이들은 양주장에서 모주 지게미를 얻어다가 사카린 넣어 비벼 먹고 끼니를 때우는 일이 드물지 않았다. 어느 아침, 교실에 들어온 선생님은 얼굴이 벌겋게 달아 있는 어린이를 발견하고 그가 술 냄새를 풍기는 것까지 확인했다. 격노한 선생님은 아이를 불러내다 종아리를 치고 나서야 모주 지게미로 아침 끼니를 때우고 온 사연을 들었다. 너무 마음이 아픈 선생님은 아이를 안고 울음을 터뜨렸고, 아이는 아이대로 아프고 서러워서 울고, 딴 아이들은 그가 불쌍해서 울고, 이래서 교실이 눈물바다가 됐다더라 하는 신파조 이야기. 요새 애들한테는 신화처럼 들리겠지만 불과 60여 년밖에 안 된 실화다.

고려 때 담양 사람 이영간李靈幹은 어려서 연동사란 절에 가서 공부를 했다. 그 절 스님은 호주가(술을 몹시 좋아하는 사람)로 소문난 분으로 절에서 곡차를 담가 마시고 있었다. 그런데 어쩐 일인지 이영간이 오고부터, 술맛이 들 만하면 누군가 술을 먹어 치우는 일이 잦았다. 그때마다 의심을 받은 영간이 종아리를 맞았다. 그러기를 연거푸 두세 차례 당하고 나니 진짜 억울한 건 술 항아리 근처에도 간 적이 없는 영간이었다. 마침내 그는 결백을 증명하기 위해 범인을 잡기로 하고 숨어서 항아리를 지켰다. 잡고 보니 도둑은 뜻밖에도 늙은 살쾡이 한 마리였다. 이영간은 그간 종아리 맞은 분풀이로 이놈을 죽이려 했다. 그러자 살쾡이는 갑자기 사람 말로, 자기를 살려주면 평생 쓸 기술奇術(기묘한 술법)을 얻게 해주겠노라고 흥정을 했다. 그리하여 이영간은 신기한 책 한 권을 얻게 되었고, 그 책을 통해 여러 가지 비술을 배웠다. 그 후 이영간은 벼슬길에 나아갔는데 이상한 일이 종종 생겨서 남들의 주목을 받았다. 그 한 가지 예를 보자.

어느 날 임금(고려 문종)을 모시고 박연폭포엘 놀러 갔는데, 별안간 느닷없는 비바람이 몰아치더니 앉아 있던 바위가 들먹거렸다. 임금은 놀라서 벌벌 떨었다. 영간은 못 속에 있는 용의 장난인 줄 알고 그 죄를 기록하여 물속으로 던졌다. 그러자 용이 순순히 수면으로 올라와 등을 댔다. 영간이

용의 등때기에 곤장을 치니 피가 흘러 못물을 시뻘겋게 물들였다.

이건 결과적으로 술의 덕을 본 셈이지만, 대개는 술로 신세 망친 예가 훨씬 많다. 특히 살인 음모의 매개체로 등장하는 경우까지 종종 보인다.

신라 진흥왕 때 출발한 여성 화랑인 원화源花는 남모와 준정이란 두 미소녀로부터 시작되었다. 그 밑에 300~400명의 청소년들을 거느리게까지 발전하였으나 두 여자의 시기와 질투는 아무도 못 말렸나 보다. 준정이 남모를 자기 집으로 유인하여 술을 억지로 퍼 먹여서 인사불성으로 취하게 한 후 강물에 던져 죽였다. 결국 이 일은 발각이 되어 준정이 처형되고 원화 제도는 끝장이 났다. 그 후 여자 원화의 대안으로 남자 화랑이 생겨났는데 이번에는 미소년이었다. 진평왕 때의 화랑인 근랑의 부하 낭도 검군이 궁중에서 사인舍人(궁중 일을 하던 4두품 벼슬)으로 일하게 되었다. 마침 큰 흉년이 들어 굶주리게 되자 동료 사인들이 공모하여 나라 창고를 털고 그 곡물을 검군에게도 나누어주었다. 검군은 이를 단연코 거부하고 화랑도의 명예와 자존심을 지키고자 했다. 일이 탄로 날 것을 두려워한 범인들은 다시 공모하여 검군을 죽여 후환을 없애기로 하고, 검군을 초청하여 독이 든 술을 먹여 죽였다.

상황은 다르나 술을 이용한 살인으로 목적을 달성코자 한 것은 같다. 이 경우는 술이 가장 악용된 예일 것이다.

술이 조역을 해서 여자를 울린 얘기로는 김유신을 빼놓을 수 없다. 15세에 화랑이 된 그는 술집을 뻔질나게 드나들다가 천관天官이라고 하는 작부한테 반해 결국 외박까지 하게 된다. 어머니 만명萬明은 아들을 앉혀 놓고 눈물로 꾸짖었다. 요컨대 큰 인물 돼야 할 사람이 벌써 술집 여자한테 빠져서 되겠느냐는 것이지. 그러나 알고 보면 만명부인도 그리 큰소리칠 형편이 아니다. 그녀는 소녀 때 남자의 꼬임으로 바람이 나서 야합했고, 이를 안 아버지가 집에 가두자 창을 뚫고 탈출하여 사랑의 도피행을 했던, 말하려면 진땀

나는 과거를 지닌 여자였다. 어쨌거나 유신은 천관녀의 집 앞에 다시는 얼씬도 않기로 모부인에게 다짐을 두었다.

그러던 어느 날, 그날도 유신은 술에 취해 말을 타고 귀가하던 길인데, 말은 옛 버릇이 남아 천관의 집으로 주인을 모신 것이다. 천관은 일변 웃고 일변 눈물을 지으며, 왜 그간 발을 끊었냐고 원망의 푸념을 늘어놓을 수밖에. 그제야 사태를 파악한 이 사나이, 느닷없이 칼을 뽑아 말의 목을 치고 결연히 가버렸다는 것이다. 천관은 원망의 노래[怨詞]를 부르며 끝없이 울었지만, 유신은 이 장부다운 결단력으로 삼국통일의 위업을 달성할 수 있었더란다. 실연의 아픔을 지니고 죽은 천관에게 미안했던 김유신은 천관사를 지어 그녀의 명복을 빌었다지만, 진짜 억울한 건 말, 목 잘린 말이다.

술을 따르면 금빛 물결이 찰랑찰랑

　전통주의 기본은 탁주, 청주, 소주 세 가지라고 한다. 여기서 변형된 술의 종류는 헤아릴 수 없이 많다. 요즘도 그렇지만 예로부터 집안 내력을 가진 가양주에다 지역별 특산품으로 꼽히는 술도 종류가 많았다. 육당 최남선은 조선 삼대 명주로 이강고(전주), 죽력고(정읍), 감홍로(관서)를 꼽았다지만 대중화하지는 못했다. 고려가요 〈한림별곡〉에 보면 당대 문인들이 즐기던 술로 '황금주(국화술)·백자주(잣술)·송주(솔잎술)·예주(단술)·죽엽주(댓잎술)·이화주(배꽃술)·오가피주(오갈피술)' 등이 나온다. 현대에도 전해지는 이들 술의 역사가 꽤 오랜 것임을 알 만하다. 술꾼의 5대 불문율이란 데 보면 '주종불문'(술의 종류를 가리지 않음)이란 말도 있지만 고급 술꾼이라면 내용물인 술의 종류와 더불어 그 형식 또한 중시한다.

　우리 속담에 '빛 좋은 개살구'란 말이 있으니, 이는 외양은 좋은데 내용이 나쁘다는 것이요, '뚝배기보다 장맛'은 외양은 보잘것없는데 내용은 충실하다는 말이요, '겉볼안'은 외양을 보면 내용까지 짐작해 알 수 있다 함이니 이는 겉과 속이 일치한다는 견해다. 겉과 속의 일치 여부에 관한 논란은 간단히 가려질 문제가 아니겠지만, 상업의 발달과 함께 상품 포장이 주목을 받게 된 것도 같은 맥락에서 짚어볼 수 있다. 같은 내용의 물건이라도 디자인과 포장을 탐나게 해서 몇 배의 고가품으로 둔갑시킨다든가, 눈속임 부풀리기에 속고 나서 과대 포장을 분개한다든가 하는 것 말이다.

　술과 용기(容器)의 관계를 보자. 우선 술을 담그는 양조용 그릇이 있고, 숙성된 술을 보관·운반하는 그릇이 있고, 술을 마실 때 담아 쓰는 그릇이 있다. 술독, 술병, 술잔 같은 것이 그것이다. 본래 술이란 것이 안 마시면 죽는 생존의 필수물이 아니라 기분에 민감한 기호품이기 때문에 밥그릇보다는 술그릇이 훨씬 미관을 중시하게 마련이다. 이번에는 술잔을 제재 삼아 옛 설화를 소개한다.

먼저, 비록 술은 아니지만 음료와 그릇의 관계를 가장 적실하게 보여준 그 유명한 이야기 다시 듣고 가자.

신라 문무왕 원년, 원효와 의상 두 스님은 대망의 당나라 유학을 위해 서해안인 남양만 부근에서 뱃길을 보고 있었다. 도중에 오래 묵은 무덤가에서 밤을 지내게 되었는데, 한밤중에 원효는 몹시 목이 말랐다. 더듬거리며 마실 물을 찾아 나선 길에 뜻밖에도 물이 담긴 바가지를 발견하고 그 물을 맛있게 마셨다. 이튿날 아침에 보니, 간밤에 물을 마신 바가지가 바가지는 바가지로되 해골바가지였다. 그는 창자까지 뒤틀리는 격심한 구토 증세를 일으켰다. 그릇의 정체를 모르고는 그렇게 달게 마신 물이 그릇을 보고 나니 이토록 역겨운 까닭은 무엇인가. 이 순간 그는 진리를 직관할 수 있었다. 모든 것이 마음 하나에 달렸음을 깨달은 그는 마침내 당나라 유학을 포기하고 발길을 돌이켰다.

술그릇은 한갓 허상일 뿐이다. 그러나 술꾼들이 어찌 수도승 같을 수 있으랴. 가난한 백성들이야 바가지도 좋고 질그릇도 가릴 바 아니나, 부귀가의 술그릇에는 금·은·옥 등 귀금속과 보석이 총동원된다. 더구나 궁궐에서 쓰던 술잔은 역시 보배로울 수밖에 없을 터이다.

조선조 초기부터 궁내에서 전해지던 수정배 한 쌍이 있었는데, 하나는 모가 난 것이고 또 하나는 둥근 것으로 크기는 반 되들이였다고 한다. 이 잔의 모습을 김안로(1481~1553)는 이렇게 묘사했다.

술을 따르면 금빛 물결이 가늘게 일어 찰랑찰랑 그 가운데 찬다. 떨어져서 보면 맑기가 티끌 하나 섞이지 않은 듯하고 은은하기로는 물빛과 달빛이 서로 비춰 하늘에 닿은 듯하다. 그 부어지는 모습은, 하늘에 노을이 일 듯하고 깨끗한 얼음처럼 투명하며 붉고 흰 빛이 서로 엉켜 안팎이 환히 통하니 (…)
_『용천담적기』

조선 성종 임금은 술을 꽤 즐겼던 모양이다. 그가 애용하는 큰 술잔이 하나 있었는데 그것은 옥으로 된 것이었다. 임금은 술이 거나해지면 이 술잔을 좌중에 돌렸다. 어떤 종실(임금의 친족)이 그 술잔에 술을 받아 마시고 나서 잔을 소매 안에 넣고 춤을 추었다. 그러다가 그는 짐짓 엎어져 잔을 깨뜨렸다. 아깝기 이를 데 없었지만 임금은 그를 꾸짖지 않았다. 왕의 과음을 풍간(잘못을 고치도록 에둘러 말함)하려는 종실의 충정을 그가 알았을까.

과음 얘기가 나왔으니 말이지만, 정작 당신은 과음하면서 성종은 신하의 과음을 굳이 말렸다. 찬성 벼슬을 하던 손순효(1427~1497)가 술을 지나치게 좋아하니 보다 못한 왕이 명했다. "경은 이제부터 석 잔 넘게 술을 마시지 않기로 약속하시오!" 순효도 별수 없이 그렇게 하겠노라고 왕에게 다짐을 두었다. 그러던 어느 날 임금이 순효를 불러 보니 마침 대취해 있었다. 노한 왕이 약속을 저버렸음을 나무라자 순효 대답이 걸작이었다. "저는 틀림없이 석 잔만 마셨습니다. 다만 그 잔이 밥주발이었지만 말씀입니다."(차천로, 『오산설림』)

비슷한 이야기는 세종 때도 있었다. 윤회(1380~1436)는 문장가로서 왕의 총애를 받았는데 항상 술이 정도에 넘쳤다. 임금은 사랑하는 신하의 건강을 걱정하여 "술을 마실 적에는 석 잔을 넘지 마시오!" 엄명을 내렸다. 그러자 윤회는 술을 마실 적마다 반드시 큰 그릇으로 석 잔을 마셨고, 결국 다른 이보다 갑절이나 더 마시게 되었다고 한다. 세종은 "내가 술을 조심시킨다는 것이 도리어 술을 많이 마시도록 권한 셈이로다" 하고 탄식했다. 지엄한 왕명도 술꾼의 절주(술 마시는 양을 알맞게 줄임)에는 별무 효과였나 보다.

중국 명작인 조설근의 『홍루몽』(권4)에도 술잔이 화제로 나온다. 회양목으로 술잔을 만들되 크기별로 열 개가 한 세트였는데, 가장 큰 것은 작은 세숫대야만 했다는 것이다. 우리나라에도 술잔의 크기로 따져 단연 금메달감이 있다. 기록을 의역하면 이렇다.

옛날 한 재상이 경상도에 안찰사(도지사)로 갔는데 성격이 몹시 까다롭고 엄해서 관기들의 작은 실수도 용납하지 않았다. 말하자면 모든 일에 원리원칙을 주장하여 예외라는 것이 없는 모범생이었던 모양이다. 마침 안동에 내로라하는 기녀가 있어 이 까탈스러운 사또를 한번 골탕 먹이기로 작정하고 접근하였다. 우선 원앙금침에 무르녹는 사랑으로 영감태기를 녹초로 만들어놓으니 남자는 갈증으로 술 생각이 간절했다.

"썩 맛 좋은 술이 한 통 있기는 한데 마침 술잔이 없사옵니다. 밤이 깊어 그릇을 다 치워놓았으니 정히 난감하오이다. 술잔을 꺼내오려면 아랫것들을 다 깨워야 하니 번거롭고 (…)"

이쯤에서 뜸을 들인 뒤에, "그릇이라면 새로 사 온 세숫대야가 탁자 위에 있을 뿐이니……" 하고 눈치를 보았다. 아니나 다를까 사또가 이제야 살았다는 듯이 반색을 하며 말을 받는다. "질그릇에 탁주라는 말도 있느니라. 이런 시골에서 놋대야라면 질그릇 탁주보다 사치하며 오히려 풍미를 돋우지 않겠느냐!"

이리하여 세숫대야에 술을 따라 두어 모금 마시고 나서, "좋도다! 금잔·옥배보다 이 잔이 더 좋구나!" 말은 이렇게 하나 은근히 켕기는 구석이 없지도 않았던지 "애야, 행여 이런 사연 남한테 누설하지는 말아라" 신신당부를 하는 것이었다. 그러나 뭇 기생들이 개미떼처럼 벽에 달라붙어 숨을 죽인 채이 광경을 엿보고 있다는 것을 그가 어찌 알았으랴. **『용천담적기』**

술잔 크기와 주량이 비례한다고까지는 말하기 어렵겠지만 상관관계가 영 없지는 않을 것이다. 서거정(1420~1488)의 『필원잡기』를 보면, 당시에 국빈을 대접하는 대객관(접대 담당관)은 각별한 주량을 필수 요건으로 했던가 싶다. 유구국琉球國(현 오키나와) 사신이 조선을 다녀와서 경탄한 것 세 가지를 지적하였다. 그중 하나가 대객관의 주량이었다. 가로되, "깊숙하고 커다란 술잔으로 셀 수 없이 주고받아 가히 한 섬 술을 마시겠더라." 요즈음 기업체에서 외국 수입상을 상대하는, 이른바 '술 상무'라는 것이 이 전통의 발전적(?) 계승이 아닐까 싶다.

동서고금에 가장 희한한 술잔 이야기 하나. 세종 때 문신 이사철(1405~1456)이 젊어서 여러 벗들과 삼각산에서 소풍할 때인데, 술은 많으나 잔이 없어서 난처했더란다. 궁하면 통한다고, 마침 한 친구가 말가죽 신을 신고 있는 것을 보자 이사철의 머리에 기발한 착상이 떠올랐다. 그는 친구의 신 한 짝을 벗겨 거기에 술을 담아 호기 있게 쭉 들이켰다. 와아! 이쯤 되자 너도 나도 왁자지껄 웃고 떠들며 앞다투어 가죽신 술잔으로 술을 마셨더란다.

휘영청 달 밝은데 백화는 난만하고

　절주 이야기를 했으니 내친 김에 금주禁酒에 얽힌 이야기까지 살펴보기로 하자.

　세계적으로 또는 역사적으로 금주가 규범이 된 나라들이 꽤 있다. 예컨대 아랍 등 회교권에서는 오늘날까지 금주가 율법으로 엄수되고 있고, 미국에서는 남북전쟁 이전부터 금주 운동이 시작되어 1933년까지만 해도 주법州法 또는 연방 헌법으로 양조·판매·운반·수출입 등을 금지하는 금주법이 있었다. 식량 절약이라든가 작업 능률 향상이라든가 하는 식의 경제적 근거, 혹은 정치적 요구와 종교적 동기 등 단순치 않은 이유들이 있지만, 대개의 나라에서는 금주법이 실효를 거두기보다 오히려 부작용을 낳아 실패로 돌아간 예가 많았다.

　한국의 경우, 옛날에는 국가적으로 왕명에 의해 한시적 금주령이 종종 발동되었다. 대체로 보면, 심한 가뭄으로 흉년의 조짐이 나타날 때 금주령을 발하는데, 이때는 임금 역시 근신했다. 세종 18년에도 한발이 심해서 임금은 금주령을 내렸다. 이 무렵 세종은 건강상 이유로 특별히 처방한 약술을 드는 중이었는데 임금은 이것도 들이지 못하게 했다. 정승 이직은 임금이 약술을 드시도록 강력히 청했으나 세종은 끝내 거절했다. "백성에게는 술 마시는 것을 금하면서 나만 홀로 마시는 것이 옳은 짓이오?" 세종은 역시 성군다웠다. 금주령에 관한 설화 하나를 의역하여 다음에 소개한다.

성종 때 일이다. 어느 해 흉년이 들자 임금은, 모여서 술 마시는 것을 금했다. 때마침 봄철이라 임금이 한밤에 후원을 산보하다 보니, 달은 휘영청 밝은데 복사꽃, 오얏꽃(자두꽃)을 비롯하여 온갖 꽃들이 다투어 미태를 자랑하고 있었다. 분위기에 민감하기론 사랑과 음주가 어금지금일 것이라, 임금은 문득 금주령이 생각났다. 저 당나라 이백이 〈춘야도리원서春夜桃李園序〉에서 읊었듯이 주흥이 절로 솟아나는 이 좋은 밤, 필시 모여서 술판 벌이는 패거리가 어딘가 있을 법했다. 임금은 궁중에서 부리는 똑똑한 종 서넛을 골라, 온 장안을 샅샅이 뒤져 술판 벌인 데를 찾아내도록 명했다. 이날 밤 마침 참판 송영(?~1495)의 집에서 술잔치가 벌어지고 있었다. 그 자리에는 내로라하는 당대의 고관들이 수두룩하게 모였다. 하필 이 자리에 어명을 받든 종 한 명이 나타났건만, 사람들은 거문고 소리 피리 소리에 취하여 왁자지껄 떠들고 노느라 암행어사(?)가 잠입한 줄도 모르고 있었다. 이 친구, 큰 것 한 건을 잡았다고 쾌재를 부를 판인데 때마침 안에서 호탕한 웃음소리가 들렸다. 그 소리는 이조吏曹(육조 중 문관의 인사를 맡은 관아)에서 그가 가까이 모셨던 채빙군 나리의 것이었다. 차마 나리를 어찌 고발할 것인가. 종은 그냥 돌아가서 별수 없이 임금께 '이상 없음'이라고 복명하였다. _**『용천담적기』**

법과 인정의 갈등은 어느 시대 어느 사회에나 있게 마련인데 어느 쪽의 승리가 꼭 옳다고 단정하기는 어려운 노릇이다. 다음의 일화는 우리에게 그 갈등의 극단을 보여주고, 또 법철학적 과제까지를 안겨준다.

영조 때 술을 금하는 법이 매우 엄격할 무렵이었다. 병마절도사 윤구연이 이를 어기자 임금은 지체 없이 그를 잡아 남대문에서 공개 처형했다. 이쯤 살벌한 판인데, 하루는 어느 무관이 경호원으로 숙직하러 궁궐에 들어갔더니 영조가 그에게 칼을 내려주면서 명하되, "내 듣자 하니 동대문 근방 양반집에서 몰래 술을 빚어 파는 자가 있다 하니, 네가 그를 찾아내서 이 칼로 그의 목을 베어 오너라. 만약 3일 안에 이 일을 해내지 못하면 대신 이 칼로 네 목을 자르겠다."

이 무슨 날벼락이냐! 무관은 진땀을 흘리고 어전에서 물러나왔으나, 어디 가서 밀주꾼을 찾아내며, 어떻게 그의 목을 베어 온단 말인가? 그러나 자기 목숨이 걸린 판이니 어쩌랴. 그는 온갖 꾀를 짜내 고심하던 끝에 드디어 묘안이 떠올랐다.

그는 동대문 근처 이화정, 전에 한번 인연이 있는 기생을 찾아갔다. 첫째 날 밤을 지내고 나서 돈과 선물을 듬뿍 주어 환심을 샀다. 둘째 날 밤, 무관은 느닷없이 죽는 시늉을 하며 배를 움켜쥐고 뒹굴었다. 놀란 기생이 안절부절못하며, 무슨 일이냐, 어디가 아프냐, 어찌해야 하느냐 연거푸 물을밖에. 무관이 죽을상을 하고 숨넘어가는 소리로 띄엄띄엄 들려준 말인즉, 나는 평소 이상한 속병이 있어 한번 발작을 일으키면 대단히 위험하다. 그렇지만 술을 조금만 마시면 이 통증이 가시고 병은 씻은 듯이 낫는다. 그러나 금주령 때문에 술을 구할 길 없으니 난 꼼짝없이 죽겠노라. 무관의 완벽한 연기에 감쪽같이 속아 혼비백산한 기생, 자기가 약을 구해보겠노라며 술병 하나를 치마폭에 감춰 문을 나섰다. 무관은 옳다구나 칼을 잡고 기생의 뒤를 밟았것다.

기생은 산기슭에 있는 작은 초가집으로 들어가더니 곧장 술을 구해 나왔다. 무관은 이때다 하고 달려가서 기생이 가진 술병을 빼앗아 들고 집 안으로 달려들었다. 방에는 마침 한 소년 서생書生(유학을 공부하는 사람)이 책 상머리에 단정히 앉아 글을 읽고 있었다. 무관은 칼을 빼어 들었다.

"나는 왕명을 받고 금주령을 어긴 그대의 머리를 베러 왔노라."

서생은 깜짝 놀라며 엎드려 애걸했다.

"저의 노모께서 굶주림에 못 이겨 나라에서 금하는 법을 어겼으니 죗 값을 달게 받겠으나 원컨대 늙으신 어머님을 마지막으로 한번만 뵙고 죽게 해주십시오."

그야 못 하랴 싶어 무관이 이를 허락했다. 서생이 허둥지둥 안으로 들어가는가 싶더니 갑자기 통곡소리가 진동하며 서생과 늙은 어머니와 젊은 아내가 문을 밀치고 함께 뛰어들어 무관 앞에 엎드려 빈다.

"이 일은 제 아들이 한 일이 아니고 이 늙은 년이 저지른 죄이니 제 목을 자르소서."

노모가 먼저 이렇게 말하며 울부짖자, 이번엔 며느리가 나서며 애걸복걸한다.

"아닙니다. 술은 제 손으로 빚었으니 제 머리를 베어가소서."

세 사람이 한 덩어리가 되어 울며불며 서로 자기가 죽겠다고 나서니 난처한 노릇이었다. 이쯤 되니 마음 여린 무관이 어찌 갈등을 일으키지 않을 것인가. 이 한 가족의 애절하고도 아름다운 광경을 이윽히 내려다보던 그는 무사다운 결단을 내렸다. 들고 있던 술병을 팽개쳐 깨뜨리고 그는 이렇게 선언했다.

"당신네 세 식구가 어머니로서 자식을 사랑하는 마음이나, 아내로서 지아비를 섬기는 마음이나, 자식으로서 어머니를 위하는 마음이 이렇게 지극하니, 차라리 내가 죽는 편이 낫겠소."

그는 이튿날 약속한 대로 임금께 나아가 칼을 바쳤다.

"신이 동대문 근처 여러 곳을 뒤졌으나 금령을 어긴 사람을 찾지 못했습니다. 이 칼을 도로 바치니 소신의 목을 베소서."

심하다 싶었던지 임금은 차마 무관의 목을 베지는 않고 내보냈다.

각설하고 10년 후. 그 무관은 승진이 부진하여 겨우 백령도 첨사가 되었는데, 어느 해 황해도 감영에 나아가 직속상관인 관찰사를 뵙게 되었다. 이때 역시 흉년이 거듭되어 금주법은 더욱 엄했던바 이 자리에서 금주령에 관한 대화를 나누게 되었다. 무관은 10년 전 일을 회상하여 자기가 겪었던 일을 얘기하고 그때 요행히 목숨을 건졌노라며 말을 마쳤다. 이야기 도중에 관찰사의 안색이 심상찮다 했더니, 이윽고 외인을 모두 물리치고 두 여인을 불러들이니 이들이 전날의 3인이었던 것이다.

"우리 모자와 며느리가 함께 죽지 않고 오늘날 살아 이 영화를 보는 것은 모두 어르신네 은덕이로소이다."

노모와 아내와 관찰사 세 사람은 10년 전과는 또 다른 의미에서 통곡을 하며 감격하였다. 관찰사 이름이 이익보(1708~1767)이니 뒷날 판서가 되었고, 무관은 그의 천거에 힘입어 벼슬이 통제사에 이르렀다.

술은 무겁고 인생은 깃털처럼 가벼운가

세종 때 강희안(1417~1464)은 몸이 비대한 데에다가 돼지고기를 유난히 좋아했다. 그는 성품이 유약해서 시험 스트레스에 저항력이 없었는지, 조신들의 월례고사라 할 월과月課의 시문 짓기를 이 핑계 저 핑계로 잘도 회피했다. 이에 성삼문은 이렇게 시로써 희롱한다.

성성이가 술 좋아하듯 돼지고기 좋아하고[猪肉猩嗜酒],
여우가 화살을 피하듯 월과를 피하는구려[月課狐避箭].

여기 나오는 '성성이[猩]'가 어떤 놈일까 궁금하다. 중국 문헌을 보면, 돼지처럼 생겼는데 얼굴은 사람 얼굴이라는 둥, 사람처럼 웃고 말을 하며 울기를 잘한다는 둥, 두 발로 걷고 꼬리가 없는 짐승이라는 둥, 가지가지 설명이 있는데 대체로 유인원, 예컨대 오랑우탄 같은 것으로 유추하는 모양이다.

이놈의 고기 맛이 일품인데 특히 입술고기가 되게 맛이 있다고 하며, 또 이놈 고기를 많이 먹으면 머리가 좋아진다고도 한다. 이래저래 수요가 많은데 힘이 세고 떼 지어 사는 놈들이라 이들을 잡으려면 비상한 방법이 필요하다고 한다.

우선 독한 술을 큰 동이에 담아서 이들이 잘 다니는 길가에 놓아두는 거다. 지나가다 술을 발견한 놈들이 처음엔 "어림없지! 우리가 너희 사람들

꾀에 속을 줄 아냐?" 하면서 웃고 지나친다. 조금 가다가 그중 한 놈이 말한다. "야, 아주 쬐끔만 먹고 가자고. 한 모금이야 어떻겠나!" 이래서 모두 되돌아와 한 모금씩 마시고 가는데, 입가에 감도는 달콤한 술맛을 끝내 뿌리칠 수가 없어 다시 돌아오기를 거듭하는 거다. "딱 한번이다." "이번이 마지막이다." 이런 헛된 다짐 속에서 술이 술을 먹고 술이 사람 아닌 성성이를 먹는 지경에 이르면, 마침내 에라 모르겠다, 하고 다투어 퍼마시고 곤드레가 되어 쓰러진다. 이맘때면 망보던 사람들이 얼씨구나 하고 등장하여 힘하나 안 들이고 한 마리씩 포획하는 것이다. 성성이들이 정신을 차릴 때쯤이면, 그들은 자기들을 삶아 먹으려고 펄펄 끓이는 가마솥의 물을 보며 그제야 회한의 눈물을 흘리게 된다는 것이다.

조선조 성종 때 신수라는 별난 중은 술 마시기를 좋아하여 마치 고래가 물 마시듯 했다 한다. 사람들이 속임수로 소의 오줌을 약주라 하고 흙탕물을 막걸리라 주어도 서슴없이 마시고 기껏 한다는 소리가 "이 술은 맛이 없네!"였다. 앞서 말한 가죽신 술잔의 주인공 이사철은 독주를 즐겼는데, 한번은 등창이 나서 거의 죽게 되었다. 술을 끊지 않으면 끝장이라고 주치의가 경고했지만, 그는 여전히 술을 퍼마시며 이렇게 말했다. "안 마시고 사느니 차라리 마시고 죽는 편이 낫다."

술꾼의 불문율 마지막이 '생사불문'(죽고 사는 것에 개의치 않음)이라지만, 이런 사람들이라면 성성이보다 별로 현명한 술꾼은 아닌 것 같다.

세조 때 홍일휴는 술꾼으로 유명한 고관이었다. 중국에 사신으로 갔다가 하룻저녁에 술 여러 말을 마시고 흠씬 취해 급기야는 영원히 깨어나지 못하게 되었다. 이때 김수온이 지은 만시挽詩는 이렇다.(성현, 『용재총화』)

실컷 마실 제는 천 잔을 무겁게 알고[痛飮千杯重],
뜬 인생은 깃털처럼 가볍게 여기도다[浮生一羽輕].

이쯤 술을 좋아하는 이들을 가장 괴롭히는 것이 하나 있다. 건강? 아니, 건강이야 생사를 걸고 마시는 판에 문제 될 게 없고, 정작 중요한 것은 술값이었다. 물론 벼슬아치야 문제 될 게 없지만.

우리나라 사람으로 외국에 사신 가는 자는 관리들이 지경 내에서 영송하는데, 먼저 술과 밥을 준비하였다가 자기 고을에 들어오면 며칠 동안 머물게 하고 크게 잔치를 베풀어 흠뻑 취하도록 한다. 그리하여 술이 깰 날이 없으니 마침내 병을 얻어 폐인이 되는 사람이 헤아릴 수 없다. _『용천담적기』_

이렇게 너무 마셔서 죽는 이가 있는가 하면 죽도록 고파도 못 마시는 가엾은 술꾼도 있으니 그들은 돈 없고 '빽' 없는 백성이다. 그래서 민중들은 꿈을 꾸었다. 돈 안 들이고 얼마든지 퍼마실 수 있는 술독은 어디 없을까? 그 꿈의 구현이 주천酒泉이다. 주천, 즉 '술의 샘'이라는 신비의 샘 이야기는 역시 중국에서부터 유래하였음 직하다. 문헌을 살펴보면, 이 주천이 중국 감숙성 어디에 소재한다고 하는데, 물맛이 술과 같아 주천이라 하고, 그로 인해 주천현·주천군 등의 지명이 생겨나기도 했다는 얘기다. 또, 신선이 사는 영주 옥고산에 있는 샘에서 솟는 물이 술과 같아 이름도 옥주玉酒라 한다는 둥, 단술[醴]과 같은 물이 나와서 노인들 잡숫기 좋다는 예천醴泉이 있다는 둥, 중국인 특유의 황당한 소리가 즐비하다. 우리나라에서도 신라 때부터 원주 근방의 주천현이 기록에 나오고, 경북에는 지금도 예천이란 지명이 있다.

주천에 관계된 전설 두 편을 소개한다. 하나는 개성에 있는 주천교 전설이다.

개성에 한 효자가 있어 병든 아버지를 모시고 살았다. 아버지는 술을 좋아하였으나 돈이 없어서 술을 사드릴 길이 막연한 아들이 어느 날 술 대신 맑은 샘물이라도 떠다 드리려고 샘으로 갔다. 그런데 뜻밖에 샘물이 술로 변해 있었다. 아들은 기뻐하여 술을 떠다 병상의 아버지께 드렸는데 이로부터 아버지 병환은 차츰 나았다는 것이다. 사람들은 이 샘을 주천이라 부르고 그 옆에 놓인 다리는 주천교라 불렀다 한다. _최상수,『민간전설집』

강원도 영월군 주천면 주천리 주천강 기슭에 있다는 주천에 얽힌 전설은 또 다른 묘미가 있다. 이 샘이, 주천은 주천이로되 그것이 좀 별나서 양반과 상놈을 차별했다는 얘기다. 즉, 양반이 떠 마시면 약주술이 되는데 상놈이 떠 마실라치면 막걸리가 되는 것이다. 상놈이 양반의 의관을 하고 양반으로 위장하고 가서 떠 마시거나, 양반이 상놈 차림으로 가서 떠 마셔도 용케 알아보고 약주술과 막걸리가 구분되어 나오는 것이다. 그러던 어느 해의 일이다. 상놈으로 설움을 받던 한 젊은 농부가 열심히 공부를 하여 서울 가서 과거를 보고 당당히 급제하고 돌아왔다. 그는, 이제 나도 양반 행세 좀 하자, 하고 주천에 가서 술을 떴다. 과연 약주술이 나오느냐 아니면 여전히 막걸리가 나오느냐, 이것이 가장 궁금한 노릇이었다. 그런데 결과는 별수 없이 막걸리였다. 화가 치민 젊은이는 그 샘에다 돌을 잔뜩 넣어 메워 버렸다. 그 후로는 약주술이고 막걸리고 간에 끝장이 났다 한다.

이런 전설은 그 발상이 중국 전설의 연장선에 있다고 할지라도 양반과 상놈, 약주술과 막걸리의 대비를 보면 이미 토착화 작업이 완료됐음을 보여주는 것이다. 다음에 소개하는 주천석酒泉石 전설은 중국 문헌에서 찾아볼 수 없는 독자성이 돋보여서 더욱 주목된다.

인조 때 유구국의 왕자가 탄 배가 제주도에 표류해 왔다. 그는 일본에 잡혀간 부왕을 구하기 위해 가는 중인데, 몸값 삼아 가져가는 보물이 있었으니 그게 주천석이었다. 가운데가 움푹 패어 있는 네모난 돌인데 거기에

맹물을 부으면 금방 맛있는 술로 변하는 신비의 돌그릇, 말하자면 술 전용 화수분이었다. 제주 목사 이기빈은 욕심이 나서 이를 빼앗으려고 유구 왕자를 협박했다. 그러자 유구 왕자는 이 주천석을 바다에 던져 영원히 수장시켜버리고 말았다 한다.

사실史實을 말하자면, 광해군 3년(1611) 유구국 왕자가 항해하던 중 제주에 표착하였고, 이기빈은 왕자를 비롯한 유구인들을 죽이고 재물을 빼앗은 후 증거를 없애기 위해 배를 불태워버렸다. 그리고 조정에는 왜구를 잡았다고 거짓 보고까지 하였다. 이듬해 사실이 발각되자 뇌물을 바쳐 극형을 면하고 북청으로 유배되었다.

어쨌건 주천석 설화는 역사를 빙자한 애주가의 영원한 꿈 이야기일시 분명하다.

강물에 뛰어든 건 달 때문이라네

　술의 역사와 가요의 역사 중 어느 쪽이 더 오랠 것인가 따지기로 한다면 정말 막상막하, 난형난제일 듯하다. 그만큼 이들 두 가지의 역사는 오래고, 또 오랜 만큼 이들의 상호 교섭도 빈번했을 것이다.

　술과 관련한 흥미로운 설화 중에 음주와 가무가 불가분의 인연을 맺게 된 기원을 보여주는 설화가 하나 있다. 요지는 이렇다. 한 효자가 병든 아버지를 모시고 사는데, 이 사람이 아버지의 병을 치료하기 위해서 사방으로 약을 구하러 다닌다. 다행히 용한 의원을 하나 만났는데, 이 의원이 가르쳐준 처방인즉 선비, 광대, 광인(미친 사람) 이렇게 세 사람의 간을 먹어야 아버지 병이 나을 수 있다는 것이다. 효자는 이 처방대로 세 사람을 죽여서 그 간을 아버지에게 먹여서 병을 치료하였다. 아들은 비록 아버지 병을 고치기 위한 것이었지만 자기가 죽인 세 사람에게 미안한 마음이 들어 그들의 시신을 수습하여 한 덩어리로 무덤을 만들고 정성껏 돌보았다. 어느 해 그 무덤에서 곡식이 돋아나니 이것이 밀이고, 이 밀로 빚은 것이 술이었다. 그런데 이 술에는 죽은 세 사람의 혼이 깃들어 있어서, 한 잔 마시면 선비처럼 점잖으나, 두 잔 마시면 흥이 올라 광대처럼 춤추고 노래하게 되며, 세 잔을 마치면 광인처럼 미친 짓을 하게 되더라는 것이다. 이를 두고 효의 가치와 생명 가치의 충돌이니 어쩌니 하기도 하는 모양인데, 그보다는 음주의 심리학이라고 하는 편이 낫다.

　선비처럼 점잖아지려고 술을 마시는 이는 없으니 그것은 불급이다. 광인처럼 주사를 부릴 정도라면 이는 과한 것이다. 과유불급이라니 음주의 중용은 광대처럼 흥겹게 노래하고 춤추는 정도까지인가 싶다. 물론 이 설화엔 분명 교훈도 있다. 첫잔의 술은 사람이 술을 마시고, 둘째 잔은 술이 술을 마시고, 셋째 잔부터는 술이 사람을 마신다는 경구와도 통한다 할 것이다.

그리스 신화 속에 있는 주신酒神 디오니소스나 로마 신화의 주신 바커스의 축제 때는 당연히 술과 가무가 어울리는 한바탕 흐드러진 굿판이 벌어졌다 한다. 한국의 고대 축제인 영고·동맹·무천 등에서도 사정은 비슷했다. 한국의 신화 속에는 디오니소스와 맞먹을 주신이 없다. 다만 3세기경에 백제인 인번仁番이 일본에 건너가 수수보리須須保利로 불리며 누룩으로 술 빚는 법을 가르쳐서 일본왕(오진 천황)의 우대를 받고, 그가 후세에 일본의 주신으로 모셔졌다는 기록이 있으니 그로써 아쉬움을 달랠까.

중국인의 역사서인 『삼국지』〈동이전〉에 보면, 제천 행사 때 "밤낮으로 술 마시고 노래하고 춤추었다[晝夜飮酒歌舞]"했다. 미친 듯이 춤을 추며 거리를 휩쓰는 브라질의 삼바 축제나, 숫제 보름 동안 술을 퍼마시는 독일의 맥주 축제만은 못할지라도 우리 조상님들도 어지간히 술을 마시고 가무를 즐긴 모양이다. 술과 관련된 노래가 하나 생각난다. 연인의 죽음을 노래한 것이어서 안타깝긴 하지만, 술 관련 설화를 배경으로 한 고가요로는 〈공후인〉이 백미다. 공후는 서양 악기 하프와 비슷한 동양의 옛 현악기이고, 인은 노래 곡조(가곡, 악곡)란 정도의 뜻이다.

〈공후인〉의 주인공은 〈동이전〉이 전하는 것과 같은 굿판에서 질탕하게 마시고 노래하고 춤추다가 황홀경에 빠져든 술꾼이 아니었을까. '머리가 하얗게 센 미친 늙은이[白首狂夫]'가 발작을 일으켜 강가로 달려간다. 뒤에서는 놀란 아내가 달려오며 제발 가지 말라고 말리건만 이 늙은이는 들은 체도 않고 강심을 향해 뛰어든다. 넘실대는 물결 속에 휩쓸린 늙은이는 마침내 물에 빠져 죽고 만다. 미처 따라잡지 못하고 속수무책으로 남편의 익사 현장을 지켜보던 아내는 공후를 당겨 슬픔을 노래하고 나서 남편의 뒤를 따라 죽는다. 그 노랫말인즉 이렇다.

여보, 물에 들어가지 말랬더니[公無渡河],
당신은 그예 물에 들어갔구려[公竟渡河].
당신만 물에 빠져 죽어버리면[墮河而死],
나는 장차 어찌하란 말인가요[當奈公何].

가요라기보다는 졸지에 과부 된 노파의 넋두리 한 자락에 불과하지만, 이 비극적 상황을 처음부터 끝까지 지켜본 나룻배 사공 곽리자고! 미처 손쓸 새 없이 벌어진 두 남녀의 연속적 자살을 목격한 터에 언짢은 마음으로 집에 돌아온 이 친구가 제 처 여옥에게 사건의 전말을 전했다. 여옥이 슬퍼하여 역시 공후로 그 곡을 타고 이웃 친구 여용에게 노래를 전하니 세상에 퍼져서 이 노래가 당대 애창곡이 됐더란다.

여기서 주목할 것은 그 미친 늙은이가 '머리를 풀어 헤치고 술병을 찼다'는 기록이다. 이로써 그가 발작을 일으키고 강물 속으로 뛰어들도록 부추긴 악마가 바로 술임을 확인할 수 있다. 술병 차고 강물로 뛰어드는 남자와 악기(공후)를 들고 뒤쫓아 달리는 여자. 이 별난 남녀를 각각 주신酒神과 악신樂神의 관계로 설명한 학자도 있었지만, 남자는 왜 강물로 뛰어들었을까? 당나라 이백은 채석강에서 술 마시고 놀다가 물속에 잠긴 달을 보자 그걸 건져 오겠다고 뛰어들어 익사하고 말았다. 그래서 우리는 '달아 달아 밝은 달아, 이태백이 놀던 달아' 하고 노래했다. 조작이겠지만 로망이 있다. 우리의 주인공은 무얼 잡으러 물에 뛰어드셨을까? 농담으로라도 안주로 쓸 횟감 구하러 간 것이라 하면 로망은 없겠지!

술과 가요의 밀접한 관계라면 술을 주제로 한 술 노래 이상은 없을 것이다. 요즘도 가요판에선 〈술이야〉, 〈소주 한 잔〉, 〈술 한잔 해요〉처럼 숫제 술을 제목으로 삼고 '난 늘 술이야/ 맨날 술이야' 같은 가사를 불러대지만, 언젠들 술이 노래와 엮이지 않았으랴. 술꾼들이 곧잘 입에 올리는 아일랜드 시인 예이츠(1865~1939)의 〈드링킹 송〉도 제법 고상해 보이지만 서양 술 노래일 뿐이다. "술은 입으로 들고/ 사랑은 눈으로 든다./ 우리가 늙어서 죽기 전에/ 알아야 할 진실은 그것 뿐/ 나는 입에 잔을 들며/ 그대를 바라보고 한숨짓는다." 요컨대 동서고금이 똑같다.

옛사람들이 즐긴 술 노래로선 권주가가 으뜸이다. 그중에도 송강 정철(1536~1593)의 〈장진주사〉는 문학적 가치로도 그 무엇에 뒤지지 않을 것이다. 이해하기 쉽게 현대어로 조금 손보면 다음과 같다.

한 잔 먹세그려. 또 한 잔 먹세그려. 꽃 꺾어 셈하고, 무진무진 먹세그려.
이 몸 죽은 후면 지게 위에 거적 덮어 졸리어 매여가나, 유소보장(비단장막을 친 상여)에 만인이 울며 따르나, 억새 속새 떡갈나무 백양나무 속에 가기만 가면, 누른 해 흰 달 가는 비 굵은 눈 소소리바람 불 제, 뉘 한 잔 먹자 할꼬.
하물며 무덤 위에 잔나비 휘파람 불 제야 뉘우친들 어쩌리.

사설인즉 죽어서 후회하지 말고 살아생전 술 마시며 삶을 즐기자는 것이다. 다소 퇴폐적인 측면이 있지만, 어찌 보면 삶에 대한 사랑과 긍정이기도 하다. 앞에 나온 예이츠의 노래 마무리가 '한숨짓는다'로 끝난 것과 송강의 노래 마무리가 '뉘우친들 어쩌리'로 끝난 것이 많이 닮아 보이는 것도 사실이다.

당대 최고 시인으로 송강의 제자인 석주 권필(1569~1612)은 〈정송강 묘를 지나며過鄭松江墓有感〉에서 "빈산에 낙엽 지고 비는 부슬부슬 내리는데/ 풍류 재상 말 없이 여기 누우셨으니/ 슬퍼라 한잔 술 권해 올릴 수 없음이여/ 옛날의 가곡이 바로 이런 날을 이름이셨구려" 하고 다시금 〈장진주사〉를 상기했다. 석주 자신은 왕(광해군)의 척족을 비판하는 시를 짓고 죄를 입어 귀양 떠나는 날에 사람들이 주는 술을 폭음하고 이튿날 죽었으니 그야말로 목숨 걸고 마신 술이 되었다. 석주가 이렇게 되기까지는 동갑내기이자 희대의 풍운아인 허균(1569~1618)의 책임도 한몫했을 법하다. 허균이 권필에게 보낸 간찰(편지) 중엔 뿌리치기 어려운 유혹이 넘실댄다.

못에는 물결이 출렁이고 버들 빛은 한창 푸르며
연꽃은 붉은 꽃잎이 반쯤 피었고
녹음은 푸른 일산에 은은히 비치는구려.
이즈음 마침 동동주를 빚어서
젖빛처럼 하얀 술이 동이에 넘실대니,
즉시 오셔서 맛보시기 바라오.
바람 잘 드는 마루를 벌써 쓸어놓고 기다리오.

한겨울에 부채를 선물하는 뜻은

　설화 중엔 야담野談이란 것이 있다. 야담이란 장르의 규정은 학계에서도 아직 정설이 없는 것 같다. 역사적 배경을 가진 사건이나 인물에 붙어 다니는 흥미로운 이야기들인데, 그 성격이 때로는 사화史話요, 때로는 설화 혹은 일화다. 그 사건이 역사성을 가진다 해도 정사는 아니요, 그 인물이 실존했던 사람이라도 전기와는 다르다. 한마디로 사실 여부를 가리기 어렵고 근거가 아리송한 서사물이지만, 그래도 민간에서는 상당한 진실로 받아들여지고 동시에 그 흥미성으로 인해 인구에 회자되는 속성을 지니고 있다. 맛보기 야담으로, 백호 임제(1549~1587)에 관한 이야기를 하고자 한다.

　임제는 한문소설 〈수성지愁城誌〉를 썼고 그 가운데는 술을 의인화한 대목도 있지만, 그는 39세로 요절한 천재 시인이자 많은 화제를 뿌린 술꾼이다. 성격이 호방하고 명리에는 뜻이 없어 속된 유생들을 멀리하고 시와 술을 벗하면서 짧은 생애를 멋있게 살다 갔다. 그는 임종 때 자식들에게, "세상 나라마다 천자니 황제니 칭하는데 우리나라만은 그 말도 못 쓰고 사니 이런 못난 나라에 났다가 죽는 것이 무엇이 아깝겠느냐?" 하면서 자기 죽은 후에 곡을 하지 말라고 당부했다 하니, 그의 사람됨을 알 만하지 않은가.

　가장 잘 알려진 이야기는 역시 황진이와의 사연이다. 그가 평안평사(정6품)란 벼슬을 띠고 송도를 지나는 길에, 술 한 병에 통닭 한 마리쯤 들고 황진이 무덤을 찾아갔다. 호남아 백호로서는 당대 최고의 명기 황진이의 죽음이 무엇보다 마음 쓰렸던 모양이다. 그는 이때 술을 따라 놓고 저 유명한 시조를 읊는다.

청초 우거진 골에 자는다 누웠는다.
홍안은 어디 두고 백골만 묻혔나니
잔 잡아 권할 이 없으니 그를 슬허하노라.

왕명을 받고 임지로 가는 길에 겨우 죽은 기생 무덤이나 찾아가 눈물을 질금거리다니! 이 소문이 조정에까지 알려지자, 벼슬아치로서 자세가 글러먹었다고 대간臺諫(관료의 언행을 감찰하던 사정기관원)들의 강력한 탄핵이 뒤따르면서 그는 파직을 당했다고 한다.

한번은 백호가 평양에 가겠노라 하니 어떤 친구가 한우寒雨란 기생을 소개해주었다. 백호는 평양에 도착하여 한우의 집엘 곧장 찾아 들어가는 것이 아니라 다음과 같은 시조 한 수를 띄워 넌지시 상대방을 떠보았다.

북창이 맑다커늘 우장 없이 길을 나니,
산에는 눈이 오고 들에는 찬비로다.
오늘은 찬비 맞았으니 얼어 잘까 하노라.

이것이 〈한우가〉라 불리는 시조다. 기녀 이름이 한우(찬비)이니 그 이름에서 발상하여 중의적 묘미를 살린 작품이다. 찬비를 맞아 얼어 잘 것 같다고 능청을 떨었으나 이것은 일종의 프러포즈다. 눈치 빠른 기생이 그 속을 모를 리가 있나. 한우는 즉각 화답하는 시조를 써 보냈다.

어이 얼어 자리 무슨 일 얼어 자리.
원앙침 비취금을 어디 두고 얼어 자리.

오늘은 찬비 맞았으니 녹아 잘까 하노라.

원앙새 수놓인 2인용 긴 베개와 비단 이불이 준비돼 있으니 어서 오라는 수락 의사를 표한 것인데, 자못 외설적이다. 아니 어찌 보면 춥고 배고픈 나그네를 따뜻하게 보듬어주는 그 배려가 모성적이기까지 하다. 그러나 정작 묘처는 종장의 조사措辭(시문에서 문자를 선택하고 배열하는 일)다. 백호의 '오늘은 찬비 맞았으니'를 똑같이 반복하고 나서 이어지는 결론은 정반대다. 백호의 인과율은 얼어 자는 것이었는데 한우의 역설은 녹아 자는 것이었다. '녹아 잔다'는 비유적 수사 역시 얼마나 매력적인 유혹인가. 그러나 이런 에로티시즘이 결코 난잡해 보이지 않고 오히려 풍류스럽고 멋들어지게 보이는 것도 사실이다.

백호의 기생 시리즈 가운데 백미는 단연 일지매一枝梅 로맨스다. 얘기인즉 이렇다.

평양 명기 일지매는 워낙 콧대가 높아 평양감사가 네댓 명이나 바뀌도록 아무도 수청을 받지 못했단 소문을 들은 우리의 백호 선생. 고수의 상대는 고수다.

백호가 단신 평양을 쳐들어간 것은 음력 7월 보름께였다. 그는 우선 입고 간 옷을 벗어버리고 남루한 옷에 부서진 갓을 얻어 쓰고, 물간 민어 몇 마리를 사서 생선 장수로 위장했다. 석양 무렵이 되자 백호는 일지매네 집 문간에 가서 "민어 사이소. 민어 사이소" 하고 목청껏 소리 질렀다. 마침 부엌데기 계집애가 나와서 흥정을 하자, 백호는 이 소리 저 소리 하여 시간을 끌다가 계집애에게, 날이 저물었으니 하룻밤 신세를 지자고 부탁한다. 예상대로 일언지하에 거절을 당했다. 그러나 한양에서부터 불원천리 달려온 그가 이 절호의 기회를 놓치고 호락호락 물러날 성싶은가. 그는 마냥 진드기처럼 붙어 애걸복걸했고 덕분에 문간 한 모퉁이에 잠자리를 얻는 데 성공한다. 겨우 멍석 한 닢을 깔고 흙벽돌 한 장을 베개 삼아 누웠다.

밤이 깊어 가매 때마침 하늘엔 휘영청 보름달이 뜨고 하얀 달빛이 뜰에 가득 부서진다. 일지매는 이런 '로맨틱 무드'를 모른 체 쿨쿨 잠이나 잘 만큼 둔감한 여자는 아닌지라, 가야금을 들고 달 아래 단정히 앉아 한 곡조 뜯으며 노래를 청아하게 부른다. 백호는 이때다 하고 품에서 옥통소를 꺼냈고 여인의 노래에 맞추어 구성지게 불어 제꼈다. 가야금과 통소와 창唱은 너무나 화음이 잘 되어 울렸다. 일지매가 문득 노래를 그쳤다. 그녀는 일변 놀라고 일변 기뻤다. 이만큼 음악을 아는 사람은 흔치 않다. 과연 누구냐? 그는 뜰아래 내려와 통소 소리의 임자를 찾았으나 거지 같은 생선 장수가 문간에서 쿨쿨 코를 골 뿐 인적은 괴괴했다. 괴이타! 탄식하던 일지매는 다시 섬돌 위에 올라 이번엔 시를 읊었다.

희황 옛적 달이 창가에 밝구나[窓白羲皇月].

그러자 즉각 남자 목소리가 화답하였다.

태고 옛적 바람은 추녀 끝에 맑구나[軒淸太古風].

시는 어렵게 볼 것 없다. '달이 밝구나' 하니 '바람이 맑구나'로 받아 분위기를 맞추어 짝짜꿍이 되게 했다는 것이다. 달을 여자로 바람을 남자로 은유했다고 해도 괜찮다. 그거야 어쨌건, 깜짝 놀란 일지매가 말소리의 주인공을 두루 찾으니 역시 생선 장수 코 고는 소리만 요란할 뿐 어디에도 자취가 없다. 그러자 일지매는 다시 이렇게 중얼거려보았다.

"비단 이부자리 누구와 더불어 함께 덮을꼬?"

즉각 화답이 왔다.

"나그네 베갯머리 한 귀퉁이 비었다오."

역시나 생선 장수였다. 일지매는 비로소 백호를 알아본 것이다.

"어떤 장부이시기에 이토록 아녀자의 마음을 설레게 하시나이까?"

일지매는 백호를 방으로 모셔 들이고 새 옷을 갈아입히고 술상을 차리고 풍악을 울리고. 그리하여 밤새 재미가 진진했더란다.

다음 시는 기생 시리즈 마지막으로, 백호가 사랑하는 기생에게 지어준 시라는데 그 기생이 과연 누구인지가 궁금할 따름이다.

한겨울에 기생에게 부채 선물, 이상히 생각 마오[莫怪隆冬贈扇妓].
그대 이제 나이 어리니 어찌 능히 알겠소[爾今年少豈能知].
상사병에 한밤이면 가슴에서 불이 붙나니[相思半夜胸生火]
푹푹 찌는 오뉴월 날씨보다 더욱 뜨거울 것을[獨勝炎蒸六月時]

한겨울 부채에다 시를 써주며, 독수공방하다가 나를 보고 싶어 사랑의 불꽃이 주체할 수 없이 타오르거든 이 부채로 그 뜨거운 가슴 식히라 하니, 이 멋진 사내한테 안 반할 기생이 어디 있으랴.

IV

설화 속
포르노그래피의 진실

설화의 주제와 내용은 전방위적이다. 인간과 인생의 전체를 담고 있다고 해도 지나친 말은 아니다. 그중에도 설화의 세계에서 민중이 각별히 사랑하고 선호하는 것은 성적 욕망에 관한 것이다. 민중은 본래 고상하거나 진지한 것보다는 야하거나 우스꽝스러운 것을 선호한다. 구스타프 클림트가 외설적 그림으로 '누다 베르타스'(벌거벗은 진실)를 말했다면, 민중들은 설화의 문법으로 그것을 추구하는 방식을 본능적으로 알기 때문이다.

여기서는 설화, 특히 민담에서 민중들이 인간의 영원한 관심인 성(性)문제를 어떻게 인식하고 있는가를 알아보려 한다. 독자들은 해학과 풍자로 엮여 있는 흥미진진한 세계를 입체적으로 감상할 수 있을 것이다. 하지만 설화를 제대로 읽어내는 것이 그리 만만한 작업은 아니다. 생선회를 뜨려 해도 비늘을 벗기고 대가리를 잘라내고 칼집을 내고 뼈를 발라내는 준비 과정이 필요하듯이 설화의 진미를 맛보려면 때로 거추장스러운 단계를 밟아야 한다. 구성이 ① 설화 읽기 ② 뜻풀이 ③ 의미 파악하기 ④ 다르게 생각하기 ⑤ 더 읽어보기 등으로 되어 있는데, ③번까지가 필수다. ④, ⑤번은 부록처럼 붙인 것으로 더러 학술적으로 보이거나 군더더기처럼 보일 수도 있으니까 번거롭다 싶으면 굳이 다 읽지 않아도 된다.

효불효 다리의 본풀이

'효불효교' 설화 읽기

예전 신라 경주에 한 과부가 있었다. 이 과부는 일곱 아들을 데리고 쓸쓸한 생활을 하고 있었는데 어느 때부터인지 문천(蚊川) 건너편에 애인이 생겼다. 그리하여 밤마다 아이들이 잠드는 것을 기다려 찾아갔다. 예전 일이므로 다리가 있을 리 없고 냇물을 건너가야 되므로 그 곤란은 이루 말할 수 없었다. 그런데 어떻게 알았던지 그의 일곱 아들들이 힘을 합하여 돌을 옮겨놓아 훌륭한 다리를 만들었다. 일곱 형제가 합심하여 한 것이므로 어려움 없이 된 것이었다. 그것은 그들의 어머니가 암만 캄캄한 밤이라도 꼭 저 위태한 냇물을 편안하게 갈 수 있도록 머리를 쓴 것이었다. 그 후 이 일을 알게 된 어머니는 아들들이 애써서 만든 다리를 건널 때마다 마음속으로 대단히 미안하게 생각되었다. 그래서 그 후부터는 전심전력 아들들을 잘 키우고 의롭지 않은 행실을 고쳤다고 한다. 당시 세상 사람들은 이 이야기를 듣고, 어머니에게 대한 효성이 죽은 아버지에게는 불효가 되었다 하여 효불효교라고 부르고 있었다. 그리고 일곱 아들들이 힘을 합하여 만들었으므로 칠성교라고도 불렀다. _정해희, 『우리나라 전설』 발췌 정리

뜻풀이

문천: 경주를 지나는 형산강 지류로 지금은 동천이라 한다. 신라 고승 원효

가 바로 이 문천의 다리를 건너다가 일부러 개울에 빠진 사연이 『삼국유사』〈원효불기〉에 나온다. 원효는 왕(태종무열왕)이 보낸 관리의 안내로 왕의 둘째 딸인 요석공주에게 가서 옷을 말리며 쉬다가 설총을 낳게 했다는 로맨스가 있다. 물살이 센 북천(알천)이 남성적이고 정치적인 성격의 시내라면, 물길이 부드러운 남천(문천)은 여성적이고 서정적인 성격의 시내로 알려져 있다. 금모래가 아름답다 하여 문천이 별칭으로 모래내[沙川]로 불리는 것도 참고할 만하다.

의미 파악하기

이 설화는 화소도 적고 구조도 단순하여 독해에 어려울 것은 없다. 따로 대의를 부연할 필요가 없다. 아울러 전설은 구전이 본령이므로 문헌에 비중을 둘 이유는 없지만, 가장 오랜 기록으로서 조선 성종 12년(1481)에 엮은 지리서 『동국여지승람』(권21) 경주 교량조에 나오는 간략한 기록은 참고할 만하다.

> 효불효교는 경주부 동쪽 6리 되는 곳에 있다. 세상에 전하기를, 신라시대에 아들 일곱을 둔 어머니가 있었는데, 사랑하는 남자가 물 건너 남쪽에 있었으므로 아들들이 잠든 것을 엿본 후에 남자를 만나러 다녔다. 그 아들들이 서로 의논하기를 "어머니가 밤에 물을 건너다니시니 자식으로서 마음이 편하겠는가" 하고 드디어 돌다리를 놓았다. 어머니는 부끄럽게 여기고 행실을 고쳤다. 당시 사람들이 그 다리 이름을 효불효교라고 불렀다.

설화에 숨은 진실

여기서 드는 의문이 하나 있다. 새 남자를 사귄 과부는 자기 행실을 부끄럽게 여기고 남자와의 관계를 정말 끊었을까. 굳이 그럴 필요가 있었을까.

이른바 '열녀불경이부列女不更二夫'(열녀는 두 남편을 갖지 않는다)는 '충신불사이군忠臣不仕二君'(충신은 두 임금을 섬기지 않는다)과 더불어 삼국시대에도 아름다운 행실로 존경받은 것은 틀림없다. 그러나 고려 말에 수입되어 조선의 건국이념이 된 주자학 이전엔 과부의 개가나 연애가 금기도 부도덕도 아니었다. 당장 확인할 수 있는 것은 원효와 사랑을 나누고 설총을 낳은 여주인공 요석공주부터가 전남편(김흠운)에게서 딸을 둘 낳고 과부가 된 처지에 일반인도 아닌 승려와 관계했고, 그것도 부왕의 동의 아래 이루어졌음에서 알 수 있다. 사실 조선조에서도 국전國典(『경국대전』)에서 재가녀의 자손이 벼슬길에 나아가는 것은 금했다지만 과부재가금지법은 성종 8년(1477)이 돼서야 제정되었으니, 신라시대에 과부의 개가나 연애가 사회적으로 용납되지 않았을 리 없다. 물론 아들이 일곱이나 있는 과부가 재혼하는 것은 현실적으로 어렵더라도 연애조차 못할 이유는 없다. 그러므로 과부의 사랑이 의롭지 않거나 부끄러워서 행실을 고쳤다는 것은 신라시대에 들어간 화소가 아니라 조선조에 와서 윤리적 비판이 덧붙은 것으로 봄이 합리적이다.

여기서 생기는 또 하나의 의문은, 이야기의 주인공이 과부냐, 아니면 과부의 아들들이냐 하는 것이다. 과부로 보면, 단지 바람피우던 과부가 아들들에게 들키고 미안쩍어서 남자를 멀리하게 됐다, 정도가 된다. 그러나 이야기의 핵심은 '효불효'란 다리 이름에 숨겨진 효관孝觀이다. 다시 말하면 이야기 주인공은 아들들이고 이들의 행실에 전설의 테마가 숨어 있다고 볼 일이다. 아들들은 살아 있는 어머니의 사랑 내지 재혼을 돕는 것을 효의 실천으로 받아들인 것이다. 민중들이 일곱 아들을 북두칠성에 견주어서 칠성교라고 했다는 것은 민중 역시 아들들의 행실을 효라고 보고 찬양했다는 것이다. 그렇다면 그 다리는 칠성교인 동시에 효도의 다리다. 그런데 '불효'가 왜 들어갔을까? 어쩌면 '칠성교'가 본래 이름이고 '효불효교'는 조선조 이후 유가적 관점에서 덧붙인 명칭이 아닐까?

어머니의 사랑 내지 재혼을 인정하고 돕는 것은 어머니에 대한 효가 되지만, 죽은 아버지에겐 불효라는 것인데, 죽은 아버지에게 왜 불효인지는 따져봐야 한다. 물론 정서적으로야 공감할 수 있는 일이다. 다만, 어머니의 사랑 내지 재혼을 수용하는 것이 왜 죽은 아버지에 대한 불효냐, 조금만 생각하면 설득력이 없지 않은가. 홀아비가 된 아버지의 사랑과 재혼을 자녀들은 상대적으로 쉽게 혹은 당연하게 받아들인다. 그 과정에서 죽은 어머니에게 불효라는 인식이 없다. 그러면서 어머니의 사랑과 재혼에는 수용적이지 않은 것은 역시 가부장제의 고루한 윤리 탓이 아니겠는가. 그러나 조선조에도 민중들의 의식은 그리 완고하지 않았음을 확인할 만한 본보기로 서사민요를 보자.

강원도 금강산 조리야 장사, 조리 팔로 들어왔네./ 조리 사소, 조리 사소./ 해가 저물어 갈 수 없어 잘 데 없어 해갈매니,/ 우리 어무이 자는 방에 하룻밤을 재내주고 가소./ 날로날로 불을 여니 천 날 만 날 춥다 하더니,/ 그날 밤을 자고 나니,/ 어무니요, 오늘 밤은 춥잖어요./ 에야야, 오늘 밤은 뜨시게 잘 잤다/ 그란 후에 조리 장사 떠난 후에/ 천 날 만 날 명을 자며(물레로 무명실을 뽑으며)/ 강원도 금강산 조리 장사 그믐초승에 올라드니,/ 이 왜 안 오노, 왜 안 오노./ 주야장천 심려를 하니 (…) _조동일, 『서사민요연구』

① 과부 어머니는 아무리 불을 때서 방을 덥게 해드려도 늘 춥다고 한다. ② 금강산에서 조리(쌀을 이는 데에 쓰는 기구)를 팔러 온 남자가 하룻밤 잠자리를 청한다. ③ 아들며느리는 노는 방이 없어서 어머니 방에서 자고 가게

한다. ④ 조리 장수와 하룻밤을 지낸 어머니는 비로소 따뜻하게 잘 잤다고 좋아한다. ⑤ 이후 어머니는 날마다 조리 장수가 다시 오기를 기다린다.

여기까지는 대체로 이런 줄거리다. 이어서 조리 장수가 죽었다는 소식을 들은 어머니는 아들며느리의 도움으로 저승길 조리 장수의 명복을 비는 의식을 치른다. 그런데 떠돌이 장사꾼을 과부 어머니 방에서 동침시키는 아들며느리에 대한 민중의 평가는 마지막 대목 "아들도 효자고 며늘(며느리)도 효부라"에서 거짓 없이 드러난다. 같은 유형의 서사민요인 〈영해영덕 소금 장수〉에서는 숫제 아들이 나서서 장사꾼을 찾아다가 어머니와 동거하도록 주선하기까지 한다.

근래(2015~2016) 〈엄마〉란 드라마가 있었다. 남편이 죽고 자녀 넷을 지성으로 키운 엄마가 프러포즈를 받자 엄마나 자식들이 엄청난 고민과 갈등을 느낀다. 자식이 딸린 중년의 과부 엄마와 홀아비 아빠의 사랑(결혼)에는 여러 장애 요소들이 나타나지만, 궁극적 장애물은 엄마의 죽은 남편이었다. 재혼을 놓고, 엄마는 엄마대로 절개를 못 지키는 것이 죽은 남편에게 미안하고, 자식은 자식대로 엄마를 못 지키고 딴 남자에게 보내는 일이 죽은 아버지에게 미안한 것이다. 그러나 상대방 남자나 자식 쪽에서는 죽은 아내나 엄마에 대한 의리를 재혼의 장애로까지 의식하지는 않는다. 여기에는 성^{gender} 역할의 차이나 성^{sex} 욕구의 차이 등 다른 부대조건도 없지 않지만, 근본적으로 효에 대한 우리의 시각은 여전히 성별에 따라 형평성을 잃고 있음이 확인된다.

다르게 생각하기

이 설화엔 딸린 화소들이 더 있다. 자식 못 낳는 여자가 이 다리에 대고 빌면 아이를 낳을 수 있다든가, 젖이 적게 나오는 산모가 빌면 젖이 잘 나온다든가, 짝사랑 고민이 있는 이가 빌면 사랑이 전달된다든가 하는 속신이 있다는 것이다. 요컨대, 아들을 일곱씩이나 낳고도 여전히 성욕이 넘쳐서 남자와의 밀회를 즐기는 여인의 풍부한 생식력은, 윤리적 지탄의 대상이기 이전에 민중(여인들)의 부러움과 우러름의 대상이 된 것이라고 할 만하다.

더 읽어보기

'북두칠성'

한 과부가 일곱 아들을 키우면서 어렵게 살아가고 있었는데, 새벽이면 이슬을 맞고 집에 들어오곤 했다. 일곱 아들이 어머니가 날마다 홀아비를 만나고 돌아온다는 사실을 알고 어머니가 건너다니는 개울에 먼저 가서 엎드려 다리가 되어주기로 자기들끼리 약속하고 그렇게 했다. 그 어머니는 개울을 건너면서 이 다리를 놓은 사람이 일곱 칠성이 되기를 기원했다. 어머니가 홀아비와 같이 살게 되었는데, 홀아비가 일곱 아들을 없애려고 죽을병에 걸린 듯 꾀병을 앓았다. 점을 치니 일곱 아들의 간을 먹어야 한다고 하더라 하자, 일곱 아들이 산으로 가서 희생하기로 했다. 그런데 산짐승이 와서 간을 내어주어 일곱 아들은 죽지 않았다. 일곱 아들은 후에 칠성이 되었다. _박종성, 『한국민속문학사전』

효불효교 전설과 무가 〈칠성풀이〉의 합성으로 형성된 설화인 건 맞다. 칠성 신앙의 영향이라고 보는 것도 맞다. 그러나 효불효교 전설에서 아들이 일곱 명이란 것이나 다리의 또 다른 이름이 칠성교인 것으로 보아, 굳이 〈칠성풀이〉가 아니어도 아들들과 칠성의 연결은 애초 설화의 구성 단계서부터 복안으로 자리 잡았을 개연성이 충분하다.

'달래나 보지' 그 비극성

'달래강' 설화 읽기

　여기 충주라는 지방엔 달래강이라고 있는데, 달래강은 어떻게 해서 달래강인가 하믄 옛날에 이제 아들 하나, 딸 하나 오뉘를 두고 살다가서, 부모 두 분이 다 돌아가시니까 두 오뉘가 농사를 져(지어) 먹으며 사는데, 원 이쪽에 있었는지 저쪽에 있었는지 그거는 모르는데, 달래강을 건너가 농사를 짓다 보니까 소낙비가 오니까 달래강 물이 많아졌어. 과년한 오빠하구 과년한 동생하고 둘이 밭을 매, 농사를 짓다가 그래 되니까 옷을 벗구서 강을 건너오다 보니까, 그만 참 (이야기를 망설이며, 조사자의 눈치를 보면서) 저어 마음에 그러니까 남자가 여자를 벗은 걸 보니까 그 자지가 일어서니까, 그만, "야 이놈 너 일어설 때 일어설 일이지, 이런 때 일어서는 법이 어디 있느냐?" 하고 낫을 가지고 일하러 갔다가 낫으로 제 부자질 뚝 자르고, 그만 그 자리에서 쓰러져 죽었어. 그러니까 그 동생이 하는 말이, "날 보고 달래나 보지, 달래나 보지" 하고 자꾸 울고 앉았어. 그래서 통곡을 하다 그 동생도 그만 오빠가 죽은 데서 죽었대. 그래 달래나 보지 달래나 보지 그랬다 해서 그래 달래강이라 이름을 지었어. _김영진, 『한국구비문학대계 3-1: 충청북도 충주사 중원군 편』, 96쪽

뜻풀이

달래강: 남한강 지류로 충주시 서쪽을 지난다. 일명 달래내, 감천^{甘川}, 달천^{達川} 등으로 불린다. 가야금의 시조 우륵의 전설이 있는 탄금대, 임진란 때 신립^{申砬} 장군의 비극적 패배가 전하는 곳으로도 유명하다.

오뉘: 남매. 오라비와 누이. 여기서는 오라비가 위이고 누이는 동생으로 나오지만, 버전에 따라 손위 누이와 손아래 남동생으로도 나온다.

과년: 나이로 보아 혼인할 시기가 지남. 보통은 여자의 경우에 쓰지만 여기서는 남녀에 같이 썼으니, 그것은 둘 다 성적으로 충분히 성숙했음을 뜻한다.

의미 파악하기

① 부모 없는 남매가 농사를 지으며 살고 있다.

② 강을 건너가서 밭을 매고 돌아오는 길에 보니 소나기로 인해 강물이 불어 있다.

③ 옷을 벗고 강을 건너게 되는데, 옷을 벗은 누이의 몸을 보고 오라비가 욕정을 느낀다.

④ 죄의식을 느낀 오라비가 낫으로 자기 생식기를 자르고 죽는다.

⑤ 오라비의 죽음과 그 연유를 안 누이가 "달래나 보지!"라고 울부짖으며 같이 죽는다.

    이 설화는 지명 설화로 달래강이란 이름이 붙게 된 내력을 이야기하고 있다. 전국적으로 30여 군데나 퍼져 있다는 광포 전설이지만, 이 충주 달래강 전설이 원조 격이다. 그러나 달래고개, 혹은 달래내고개로 불리는 설화에서는 옷을 벗고 강을 건너는 설정 대신 산길(들길)을 가다 소나기를 만나 누이의 몸매가 드러나서 음욕이 발동했다는 식으로 바뀌고, 남자가 낫으

로 자해하는 대신 돌로 자해하고, 여자가 같이 죽는 대신 오라비의 죽음에
통곡하며 부르짖는 데까지만 나온다.

설화에 숨은 진실

형제와 자매 사이에 이루어지는 근친혼(남매혼)은 세계적으로 창세신화 내
지 시조 신화 등에서 숱하게 나온다. 그리스 신화의 주신 제우스와 아내 헤
라는 남매이며, 이집트 신화의 오시리스와 이시스 혹은 세트와 네프티스
역시 남매 부부이며, 중국 신화의 시조신 복희와 여와도 남매이며, 일본 신
화의 시조 신 이자나기와 이자나미도 남매다. 성서의 아담과 이브의 경우
도 유대인 전승대로 56명의 자녀를 가졌다 치더라도 어차피 그들 자녀는
남매혼이 불가피했다고 보겠다. 다만, 유교 문화권인 중국이나 일본의 경우
를 보면, 그들의 남매혼이 불가피하기도 했지만, 그 결혼을 합리화하기 위
한 신화적 장치들을 가지고 있다. 즉, 남매는 하늘의 뜻을 시험하여 허락을
얻은 후 남매혼의 부도덕성이란 꺼림칙한 장애를 극복하고 편한 마음으로
결혼할 수 있었다.

근친혼으로서 남매혼은 '혼인'이란 지칭에서 보듯이 주관적 용인뿐 아
니라 객관적으로도 합법성을 인정받았다는 의미다. 그러나 그런 상태에 미
달할 때 이들 남매의 성관계는 불륜으로서 간음이 되므로 보통 근친상간
이라 부른다. 이 경우에 당사자들도 용인할 수 없기에 죄의식에 사로잡히
고 사회적으로도 징벌이 따르게 마련이다. 예컨대 그리스 신화에서 아이올
로스의 아들 마카레우스와 딸 카나케는 근친상간을 범하고 들키자 둘 다
자살했고, 일본 사서 『고지키古事記』에도 19대 천황의 아들(황태자)과 딸(황
녀)이 몰래 사랑하다가 발각되자 결국 동반 자살했다는 이야기가 있다. 이
로 보면, 동서양을 막론하고 종족 보존을 위한 '근친혼'이 아닌, 욕망에 끌

려 저지른 '근친상간'에는 가혹했던 것으로 보인다.

　달래강 설화의 경우 이 근친상간이란 패륜을 범할 위기에서 벌어진 비극이다. 목숨을 걸고 윤리를 지킨 것이다. 이 설화의 버전 중 특이한 예도 있다. 즉, 남자의 자살로 끝나는 것이 아니라 남매가 동굴 속에서 근친상간을 범한 경우다. 그런데 이 패륜 행위를 사람은 몰랐지만 하늘이 알고 벼락을 쳐서 남매는 비참하게 죽었다는 얘기다. 하늘을 빙자했지만 남매간 근친상간은 사회에서 용납하지 않는다는 단호한 메시지다.(경북 안동 오뉘바위 전설)

　*참고로 덧붙인다면, 남매간 근친상간은 남매인 줄 모르고 저질렀다 해도 용납되지 않는다. 그럼에도 이복 남매인 경우는 상대적으로 관대한 것이 흥미롭다 할 것이다.

다르게 생각하기

이 설화의 키워드는 '달래나 보지'에 있을지도 모른다. 색다른 해석들도 없지 않지만, 오라비의 죽음을 본 누이가 한 말이라면 당연히 "달래면 줄 수도 있었는데, 왜 요구해보지도 않고 바보같이 혼자 고민하다가 죽었어!" 하는 뜻으로밖에 해석할 수 없다. 중의적 완곡법을 까발린다면 '보지'는 목적어요, '달래'는 타동사다. 민중으로선 윤리의 가치를 목숨값보다 우위에 두는 것을 납득하지 못하겠다는 뜻이 아닐까. 남자의 치열한 욕망이, 세상과도 못 바꾼다는 목숨을 걸 정도로 통제 불능의 것이라면, 이미 남자의 죄를 묻는 것은 무의미하다. 민중의 생각이 남매의 근친상간을 용납하자는 주장도 아니고 그럴 정서도 아니다. 다만 유사한 사고에 대해 가혹한 처벌은 반대한다는 뜻이 아닐까.

아울러 비교할 설화가 있으니 줄거리를 요약하면 이렇다.

① 이 정승과 김 정승이 있었는데 두 사람이 임금 앞에서 논쟁을 하였다. ② 이 정승은, 남매라도 무인도에서 3년만 산다면 결국 근친상간을 하고 말 것이라고 주장했다. ③ 김 정승은, 아무리 무인도에 두더라도 남매간의 불륜은 있을 수 없다고 주장했다. ④ 임금이 나서서 정승 자리를 걸고 두 사람에게 내기를 시켰으니, 김 정승의 성숙한 남매를 무인도에 보냈다. ⑤ 3년 후 찾아보니 김 정승의 자녀는 아이 둘을 낳아 살고 있었다. ⑥ 임금은 김 정승의 벼슬을 삭탈했다.

우화이겠지만, 여기엔 중요한 진실이 담겼다. 김 정승은 윤리적인 당위를 주장했고, 이 정승은 생리적인 본능을 주장한 셈이다. 사회적 감시에서 벗어났을 때 인위적 윤리는 무력해지고, 억압에서 풀려난 본능적 욕망은 강력한 힘을 발휘하는 것이다.

여자는 왜 근친상간의 욕망으로 죽음을 택하지 않는가. 왜 '달래나 보지'는 있고 '달래나 자지'는 없는가. 캐밀 파야의 『성의 페르소나』(예경)의 표현을 빌면, 성(섹스)은 인간 내부의 자연이다. 성은 창조이자 소멸이며, 그 어떤 문명의 힘도 끝내 제어하지 못하는 원시적인 힘이다. 그런데 여기서 어떤 문명도 제어하지 못하는 인간 내부의 자연은 다름 아닌 여자라는 주장이다!

더 읽어보기

1) 한국의 설화 중 남매간의 성관계 내지 결혼이 정당화되는 설화로서 홍수 설화가 있다. 비극적 결과를 보이는 달래내 설화와 비교할 여지가 있기

에 소개한다. 남매혼이 허용되는 대표적인 경우로 우리나라 십여 곳 정도에 분포한다 하는데 한 가지를 소개한다.

> 옛날, 이 세상에는 큰물이 져서 세상은 바다로 변하고 만다. 세상 사람들은 그 홍수로 인해 모두 죽고 말았다. 다만 한 쌍의 오뉘만이 살아남아, 백두산과 같이 높은 산의 꼭대기로 도망간다. 물이 다 걷힌 후, 둘은 세상에 나왔으나 인적이라고는 구경조차 할 수 없었다.
>
> 만일 그대로 있다가는 사람의 씨가 끊어질 수밖에 없는 노릇이었다. 그렇다고 남매간에 혼인을 할 수도 없었다. 얼마 동안을 생각다 못한, 남매는 각각 마주 보고 있는 두 봉우리로 올라갔다. 그러고는 계집아이는 암망(구멍 뚫려진 편의 맷돌)을 굴려 내렸고, 사내아이는 수망(맷돌 아래짝)을 굴려 내렸다. (혹은 청솔개비에 불을 질렀다고도 한다.) 그리고 그들은 각각 하느님에게 기도를 했다.
>
> 얼마 후 내려가 보니, 암망과 수망이 기묘하게도 산 끝 밑에서 마치 사람이 일부러 포개놓은 것처럼 합쳐져 있었다. (혹은 청솔개비에서 일어난 연기가 공중에서 합해졌다고 한다.) 하느님의 뜻을 짐작한 둘은 혼인하기로 결심한다. 인간의 씨는 이 둘로부터 시작되었다.
>
> 지금 많은 인류의 조상은 실로 옛날의 그 두 남매라고 한다. _손진태, 『한국민족설화의 연구』, 8쪽

결국 종족 보존과 같은 불가피한 사유로 용인되는 근친혼임을 알 수 있다. 하늘의 뜻을 시험하여 정당성을 부여받는 절차는 당연히 거친다. 버전에 따라 다르지만 다음과 같이 하늘 뜻을 거듭 세 번이나 물어 미진한 죄의식을 완전히 면제받는 것도 그 때문이다.

① 남매가 각기 다른 산상에서 청솔가지로 연기를 피웠을 때 공중에서

합치는가. ② 양쪽 산상에서 암수 맷돌을 각기 기슭에 굴렸을 때 합치는가. 또는 암수 맷돌을 합쳐서 굴릴 때 끝까지 합쳐 있는가. ③ 남매가 물을 담은 한 접시에 각기 손목의 피를 떨어뜨렸을 때 하나로 섞여 핏방울로 엉키는가.

2) 다음은 제주도 민요 〈너영나영〉의 가사 일부다.

> 백록담 올라갈 땐 누이·동생 하더니,
> 한라산 올라가니 신랑·각시가 되네.
> 너영 나영 두리둥실 놀구요,
> 낮이낮이나 밤이밤이나 상사랑이구나.

'동생(남) : 누이(여) → 신랑 : 각시'의 대립 쌍을 보면 누나와 남동생이 근친상간을 범한 것으로 유추되지 않는가. 그것을 민중은 아름답게 노래하고 있는 것인가. 세간(공동체)에선 허용되지 않기에 산간(격리처)으로 도피하여 근친상간을 성취하였다고 보아야 할까.

절대 금기를 다룬 소바위 전설

'소바위' 설화 읽기

옛날, 한 예쁜 딸을 둔 내외가 살고 있었는데 불행히도 아내가 병으로 일찍 죽고 말았다. 남편 되는 이는 또 다시 아내를 맞이하려고 여러 방면으로 구해보았으나 후처로 와주는 이가 없었다. 그러던 중 딸은 열아홉 살이 되었으므로 생각을 해본 결과 결국 자기의 딸을 아내로 삼을 수밖에 없다고 생각하고 이 뜻을 딸에게 알리었다. 하니까 딸은 "그것은 하는 수 없습니다마는 그러나 제 청을 하나 들어주십시오" 하고 말하였다. 그것은 딸이 바위 위에 서 있을 터이니까 아버지는 맞은편으로부터 네 손발을 땅에 붙이고 소 울음소리를 내면서 자기가 서 있는 곳까지 와달라는 것이다. 아버지는 "그것은 쉬운 일이다" 하고 곧 딸이 하자는 대로, 네 손발을 땅에 붙이고 소 울음소리를 내면서 딸이 있는 곳까지 갔다. 가보니까 딸은 벌써 바위 위에서 떨어져 죽어 있었다. 여기서 비로소 그도 자기의 잘못을 뉘우치고 그 바위 위에서 밤낮 사흘을 울며 새우고 마침내 죽고 말았다. 그래서 이 바위를 '소바위'라고 부르게 되었고, 동네 이름도 '소바위마을[牛岩里]'이라 한다. _최상수, 『한국민간전설집』, <소바위>(211화)

뜻풀이

소바위: 전국에 소바위란 명칭은 적지 않다. 말바위, 곰바위, 매바위, 거북바

위, 뱀바위, 두꺼비바위 등 바위 명칭이 으레 그렇듯, 소바위(소바우, 우암)는 생김새가 소의 모양이어서 그런 이름이 붙은 경우가 태반이다. 소돌해변(강릉), 우암산(청주), 우암마을(부산) 등등 소(돌)바위가 작명 근거다. 그런데 소 모양과 무관함에도 소 관련 전설을 안고 있어서 그런 명칭이 붙는 경우도 있다. 대구 수성구의 소바위 같은 경우다. 또 전남 영암군 우암마을의 소바위는 소 모양 생김새에 소 관련 전설까지 겸한 경우다.

여기 소개된 전설 속의 소바위는 소의 모양과는 무관하고, 단지 소 관련 전설을 품고 있어서 붙여진 이름이다. 황해도 신계군 적여면 우암리에 있는 '소바위[牛岩]'에 얽힌 전설이다.

의미 파악하기

① 내외가 딸 하나를 두고 살다가 아내가 먼저 죽었다.

② 혼자 딸을 키우던 아비는 딸이 열아홉 살이 되자 아내로 삼고자 했다.

③ 아비로부터 그런 뜻을 들은 딸은 아버지에게 조건을 붙여 승낙했다.

④ 조건인즉, 딸이 바위에서 기다릴 테니 아버지가 소처럼 기어서 소 울음소리를 내며 와달라는 것이다.

⑤ 아비는 약속을 믿고, 소처럼 네 손발로 기어서 소 울음소리를 내며 바위로 갔다.

⑥ 바위에 도착해보니 딸은 바위에서 투신하여 죽어 있었다.

⑦ 아비는 자기 잘못을 후회하면서 사흘 밤낮을 울다가 죽었다.

설화에 숨은 진실

인류 사회에는 언제부턴가 금기[taboo]가 생겨났다. 금기는 민간신앙에 있어서 신성한 것을 위하여 부정한 물건에 접촉을 금하고 기휘(꺼리거나 두려워 피함)하는 것이다. 접촉하면 그것을 더럽히고 또는 스스로 부정에 감염하여 어떠한 화가 몸에 오는 것으로 되어 있다. 터부는 미신적인 관념이나 사회적인 관습에 의하여 어떤 행동이나 말을 금하는 일을 가리키는 단어이기도 하다. 터부에는 성스러운 것을 침범하지 못하게 하는 것과, 위험한 것/부정^{不淨}한 것을 침범하지 못하게 하는 것이 있다. 신성한 대상은 그것이 물건이든 사람이든 간에 사람을 죽이거나 다치게 할 수 있는 신비한 힘을 지니고 있기 때문에 터부의 대상이 되기도 한다. 그리고 부정한 물건은 사람이나 집단에 해를 끼칠 수 있기 때문에 터부가 된다. 금기를 어길 경우 '부정을 타서' 여러 가지 재앙을 입는 것으로 믿는다. 기독교 신화에서 '원죄'는 바로 인류의 조상인 아담과 이브가 '선악과를 따 먹지 말라'는 금기를 범한 일이었다. 당연히 따르는 죄벌로, 낙원에서 쫓겨난 것에 덧붙여 남자에겐 노역, 여자에겐 산통 등이 주어진다.

　금기 중에는 성^{sex} 금기가 대표적이고 보편적인 예다. 성 금기는 주로 근친상간^{incest}이니, 가족 등 가까운 친족 간의 성관계. 한국에선 전통적으로 '상피^{相避} 붙다'라고 하여 성교 상대로서 서로 피해야 할 친족은 엄격히 기휘되었다. 상피는 다양한 조합이 가능하지만, 그중에도 최대 금기라 할 것은 남매 상간, 부녀 상간, 모자 상간이다. 설화의 세계에선 남매 상간이 상대적으로 흔한 편이라면, 부녀 상간은 매우 드물고, 특히 모자 상간은 거의 없는 것으로 보인다. 참고로, 시부와 며느리의 상간은 부녀 상간에 버금가는 금기로 여긴다.

다르게 생각하기

1) "소! 소는 동물 중에 인도주의자다. 동물 중에 부처요, 성자다. 아리스토

텔레스의 말마따나 만물이 점점 고등하게 진화되어 가다가 소가 된 것이니, 소 위에 사람이 있는지 없는지는 모르거니와, 아마 소는 사람이 동물성을 잃어버리는 신성神性에 달하기 위하여 가장 본받을 선생이다." 이 대목은 춘원 이광수가 쓴 〈우덕송牛德頌〉이란 글의 결말이다. 이렇게 찬양받는 소가 이 설화에선 왜 야만적 캐릭터로 등장하였을까? 농경이 주업인 사회에서 자연스럽게 소가 나올 수도 있지 싶긴 하다. 그러나 소를 그냥 순하고 착하고 느리고 꾸벅꾸벅 일만 하는 순종적인 이미지로 인식하는 사람들이라면, 소가 그 착한 소가 성적 욕망을 주체 못하여 부녀 상간의 금기까지 범하려는 남자의 은유로 등장하리라고는 미처 생각 못할 것이다.

정말 그럴까? 발정 난 암소의 암내에 자극받아 영각하며 날뛰는 황소의 돌진을 구경한 사람이라면 소의 숨겨진 야성을 비로소 깨달을 것이다. 화가 이중섭의 〈황소〉란 작품을 보자. 해부학적으로 단순화한 근육과 골격을 갖추고, 충혈된 눈자위와 뜨거운 입김을 뿜는 주둥이와 발기한 음경과 탱탱한 불알, 화가는 이들만을 선홍색으로 처리하였다. 그것은 마치 분화구로부터 용출하는 마그마처럼 강렬한 욕망의 분출을 상징하는 것이다. 성욕은 원초적 생명의 에너지다. 야성대로 드러난다면 그것은 '이기적 유전자'(리처드 도킨스)의 무한 복제를 꼬드기는 민낯을 보이거나, 절제된 욕망의 승화를 거쳐 문화 창조의 에너지로 바뀌거나 양자택일에 몰릴 수밖에 없다. 진화심리학적 시각에선 애초부터 문화예술의 창조가 폭력적 자연(성적 욕망)에 저항하는 남성의 방어기제로 생겨났다는 주장도 있는 모양이다.

2) 『성의 페르소나』(예경)의 저자 캐밀 파야는 "섹스는 인간과 자연이 거세게 맞부딪치는 교차점"이라고 하며, "도덕과 선량함은 원시적이고 동물적인 충동 아래 맥없이 쓰러진다"고 단정했다. 이 주장대로라면, '도덕과 선량함'이 '원시적이고 동물적인 충동' 아래 맥없이 쓰러지는 순간, 아버지는 딸에

게 상간을 요구한 셈이다.

그런데 도덕적으로 성숙한 인격이기를 요구받는 아버지는 불륜을 요구했고, 미성년인 열아홉 살의 딸은 아버지의 요구를 단호히 거부했다. 왜 아버지는 '원시적이고 동물적인 충동'에 맥없이 쓰러지는데 딸은 여전히 '도덕과 선량함'을 목숨 바쳐 지키는가. 이 차이는 부모와 자식의 차이가 아니고, 성인과 미성년의 차이도 아니고, 결국 남자와 여자의 차이로 귀결되는가.

태아는 자궁 안의 테스토스테론의 수치가 높으면 남자, 적으면 여자가 된다는 연구 결과가 있다. 테스토스테론은 바로 성충동 호르몬이니 태아 때부터 남자는 성충동이 많도록 숙명 지워진 것인가.

3) 그런데 딸은, 기왕 자결하기로 작정했다면, 왜 굳이 암컷을 향해 네 발로 기면서 울부짖는 황소를 시늉하도록 자기 아버지를 모독하였을까. 원한과 증오에 사무쳐서 그랬을까, 아버지가 잘못을 깨우치도록 하려는 배려였을까. 어쩌면 설화를 전승하는 민중들의 윤리적 매도(심하게 욕하거나 꾸짖음) 심리가 그런 식으로 작용한 것 아니었을까 싶다. 금기를 범한 아비로 하여금 사흘 밤낮을 울다가 죽게 함으로써, 좌절된 근친상간에조차 철저한 응징을 가하고 있음에서 그 의도는 확인된다. 당연한 얘기지만, 이것은 금기를 깨지 말라는 교훈으로 작용할 것이다.

더 읽어보기

1) 부녀 상간을 주제로 하는 이 설화의 배경에는 오이디푸스 콤플렉스에 대응되는 엘렉트라(엘렉투스) 콤플렉스가 자리 잡고 있는지도 모르겠다. 정신분석학자 프로이트가 밝힌 오이디푸스 콤플렉스는 아들이 어머니를 성애의 대상으로 받아들이며 아버지를 적대시하는 심리 현상이라면, 융이

주장한 엘렉트라 콤플렉스는 딸이 아버지를 성애의 대상으로 받아들이며 어머니에게 적대감을 느끼는 심리 현상이라고 한다. 프로이트나 융은 주목하지 않았지만, 이들 콤플렉스를 뒤집으면, 어머니가 아들에게 혹은 아버지가 딸에게 느끼는 성애적 집착을 생각할 수 있다. 아버지가 딸을 대상으로 성적 충동을 느끼는 이 전설은 역방향으로 발현된 엘렉트라 콤플렉스로 볼 수도 있겠다.

2) 그리스 신화 하나를 보자. 키프로스 왕 키니라스의 부인 켕크레이스는 자기 딸 스미르나를 너무 사랑한 나머지 미의 여신 아프로디테(비너스)보다 자기 딸이 더 예쁘다고 말했다. 그런데, 그만 아프로디테가 이 말을 엿듣고 화가 나서 아들 에로스(사랑의 신)에게 부탁하여 스미르나가 자기 생부를 사랑하도록 만들었다. 스미르나의 고민을 보다 못한 유모가 왕을 속이고 술 취한 왕에게 스미르나를 보내어 여러 밤을 동침하게 한다. 왕이 궁금하여 등불을 들고 여자를 비추어보니 자기 딸이었다. 노한 왕이 벽상에 걸린 칼을 뽑아 죽이려 하자 딸은 겨우 도망쳐서 목숨을 건졌다. 도망친 딸은 임신이 되었는데 신들의 도움으로 몰약나무로 변신한 후 아들 아도니스를 낳는다.

전형적인 엘렉트라 콤플렉스를 겪던 딸이 생부와 동침하고 아이까지 낳는다는 이야기다. 그러나 모르고 동침했던 부왕은 자기를 속인 딸을 죽이려고 했고, 딸은 도망하여 아들을 낳는다니! 이는 소바위 전설과 반대로, 딸이 위계에 의해 불륜을 도모했고 아버지가 불륜의 대가로 딸을 죽이려 했음에 주목할 일이다. 모르고 저질렀지만 아버지에겐 정신적 고통으로 징벌이 내린 셈이고, 알고 저지른 딸에겐 죽음에 버금가는 징벌이 내린 것이다.

3) 성경 「창세기」에는 신의 저주로 멸망하는 소돔 성에서 도망친 롯과 두 딸이 동굴로 피신하여 벌어지는 이야기가 나온다. 시집갈 남자가 없던 자매는 종족을 보존한다는 사명감에서 아버지에게 술을 먹여 취하게 한 뒤, 첫날은 언니 다음 날은 동생의 순서로 아버지와 성교하여 임신하게 된다. 종족 보존이란 명분과 불가피성을 내세우기는 했지만, 이는 딸이 부녀 상간을 주도한 예다. 더구나 두 딸이 공모했고 의식이 없는 아버지를 범했으니, 이는 위계에 의한 집단 강간이었다. 그러나 시조 신화의 남매혼처럼 종족 보존이란 목적으로 상간의 정당성을 획득하여 양쪽 다 징벌을 면한 점이 주목할 대목이다.

4) 2003년 개봉된 박찬욱 감독의 영화 〈올드보이〉는 바로 근친상간을 정면에서 다룬 작품이다. 남매 상간을 범하고 사회적 지탄을 견딜 수 없게 된 누이는 자살하였고, 남동생은 소문을 퍼뜨린 사람에게 집요한 보복을 가한다. 그런데 남매 상간을 범한 사람이 상대방에게 가한 보복의 방식은 상대방이 부녀 상간을 범하도록 하는 것이었다. 남매 상간은 알고 저지른 것이었지만, 부녀 상간은 모르고 저지른 것이었다. 그러나 알든 모르든 결국 이들은 죽음이나 그에 준하는 징벌을 받는다.

금기는 공포이자 유혹이다. 에덴동산의 금기인 선악과는 "먹음직도 하고 보암직도 하고 탐스러웠다" 함이 그것이다. 그렇지 않다면 금기 자체가 불필요했을 것이다. 근친상간 금기는 그런 점에서 처음부터 비극을 잉태하고 있다. 설화는 일종의 경보, 파멸을 예방하려는 적색경보다.

고마나루의 슬픈 메아리

'고마나루' 설화 읽기

공주 입구를 흐르는 금강에 고마나루라 하는 깊은 곳이 있다. 예전에 그 고마나루 근처에 솟아 있는 연미산燕尾山이라 하는 산의 굴속에 한 마리의 큰 암곰이 살고 있었다. 그런데 이 곰은 오래 전부터 제 남편으로 삼을 사나이를 구하고 있었는데, 어느 날 그 굴 앞을 훌륭한 한 사나이가 지나가고 있으므로 곰은 대단히 기뻐하여 그 사나이를 제 굴속으로 물고 들어갔다. 그 후 곰은 그 사나이를 밖에 내보내지 않고 굴에서 나갈 때는 큰 돌로 구멍을 막고 나가는 것이었다. 그리고 날마다 개고기, 물고기 등을 가지고 돌아와서 저도 먹고 사나이에게도 주었다. 그런데 이 사나이는 어떻게든지 하여서 도망가려고 생각하였으나 그 틈이 없는 것이었다.

그럭저럭 한 달이 지나고 두 달이 지나 1년쯤 되었다. 그때 곰은 잉태하여서 1년쯤 지나 새끼를 낳았다. 그런데 이상하게도 그 새끼는 반은 사람 반은 곰이었다. 새끼를 낳았으니 도망은 안 갈 것이라고 생각한 듯, 어느 날 곰은 먹을 것을 찾으려고 나갈 때에 구멍을 열어놓은 채 나갔다. 사나이는 이때를 놓쳐서는 안 되겠다고 그 굴 구멍을 뛰어나와 고마나루로 나와 배를 타고 강을 건너왔다. 그때 마침 돌아온 곰은 이것을 보고 강가에 서서 이쪽으로 오라고 손짓을 하였으나 사나이는 돌아오려고 하지 않았다. 그래서 곰은 새끼를 데리고 와서 높이 들고 또 손짓을 하여 부르는 것이었다. 그리하여도 돌아오지 않으므로 그 새끼를 강물에 던져버렸다. 그리고 남은 한 마리를

또 높이 들고 손짓하여 부르는 것이었다. 그리하여도 돌아오지 않으므로 곰
은 슬픔에 몸부림치면서 그 새끼와 같이 강물에 빠져 죽어버렸다. 고마나루
[熊津]라 함은 이러한 전설에서 생긴 것이다. _정해희, 『우리나라 전설』

뜻풀이

고마나루: 여기서의 의미는 단지 나루터 이름으로 쓰인 것이지만, 고마[固麻]나
루 내지 곰나루는 한자로 웅진[熊津]으로도 쓰는 공주의 옛 명칭이다. 475년
부터 538년까지 백제의 수도였던 도시 이름으로도 쓰인다. 고마나루(곰나
루)는 공주시 웅진동 강가에 지금도 안내판이 서 있다.

연미산: 일명 여미산[艅美山]. 고마나루 맞은편 강가에 있는 해발 239미터 높이
의 야산이다. 스토리텔링에 도움을 주려는 것이겠지만, 지역에서는 전설 속
의 곰굴이라고 추정하는 곳도 안내하고 있다.

새끼의 수효: 곰이 낳은 새끼가 몇 마리인지 처음엔 알 수 없는데, 뒤를 보면
새끼가 두 마리임을 알 수 있다.

의미 파악하기

① 연미산 굴에 암곰 한 마리가 살고 있다.
② 훌륭한 남자 하나가 굴 앞을 지나가는데 곰이 납치하여 굴속으로 데려
   간다.
③ 곰은 남자를 가두고 짐승을 사냥해서 먹이며 같이 산다.
④ 둘이 사랑하여 암곰은 새끼까지 낳는다.
⑤ 곰의 감시가 소홀한 사이 남자는 탈출하여 강을 건넌다.
⑥ 곰은 새끼 둘을 안고 나와 남자의 귀환을 호소한다.

⑦ 남자가 불응하자 곰은 새끼 한 마리를 물에 던지며 다시 남자의 귀환을 애걸한다.

⑧ 남자가 여전히 불응하자 곰은 남은 새끼와 함께 강에 몸을 던져 죽는다.

　*기록이나 구전으로 많이 회자되고 있지만 의미 있는 변이형이나 새로운 버전은 없어 보인다. 남자가 나무꾼이라는 둥 사냥꾼이라는 둥, 혹은 새끼를 한 마리 낳았다는 둥 두 마리라는 둥, 산 이름이 여미산이라는 둥 연미산이라는 둥 그런 정도다.

설화에 숨은 진실

이 설화를 보면 누구나 단군 신화를 연상함 직하다. 환웅과 웅녀의 결혼과, 이 설화에서 남자와 암곰의 결혼은 많이 닮았으면서도 차이가 보인다. 신화에선 곰이 사람이 되기를 위해서 여자가 된 뒤에 결혼하지만, 설화에선 곰의 몸인 채로 남자를 납치하여 강제로 결혼한다. 신화에선 신(환웅)과 짐승(곰)이 함께 중간 지대인 인간으로 만나 합의에 의한 결혼을 하는 데 비해, 설화에선 단지 수컷(인간)과 암컷(곰)의 이종 간 강제 결혼이다. 동종 간의 합의혼은 성공하였고, 이종 간의 강제혼은 실패했다. 합의와 강제, 동종과 이종이란 차이가 성공과 실패를 가르는 경계선이 되었다.

　그러나 설화에서의 곰은 실질적으로 철저히 의인화되어 있음을 알 수 있다. 곰이 잘생긴 남자를 보고 사랑을 했다든가, 남자를 집에 가두고 먹여 살렸다든가, 이종 간임에도 새끼를 낳았다든가, 남자가 떠나자 자식을 내세워 부성애에 호소했다든가, 남자의 배신이 돌이킬 수 없음을 알자 자식을 데리고 동반 자살을 실행했다든가 등. 이것은 곰을 그냥 여자로 바꿔놓고 보면, 현대에도 얼마든지 벌어질 수 있는 사건이다. 그러니까 이 설화는 곰 이야기가 아니라 실은 인간의 이야기란 것이다.

다르게 생각하기

단군 신화를 잠깐 살피자. 사람이 되기를 원하는 호랑이와 곰, 굴속에서 햇빛을 보지 않고 마늘과 쑥으로 연명하며 지내면 사람이 된다는 약속, 그 기간을 못 견디고 뛰쳐나와 실패한 호랑이와 잘 견딘 덕에 사람(여자)이 되는 데 성공한 곰(웅녀), 천신인 환웅과 웅녀의 결혼으로 탄생한 단군. 이러한 화소들을 글자 그대로 읽는 사람이 있다면, 「창세기」를 문자주의^{literalism}로 읽는 것과 같이 신화적 문맹으로 보아도 무리가 아닐 것이다. 합리적 시각, 예컨대 곰 토템족[貊]과 호랑이 토템족[濊]의 대립에서 태양 숭배의 천신족(환웅)이 곰 토템족을 지지하면서 호랑이 토템족이 밀려나고, 정략결혼을 통한 천신족과 곰 토템족의 연합으로 고조선이 성립하는 과정을 신화적 문법으로 재구성한 것이다, 하는 해석과 같은 예는 상당한 설득력을 가진다.

그렇듯이 이 고마나루 전설은 아무래도 곰 토템을 배경으로 한 것으로 보인다. 백제 시조 온조왕(혹은 비류왕 포함) 등 지배층은 부여족으로 해모수와 동명왕의 후예다. 곰을 신성시하여 숭배하는 토템이 일반화되었던 부여족이기에 백제가 공주로 천도한 이후에도 곰 토템은 의연히 살아 있고, 백제인은 강 이름과 수도 이름에 곰을 붙였을 것이다. 곰주가 공주로, 곰강이 금강으로, 곰산성이 공산성^{公山城}(공주시에 있는 백제 성곽)으로, 각각 한자로 차자하는 과정에서 변한 것으로 보인다. 물 이름은 본래 곰내였으니 이를 한자로 의역하여 웅천^{熊川}이라 하였고, 곰나루는 웅진^{熊津}이라 번역하였다. 그렇다면 고마나루의 전설이 고마나루 명명의 근거나 배경이 된 것으로 보는 것은 선후가 바뀐 것이라고 보아야 한다.

요컨대 백제가 공주에 도읍을 정한 이래 고마나루란 지명은 이미 있었고, 곰 토템의 백제가 공주를 떠나고(부여 천도 혹은 멸망) 나서 이를 설명하는 설화적 장치로서, 남자의 배신적 탈출과 곰의 비극적 죽음으로 종결되는 전설이 생성된 것으로 유추된다. 백제의 인적 구성은 북방 부여족과 남방 마한족이다. 북방 이주민으로서 부여족이 중심 세력이었고 곰 토템 종족이기에 암곰으로 은유되었다면, 마한에 뿌리를 둔 원주민 토착 세력은 곰에게 납치되어 강제로 결혼한 남자로 은유된 것으로 볼 수 있다. 곰과 남자의 동거가 짧았듯 공주가 백제의 왕도였던 기간은 불과 60여 년에 불과했고, 부여 천도 이후 백제는 120여 년 만에 멸망하였다. 원주민의 입장에선 남자가 겪었을 정서적 갈등처럼 부여족과 마한족의 연합, 혹은 공주에서의 동거에 대한 애증이 간단치는 않았을 것이다. 하지만, 종족 차별에 한이 맺힌 처지인지라, 부여족 지배 세력의 패망 내지 철수는 '불감청고소원^{不敢請固所願}'(감히 요청하지는 못하나 진실로 원하던바)일 수도 있지 않겠는가.

더 읽어보기

1) 이 설화에는 곰의 투신자살 이후에 부록이 달려 있다.

> 그 후 연미산(여미산)과 나루 사이의 물길은 물살이 세고 험하여 지나는 배들이 종종 전복되는 사고가 생겼다. 사람들은 암곰의 원혼이 해코지하는 것이라 하여 해마다 제사를 모시고 곰의 혼을 달랬다.

2014년 6월, 필자가 고마나루를 탐사할 때는 사대강^{四大江} 공사인지 사대강^{死大江} 공사인지로 금강이 썩어가고 있었다. 대청댐에 이은 공주보의 영향으로 유속은 마냥 느려지고 백사장은 사라지고 물에서는 악취가 진동했다. 곰나루와 연미산 사이의 물살이 세서 배의 전복이 잦았다는 사실은 글자 그대로 전설이 되어버렸다. 더구나 중국, 일본, 고구려 등과 무역을 하던 국제항으로서의 위용은 흔적조차 없었다.

그래도 강기슭에는 '웅진수신지단熊津水神之壇'이란 표석이 서 있고 그 앞에 상석도 있다. 또한 백제 때부터 금강의 수신에게 제사를 올리던 웅진단이 충청남도 공주시 웅진동 고마나루 기슭 솔밭에 세워져 있다. 1998년에 계룡산 산신제 복원과 함께 이곳의 수신제도 복원하였다고 한다. 고마나루의 수신제 터는 '웅진단', '웅진사', '용당' 등으로 불렸는데 『신증동국여지승람』에는 고마나루 남쪽 언덕에 사당이 있었다고 전한다.

고마나루 웅진단(사)에서의 제사 의식은 백제시대엔 물론이고, 통일신라 웅천제熊川祭를 비롯하여 고려, 조선으로 이어지며 국가 행사로 전해오다가 한말에 폐지되었다. 그러나 민간에서는 일제강점기에 들어서까지 정월 대보름날에 당굿 형태로 남았고, 광복 이후에도 기우제를 지내는 장소로 이용됐다.

웅진사 터는 명확하지 않았으나, 1972년에 웅진동 곰내골 솔밭 사이에서 돌곰상[石熊像]이 발견되자 그 자리에 곰사당[熊神壇]을 새로 짓고 곰상이 발견된 곳에 고마나루 전설비와 곰상을 모시고 해마다 제사를 받들고 있다. 지금 사당에 모신 돌곰은 박물관에 보관한 실물의 복제품이다.

2) 여기서 웅진사의 제사 성격을 살펴보자. 첫째는 보편적 수신제이니, 농경을 주업으로 하는 우리나라 전국의 지정된 물가에서 행해진 용왕제가 그것이다. 사당을 용당이라 칭했음이 그 방증이다. 둘째는 곰의 원혼을 달래는 제사이니 이것은 고마나루만의 특수한 진혼제다. 사당을 통칭 곰사당이라 부르는 이유이기도 하다. 앞의 것이 용신에게 빌어 풍작을 이루려는 게 목적이라면, 뒤의 것은 곰신의 원혼을 달래어 수상 안전을 도모하자는 게 명분이다.

주목할 것은 둘째다. 앞에서 말한 바와 같이 여기서의 곰은 동물로서의 곰이 아니라 곰 토템 종족인 부여족의 백제를 가리키는 것으로 보아야한다. 백제 멸망 후에 몇 해 동안 부흥 운동도 일었지만, 백제 유민 특히 중심 세력이었던 부여족의 저항은 쉽게 사그라지지 않았다. 이들을 달래기 위한 신라(통일신라)의 작전은 현재적顯在的 저항군을 무력으로 토벌하는 강경책과 더불어 잠재적 저항심을 누그러뜨리는 온건책이 동원되었을 것이다. 곰의 원혼을 위로하는 제사는 말하자면 그 온건책을 설화적 문법으로 엮은 것으로 보인다. 신라 김대성이 곰 사냥 후 원혼을 달래기 위해 장수사란 절을 지었다는 『삼국유사』의 곰 역시 백제 저항 세력이고, 부여군 은산면에서 대대적으로 펼쳐진 은산별신굿의 배경 또한 백제 부흥군의 원혼을 달래는 해원굿이었음을 유추할 만하다.

무상쭐레비 화두

'무상쭐레비' 설화 읽기

옛날에 소금 장수가 말에다 소금을 싣고 산골로 팔러갔었는데 비탈길을 걷던 말이 발을 헛디뎌 비탈 아래로 떨어지려고 했다. 소금 장수는 말이 떨어지지 않게 말을 잡는다는 것이 말 몸은 못 잡고 말좆(이하 말×)을 붙잡았다. 그랬더니 말×이 쭉 빠지고 말은 짐을 진 채 밑으로 떨어지고 말았다. 소금 장수는 말도 잃고 소금도 잃자 "이거 야단났다. 이거나 팔아서 손해나 덜 보아야겠다" 하고서, 말×을 가지고 산골 마을로 가서 "무상쭐레비 사시오. 무상쭐레비 사시오" 하고 큰소리로 외치며 돌아다녔다.

서답(빨래)하던 여자 둘이서 이 소리를 듣고서 "여보, 무상쭐레비가 뭐요?" 하고 물었다. 이 흉측한 소금 장수는 "이거요? 이건 사내 없는 과부에 소용되는 귀한 것이우다" 하고 말했다. 그러자 한 여자가 "그럼 형님이나 사시구려. 형님은 과부니까" 했다. 과부는 과부에 소용되는 귀한 거라고 하니까 달라는 대로 값을 주고 샀다. 그리고 "이거 어떻게 쓰는 거요?" 하고 물으니 소금 장수는 "이걸 당죽에다 백지를 깔고 잘 담아 넣고 윗간(방의 윗목) 시렁(선반) 위에다 올려놓아 두었다가 밤에 이불을 깔고, '이불귀야, 들썩귀야, 오광(요강?)에 저티이(곁에?) 무상쭐레비 내려오라'고 하면 좋은 수가 있다" 하고 대답했다.

이 과부는 서답을 다 해가지고 집에 돌아와서 그것을 소금 장수가 하라는 대로 당죽에다 참지(한지)를 깔고 담아서 윗간 시렁에 놓아두었다. 그리고 밤이 돼서 이불을 깔아놓고 '이불귀야, 들썩귀야, 오광에 저티이 무상쭐레비 내려오라'고 했다. 그러자 그것이 당죽에서 나와서 엉청엉청(엉금엉금) 걸어 이불 안으로 들어와서 과부하고 함께 자고 아침이 되니까 당즉 안으로 올라갔다. 과부는 이렇게 해서 그것과 재미를 보며 살았는데 한 14~15년 사는 동안에 딸까지 한 서너이(서너 명) 낳게 됐다.

하루는 이 과부가 일가 집에 잔치가 있어서 가게 됐는데, 가면서 딸들에게 "얘들아, 너희들 저 윗간 시렁에 있는 당즉 가지고 장난질하지 마라. 장난질 절대로 하지 마라" 하고 단단히 일러두고 갔다. 그런데 딸아이들은 당죽에 호기심이 나서 밤에 저희 어머니 하던 대로 이불 깔고 '이불귀야, 들썩귀야, 오광에 저티이 무상쭐레비 내려오나' 했다. 그러니까 고것이 어정어정 걸어서 이불 안으로 들어와서 그러려고 해서 처녀들은 그만 놀라서 급히 망치로 두들겨서 도로 당즉 안으로 쫓아 넣었다.

다음 날 어머니는 돌아와서 밤에 이불을 깔고 '이불귀야, 들썩귀야, 오광에 저티이 무상쭐레비 내려오나' 했는데 웬일인지 그것이 내려오지 않았다. "이것 조화다, 이거 야단났다, 이거 어떻게 된 노릇인가. 이거, 이거!" 잠도 못 잤다. 날이 새자 지나가는 소경을 불러들여서 앉히고 상 위에 무상쭐레비를 내놓고 "점 좀 쳐보라" 하고, 향불 피울 불을 뜨러 부엌으로 나갔다. 그런데 그 짬에 이 소경은 상 위에 있는 것이 순대인 줄 알고 장(간장)이 없는데도 먹겠다고 들고서 우적우적 깨물고 있었다. 과부가 부엌에서 불을 떠가지고 들어와 보니까 소경이 그러고 있어서 화가 벌컥 나서 "에이! 요놈의 두상(늙은이) 잘은 한다" 하며 망치로 두들겨 내쫓았다고 한다.(1934~1937년, 구성, 의주, 선천, 용천 등 복수 채록) _임석재, 『한국구전설화: 평안북도 편 II』, 281쪽

뜻풀이

평안북도 지역에서 채록한 설화를 될수록 구술자 말투로 기록하다 보니 이 해가 안 되는 부분이 적지 않다. 간단한 것은 괄호 안에 풀이를 해 넣었지 만 그래도 이해가 안 되는 부분이 없지 않다.

소금 장수: 교통이 불편하고 유통업이 발달하지 않은 옛날, 해안에서 멀리 떨어진 내륙 산간에서는 소금 구하기가 참 어려웠다. 소금이 황금에 버금 가서 '小金'이라 한다는 민간어원설이 그럴듯하게 들리는 까닭도 그래서다.

당죽: 물건을 담는 그릇으로 보이는데 어떤 것을 가리키는지 불확실하다. 단지 혹은 작은 항아리가 아닐까 싶다. 당즉으로도 나온다.

소경: 소경은 장님, 맹인, 봉사, 시각장애인을 가리킨다. 그런데 예전엔 무당 을 불러 굿을 하듯이 소경을 불러 점을 치는 것이 흔한 풍속이었다. 육신의 눈이 먼 대신 마음의 눈은 밝아서 예지 능력이 있을 것이란 믿음은 동서양 에 다 있던 미신이다. 특히 전문적으로 점을 치는 맹인은 판수라고 하여 점 복, 해몽, 액막이, 독경 등을 직업적으로 했다.

말X: 수말의 생식기를 가리킨다. 수말의 생식기는 유난히 장대해서 음란한 상상력을 자극하기에 선호도가 높다.

주문: 여기 난해한 주문이 나온다. 주문은 말이나 글귀에 신비한 초능력이 있다고 믿는 언령 신앙에 근거를 둔 것으로 대개 신앙적 배경을 가지는 것 이지만, 민속에서도 광범위하게 쓰인다. 주문은 굳이 해석할 이유가 없다. 해석하면 신비성이 희석되므로 부적의 이미지처럼 일부러 난해하게 하기 도 하니까. 그래도 궁금하니까 여기 나오는 소금 장수 주문을 한번 풀어보 자. 워낙 심한 사투리지만 필자 나름의 해독은 이렇다.

'이불귀야, 들썩귀야, 요강의 곁으로 무상쭐레비 내려오너라' 그래도 여전히 아리송하다. 설명을 좀 더 붙이자. '이불귀야, 들썩귀야'는 이불귀가

들썩거리는 결과를 통해 원인을 '성행위의 동작'으로 연상시키는 수법 같다. '요강의 곁으로'는 요강이 열쇳말이다. 지금은 민속 박물관에나 남아 있는 '요강'은 화장실이 멀리 떨어져 있는 주택 구조에서 밤새 오줌을 받아 임시로 보관하던 이동식 변기다. 엉덩이를 까고 앉아 소변을 보는 여인, 그 소리와 자세 혹은 냄새까지 합하여 성적 상상력을 자극하면 결국 여성기에 귀착한다. '요강의 곁으로'는 여성기 옆으로 가라는 지시라고 할 만하다. 그러면 '무상쭐레비'는 무엇일까? 소금 장수는 말×을 무상쭐레비로 불렀으니까 지칭하는 대상은 분명하지만, 왜 이런 호명을 하게 된 것일까? 필자가 푼 것은 '무상출납無常出納+이'이다. 끝의 '-이'는 '때밀-이'나 '재떨-이'처럼 어근에 붙여 명사를 만드는 접미사다. 그럼 '무상출납'은 또 뭐냐? '무상'은 정해진 때가 없다는 뜻으로 무상시無常時에 해당하고, '출납'은 날 출, 들일 납으로 드나든다는 뜻이다. 즉, '무상출납이'는 수시로 드나드는 물건이란 정도의 뜻이 된다. 유추컨대 발기와 수축에 따라 수시로 노출되었다가 감추어졌다가를 반복하는 특성을 염두에 두고 말×을 가리키는 말, 혹은 성행위 동작에서 암컷의 질 안으로 드나들며 피스톤 운동을 하는 모습을 은유한 것일 수도 있지 않을까 싶다. 요컨대 "시도 때도 없이 들락거리는 너 말× 이여, 여자의 성기로 다가와서 이불귀가 들썩거리도록 성행위를 해주렴!" 정도일 듯.

의미 파악하기

화소 중심으로 이야기를 다시 단순하게 정리하면 다음과 같다.

① 한 소금 장수가 말에 소금을 싣고 가다가 벼랑에서 말이 굴러떨어지는 변을 당한다.

② 소금 장수는 미처 말을 잡지 못하고 얼결에 말의 생식기를 잡았는데 말은 굴러떨어졌고 소금 장수의 손엔 수말의 생식기만 남는다.

③ 소금 장수는 다소나마 밑천을 건지고자 말의 생식기를 가지고 동네에 가서, 과부에게 좋은 물건이라며 사라고 광고한다.

④ 한 과부가 물건을 사고 그 용도와 사용법을 듣고 돌아와서 그릇에 물건을 담아 방 윗목에 있는 시렁에 둔다.

⑤ 밤마다 소금 장수가 가르쳐준 주문을 외우니 예의 물건이 과부에게로 와서 성행위를 하여 즐거움을 준다.

⑥ 14~15년이나 그렇게 재미를 보며 사는 동안 여자는 딸애들을 서넛이나 낳았다.

⑦ 외박 나들이를 하게 된 과부는 성장한 딸들이 예의 물건을 가지고 장난치지 못하도록 당부한다.

⑧ 딸들은 어머니 없는 새에 호기심이 발동하여 어머니 하던 대로 주문을 외운다.

⑨ 이 물건은 전과 같이 이불 속으로 들어와 처녀들에게 그 짓을 하려 든다.

⑩ 놀란 딸들은 그것을 망치로 두들겨서 쫓아낸다.

⑪ 과부가 돌아와 전처럼 주문을 외우며 관계를 시도했는데 이 물건이 응하질 않아 낙담한다.

⑫ 사정을 모른 과부는 소경을 불러 점을 치는데, 그 물건을 상 위에 받쳐 놓고 향 피울 불씨를 가지러 부엌으로 갔다.

⑬ 소경이 그 물건을 순대로 알고 깨물어 씹으니 이를 본 과부는 화가 나서 소경을 망치로 두들겨 쫓아냈다.

설화에 숨은 진실

이 서사물의 등장인물은 소금 장수, 과부, 과부 딸들, 소경, 그리고 의인화된 무상쭐레비 등이나 주인공은 당연히 과부다. 배우자의 부재는, 예나 이제나 복합적 결핍 상태를 뜻한다. 특히 남성중심사회에서 여자의 경우는 그 상태가 더욱 심각할 것이다. 경제적 결핍(가난), 심리적 결핍(고독), 자위력自衛力 결핍(위험) 등. 여기에 젊은 과부라면 생리적 욕구, 즉 성적 불만이 가장 큰 결핍일 터다. 재혼이 제도적으로 금지된 시대(혹은 계급)의 경우는 말할 것도 없거니와 민중들의 경우도 성적 욕구의 합법적 해소책이 없다 보니 일탈과 왜곡이 가지가지 형태로 나타날 수밖에 없다. 그중에는 숨겨진 연인과의 통정이 있으나 탄로 날 경우 치러야 할 대가가 커서 종종 목숨까지 담보해야 한다. 그렇게까지 리스크가 크지 않은 방법이 대안적 성관계이니 동성애, 수간sodomy 등이 있고, 좀 더 안전한 것이 남근 대용품(모조 성기)을 이용한 자위였던가 싶다. 이 설화에는 실물로서 '말×'을 등장시킴으로써 수간의 영역에 반쯤 발을 담근 셈이지만, 자위기구(섹스토이) 쪽으로 보는 것이 타당해 보인다.

여성의 섹스토이로 보편적인 것이 삽입형 기구인 딜도인데, 고고학적 유물로도 무려 3만 년 전 구석기시대까지 소급된다니, 자위기구의 역사가 얼마나 오랜가 알 만하다. 우리 역사에 나오는 궁중 비사에서도 궁녀들이 밀애와 동성애로 처벌받는 사연과 더불어 자위기구에 얽힌 설화도 없지 않다. 1993년판 명품 에로 영화 〈무엇에 쓰는 물건인고〉(양병간 감독)는 조선시대를 배경으로 한 것으로 '무엇에 쓰는 물건인고?'라는 에로틱한 유행어를 만들기도 했지만, 그 '무엇'은 다름 아닌 목제 딜도, 과부들이 목숨 걸고 쟁취하려던 바로 그것이었다.

이 설화는 인간(여성)의 성적 욕망을 억압하고 죄의식이나 수치심으로 다스리고 부정하는 대신, 욕구 불만을 적극적으로 해소하고 쾌락을 긍정하는 휴머니즘이 배경이다. 종교적 선택이나 개인적 자유의지에 따라 독신을 지키는 것은 존중받을 만하지만, 강요된 수절이나 순결주의는 반자연적이고 비인간적인 폭력일 뿐이다. 그런 의미에서 이 설화는 민중(여성)의 자연스럽고 본능적인 항변이다.

시대도 사회도 변했다. 법도 윤리도 풍속도, 남에게 피해주지 않는 사생활을 두고 정죄하거나 비난할 수는 없다. 동서고금을 뛰어넘어 쾌락을 긍정하고 누릴 인간적(여성적) 권리는 누구도 빼앗지 못할 것이다.

다르게 생각하기

이 설화는 1930년대에 채록한 것이지만, 평안도 지방에선 제법 널리 퍼진 것으로 보아 늦추 잡아도 조선조 후기엔 이미 나온 것으로 보인다. 내용인즉 19금급 포르노그래피다. 양가의 과부라면 고인이 된 남편을 추모하며 정숙하게 수절함이 요구되는 시대에 이 무슨 해괴망측한 외설인가. 그러나 주자학의 근엄한 풍토에서 홀로 사는 여인들이 겪는 가혹한 사연을 외설로만 지탄할 것이 아니라 따뜻한 시선으로 바라보며 다시 의문을 던지자.

첫째, 과연 무상쭐레비(말×)가 섹스토이로서 딜도에 불과한 것인가.

황당하지만, '말×'은 정력이 왕성한 남성의 생식기(그것은 여성의 성적 로망이다)를 은유한 것일 뿐이니, 실은 과부가 외로워서 몰래 애인을 둔 것이다. 어쩌면 저 소금 장수가 곧 애인일 수도 있다. 유부남인 그는 종종 소금 팔러 간다는 핑계로 이 마을에 들러 과부와 밀회를 즐겼고……. 뭐, 그런 상황 아닐까.

둘째, 과부 없는 날 무상쭐레비가 애들 이불 속으로 들어와 그 짓을 하려다 쫓겨나는 건 어떻게 설명할 것인가.

무상쭐레비와의 사이에서 애를 서넛이나 낳았다는 건 웃자고 하는 소리일 것이다. 또 외간 남자(소금 장수)와 사이에서 낳은 것도 아닐 것이다. 아마 전남편 사이에서 낳은 딸아이들이 크고 있었을 것이다. 여자가 1박 나들이 하는 걸 미처 모른 남자가 과부 집에 오다 보니 과부의 딸들과 하룻밤을 함께하게 되었다. 객고를 풀자 벼르고 왔던 터에 남자는 과부 대신 과부 딸들에게 음심을 품고 접근한다. 그러나 딸들은 합심하여 남자를 쫓아냈고, 쪽 팔린 남자는 이후로 과부 집에 얼굴을 안(못) 비친다. 사정을 모르고 몸이 단 과부가 소경(판수)에게 부탁하여 점까지 치게 된 것이다.

셋째, 소경이 말×을 순대인 줄 알고 씹어 먹는다는 설정은 무엇인가.

이건 민담의 속성을 이해하면 의외로 쉽게 풀린다. 민중들은 진지한 것을 부담스러워한다. 해학이 없으면 풍자도 교훈도 발붙이기가 곤란하다. 민담은, 곧잘 이제껏 잘 끌고 온 스토리라도 말미에 가면 희화화한다. 코믹 엔딩이 대세다. 황당하게 웃기는 것이다. 듣는 이들은 "말도 안 돼!" 하면서 웃고 마는 것이다. 그것은 어쩌면 자신들을 윤리적 부담으로부터 해방시키는 면죄부, 알리바이일 수도 있겠다.

더 읽어보기

유사 설화 한 가지를 소개한다. 역시 평안북도 의주에서 채록한 것이다.

'귀신 성한 집에는'

옛날에 한 과부가 귀신 사귀기를 좋아하여서 이 귀신 저 귀신 여러 귀신을 모조리 사귀고 매달 귀신을 위하는 제사를 지내곤 했다. 그런데 한번은 도깨비와 친하게 되었는데 그다음부터는 귀신을 위한 제사를 통 지내지 않았다. 그야 그럴 수밖에 없는 것이 도깨비를 사귀면 도깨비는 금이랑 은이랑 돈이랑 보물이면 무엇이든지 귀한 물건을 다 가져다주니까 여기에 정신이 빠져서 다른 거 생각할 여지가 없었기 때문이다. 하루는 도깨비가 밤에 과부 있는 방 안에 들창문으로 무엇인가 던져주었다. 과부는 이거 무엇인가 하면서 그것을 집어 보니까 방추(방망이) 같은 큰 순대가 돼서 이것을 썰어서 먹으려고 하다가 자세히 보니까 말×이 돼서 호기심으로 이것을 슬그머니 사타구니에 들이밀어보았다. 그랬더니 이것이 저 혼자 들락날락하면서 한바탕 잘해주었다. "야아, 이거 큰 보물이다" 하고 이것을 잘 간직하고 밤마다 재미를 보고 있었다. 과부와 사귀던 귀신들은 몇 년이나 제사를 얻어먹지 못해서 고기솟증이 나서, 뭐 먹을 것이 없나 하고 과부 집 온 집안을 뒤져보다가 이놈의 말×이 나오니까 귀신들은 "야아, 먹을 거 있다" 하고 모두 달려들어서 그 말×을 다 먹어버렸다. 과부는 그런 줄도 모르고 밤이 돼서 그 귀물을 찾아보니까 없어서, 백방으로 찾아보았는데도 없어서 무당한테 가서 물어보았다. 무당은 한참 흥얼흥얼 흥얼거리더니 여러 해 굶은 귀신들이 고기솟증이 나서 그것이 순댄 줄 알고 다 먹어버렸다고 했다. 그랬더니 그 과부가 "에잇, 귀신 사나운 집엔 말×도 번뜻 못 한다"고 했다. _임석재, 『한

국구전설화: 평안북도 편 II』, 275쪽

과부, 말×, 점쟁이(무당/소경) 등 중요한 화소가 같다. 누군가가 말×을 순대로 알고 먹어버린다는 코믹 엔딩도 같다. 다만 소금 장수 대신 도깨비가 말×을 제공한다든가, 말×을 먹은 것이 점쟁이(소경)가 아닌 귀신이라든가 하는 차이가 있지만 에로틱 모드는 동일하다. 여기서 '고기솟증'은 소증素症을 말하는 것으로, 푸성귀만 너무 먹어서 고기가 먹고 싶은 증세를 가리키는 말이다. 단백질 결핍이 심하던 시절에 흔히 겪던 증세다.

남근목과 섹스 휴머니즘

'애바위와 해랑당' 설화 읽기

옛날 아주 오랜 옛날 신남리(강원도 삼척시) 마을에는 장래를 약속한 처녀 총각이 서로 좋아 지냈다. 오랜 가뭄으로 산천은 헐벗고 백성들은 초근목 피마저 없어 굶는 것을 밥 먹듯 하던 시절이었다. 궁벽한 어촌 마을인 신남 리도 예외가 아니어서 당장 봄을 살아나기가 어려운 처지였다. 일설은 이른 봄날 처녀는 바다 나물을 뜯으러 해변에서 한참 떨어진 애바위에 가겠으니 배를 태워달라고 총각에게 부탁하였다. 총각은 애바위에 처녀를 실어다 주 고 한낮이 되면 다시 오기로 약속하고 총각은 뭍으로 나와 밭일에 열중하 였다. 신남리 마을 동북쪽 1키로미터 지점 바다 가운데 있는 애바위 돌섬은 미역과 김 그리고 소라 등이 많았다. 처녀는 미역 등을 열심히 뜯다 보니, 어 느덧 해가 중천에 솟았다. 처녀는 총각이 배를 갖고 곧 오려니 하면서 홍합 등을 따다 보니 바람이 갑자기 불면서 파도가 높아지고 있었다. 약속한 총 각은 애바위로 배를 띄울 수 없었다. 풍랑이 크게 일어 바다가 뒤집힐 지경 이었다. 한낮이 지나고 저녁이 지나고 밤이 와도 풍랑은 그치지 않고 애바 위 위로 파도가 높이 솟았다. 처녀는 애바위에서 보이지 않았다. 처녀가 살 려달라고 애쓰다 죽었다 하여 그 바위 이름은 애바위로 불리게 되었다.

처녀가 애바위에서 죽은 후부터 신남리 마을에는 고기가 잡히지 않았다. 고기잡이로 생계를 꾸려가는 마을에 고기가 잡히지 않는 것은 참으로 큰 변괴였다. 그런데 설상가상으로 바다에 나간 마을의 어부들도 풍랑을 만나

집으로 돌아오지 못하는 괴변이 자주 생겼다. 어부들 사이는 물론 온 마을에는 애쓰다 죽은 처녀 때문이라는 등 뒤숭숭한 소문들이 꼬리를 물었다. 그런 어느 날 저녁 한 어부가 화가 나서 바다를 향해 남근을 내어놓고 오줌을 싸면서 욕을 하였다. 그런데 그다음 날 이상하게도 그물에 많은 고기가 잡혔다.

또 하나 전하는 이야기는 좋아지내던 총각의 꿈에 그 처녀가 산발하고 나타나 "나 해랑의 원혼을 달래어달라"는 하소연을 하였다. 총각은 이튿날 당장 향나무로 남근을 깎아 해랑당 신수에 엮어 달아놓고 처녀의 혼을 위로하는 제사를 올렸다. 그 후부터 총각에게는 고기가 신기하게도 잘 잡혔다. 어부들은 그 연유를 듣고 너도나도 남근을 깎아 신수에 매달아놓고 제사를 올렸다. 그랬더니 너도나도 모두에게 고기가 잘 잡혔다. 그래서 마을 사람들은 고기가 안 잡힌 것은 애쓰다 죽은 처녀의 원혼 때문이라고 확신하고 400~500년 전부터 처녀의 위령제를 지내자고 의논하여 공동으로 실물보다 조금 더 큰 남근을 깎아 해랑당 신목에 매달고 치성을 올리게 되었다. 그 이후부터 음력 정월 대보름날의 해랑당 제사는 마을의 큰 연중행사가 되었다. _삼척시 홈페이지 관광 자료

뜻풀이

신남리: 강원도 삼척시 원덕읍 신남리. 동해안에 있는 마을이니 지금은 갈남2리에 해당한다.

초근목피: 풀뿌리 나무껍질. 예전엔 흉년이 들면 먹을 것이 없는 서민들은 굶주림을 면하기 위해 풀뿌리를 캐 먹고 나무껍질을 벗겨 먹었다.

남근: 남자의 생식기 중 음경을 일상적으로 점잖게 이르는 말. 비슷한 말에 양물, 양근이 있고, 여자의 경우는 여근, 음문 등이 쓰인다.

해랑: 바다에서 죽은 아가씨란 뜻에서 붙인 이름이다.

해랑당: 해랑의 귀신을 섬기는 신당이라 하여 붙인 이름. 혹은 해신당으로 부른다.

신수: 신령이 깃들어 있다고 전해지는 나무. 보통은 서낭당 등 신당 옆에 있으며 신목, 당나무라고도 한다.

의미 파악하기

① 옛날 신남리 마을에는 장래를 약속한 처녀 총각이 살았다.

② 봄날 아침 처녀(이름이 애랑이라고도 함)는 바다 나물을 뜯으러 해변에서 떨어진 돌섬에 가게 되었다.

③ 총각(이름이 덕배라고도 함)은 처녀를 배에 태워 돌섬에 데려다주고 한낮에 다시 오기로 약속했다.

④ 뭍으로 나와 밭일을 하던 총각이 처녀를 데리러 가려 했으나 갑자기 바람이 심하게 불어서 배를 띄울 수가 없었다.

⑤ 처녀는 총각이 오기를 기다리는 동안 한낮이 지나고 저녁도 지나 밤이 되었다.

⑥ 파도가 크게 일어 돌섬을 덮쳤고 처녀는 바위를 잡고 살려달라고 하다가 죽고 말았다.

⑦ 처녀가 살려달라고 애쓰다 죽었다 하여 그 돌섬은 애바위라 불리게 되었다.

⑧ 처녀가 애바위에서 죽은 후부터 신남리 마을에는 고기가 잡히지 않았고, 풍랑에 사고가 자주 생겼다.

⑨ 어부들 사이는 물론 온 마을에 떠도는 뒤숭숭한 소문은, 변고의 원인이 애쓰다 죽은 처녀 때문이라는 것이었다.

⑩ 어느 날 저녁, 화가 난 어부 하나가 바다를 향해 남근을 내어놓고 오줌을 싸면서 욕을 하였다.

⑪ 그다음 날 이상하게도 그물에 많은 고기가 잡혔다.

⑫ (또 하나 전하는 이야기인즉) 좋아지내던 총각의 꿈에 그 처녀가 산발하고 나타나 "나 해랑의 원혼을 달래어달라"는 하소연을 하였다.

⑬ 총각은 이튿날 향나무로 남근을 깎아 해랑당 신수에 엮어 달아놓고 처녀의 혼을 위로하는 제사를 올렸다.

⑭ 그 후부터 총각에게는 신기하게도 고기가 잘 잡혔다.

⑮ 다른 어부들도 남근을 깎아 신수에 매달아놓고 제사를 올렸더니 모두에게 고기가 잘 잡혔다.

설화의 숨은 진실

앞부분은 그저 흔해 빠진 암석 전설이다. 살려고 애쓰다 죽어서 '애바위'라 부른다는 것도 억지스런 해설이다. 이런 경우 대개는 전설이 있고 나서 '애바위'가 생긴 것이 아니라 '애바위'란 명칭이 있고 나서 그것을 합리화하기 위한 전설이 생겼을 확률이 높다. 그렇지만, 이어지는 스토리텔링을 장만하기 위한 포석이 된다. 사랑하는 남자와 혼인을 앞두고 죽으니 원한을 가진 죽음이다. 몽달귀(총각귀신)든 손말명(처녀귀신)이든 이런 귀신에게 해원은 이성과의 합궁밖에 없다고 본 것이 민중이다.

　이 설화의 핵심은 아랫부분에 있다. 처녀의 죽음 이후 어촌에 닥친 흉어와 해난은 심각한 것이었겠다. 홧김이든 어쨌든 남자가 바다를 향해 성기를 드러내고 오줌을 누자 고기가 잘 잡힌다. 혹은 해랑이 사랑했던 총각의 꿈에 나타나 진혼鎭魂을 부탁하자 총각은 대뜸 향나무로 남근을 만들어 바쳤다. 이로부터 남근을 만들어 여신에게 바치는 풍속이 생겼으니 처녀귀신의 해원에 묘수가 발견된 셈이다. 실은 대단히 소박한 발상이다. 혼인의 의미가 어찌 섹스 한 가지랴만 민중적 사고는 항상 이렇게 심플하다. 거두절미, 잎을 떨구고 가지를 치고 둥치까지 베어버리고 나면 남는 것은 뿌리다. 남녀 교혼의 뿌리인즉 섹스라는 것이다. 그런 의미에서 여신에게 바치는 남근 제물은 섹스 휴머니즘이란 각도에서 조명된다.

동해안의 강원도 어촌 지역에서는 나무로 깎아 만든 남근을 여신에게 바치는 곳이 세 곳 있다. 고성군 죽왕면 문암1리 망개마을, 강릉시 강동면 안인진리, 삼척시 원덕읍 갈남2리 신남마을 등이다. 이중에 안인진리는 행사가 단절되었고, 망개마을과 신남마을은 해마다 각각 정월 초사흘 혹은 정월 보름에 행사가 시행되고 있다. "신남리 마을 동북쪽 바다에 닿아 있는 야트막하나 길게 뻗은 해산[日山] 끝바위 틈에 해랑당 신수는 바다를 향해 무성한 가지를 드리우고 해풍을 맞고 있다. 해산 자체가 동해 푸른 물결 속으로 뻗어 있고 끝머리 용두에 해랑당 신수가 청정하게 서 있어 신비롭고, 남근이 주렁주렁 매달려 있어 경이롭다. 신수 앞에는 금줄이 쳐져서 부정한 외부인들의 출입을 엄금한다. 금줄 뒤 약간 솟은 해산의 정상에 해랑당이 서 있다. 이 네 평의 해랑당 건물 안 동편 벽면에는 단정한 용모의 해랑신 초상화가 걸려 있다. 초상 왼쪽 바람벽에 실물보다 조금 큰 남근 다섯 개가 가지런히 유리 상자 속에 모셔져 걸려 있다. 초상 오른쪽 바람벽에는 두 개의 남근이 노출되어 걸려 있다"(www.kangwondo.net)라는 신남마을의 해랑당은 특히 유명하다. 근래는 남근조각공원으로 해신당공원을 조성하고, 크고 작은 각양각색의 남근 조각을 설치하여 관광거리로 눈요기를 시키고 있다. 심지어는 지자체에서 향나무나 소나무를 재료로 하는 남근 깎기 경연대회까지 치른다니 재미있다면 재미있고 해괴하다면 해괴할 노릇이다. (참고삼아 일본의 경우를 보면, 나무 대신 왜무를 재료로 한 남근 깎기 체험 행사가 치러진다고 한다.)

다르게 생각하기

생식기 숭배는 고금을 통하여 세계적으로 전승되는 신앙 풍속이다. 터무니 없이 과장된 남근을 드러내고 있는 신라의 토우[土偶]를 보면 한국의 생식기 숭배도 그 역사가 오램을 알 수 있다. 아리스토텔레스는 저 유명한 『시학』 4 장에서 희극의 출발이 남근 찬가라고 기술했는데, 이것은 주신 디오니소스 (바쿠스) 축제 때 사람들이 탈을 쓰고 광란적인 춤을 추며 남근 형태의 조형 물을 들고 남근 찬가를 불렀다는 그 사실을 가리킨 것이다. 이런 방식의 축 제는 근래에도 왕성한데 그중에도 유명하기론 일본의 가나야마[金山] 신사 의 '가나마라 마츠리'나 다가타[田縣] 신사의 풍년제 같은 페니스 축제를 당 할 자가 없을 것이다. 가나마라는 곧 쇠[金] 페니스를 뜻한다. 일본 가와사 키에서 해마다 4월에 행해지는 이 남근 축제는 일본의 관광상품으로도 세 계적이다. 남녀 대중이 거대한 분홍색 남근을 메고 거리를 행진하는가 하 면 장난감, 기념품, 먹거리까지도 남근 모양으로 만들어 사고판다. 디테일 을 살린 남근 모양의 캔디를 빨고 있는 아가씨나, 발기한 성기 모형에 목마 처럼 올라타 활짝 웃는 소녀들을 보는 것은 황당하기까지 하다. 남근 카페 니 성 박물관이니 러브 캐슬이니 하여 한정 공간에 가두는 것으로도 민망 한 것이 동방예의지국 백성의 '낯짝 두껍지 못한' 얼굴이라면, 수백 년을 두 고 동해안 신당이나 신수에 굴비처럼 엮여 매달린 남근을 달리 바라볼 여 지는 없을까? 우선 고성 망개마을 성황제의 핵심을 보자.

이 마을에서는 매년 정월 초사흗날 마을 앞산에 있는 수성황신(문왕2리)과 바닷가 암성황신(문왕1리)에게 제사를 지내는데 특별히 목조 남근을 암성황 신에게 제물로 바친다. 목조 남근은 제관 가운데 한 사람이 깎는데 자신이 남근을 깎는다고 말해서는 안 되고 남근을 타인에게 보여주지도 않는다. 남 근은 길이 한 자, 지름 5센티미터 정도의 크기인데 반드시 오리나무로 세 개를 깎는다. 남근을 암성황신이 있는 바위 구멍에 꽂는데, 구멍이 한번에 맞으면 풍어가 된다고 믿는다.(고성 문암1리 성황제)

얼른 보면 적잖이 외설스럽다. 그러나 중요한 것은 이것이 경건한 신앙 절차란 점이다. 음양 화합은 창조와 생산을 불러오는 절차다. 식물의 꽃가루받이(수정)나 동물의 교미나 인간의 결혼이나 본질은 같다. 생존과 생식을 보장하는 성스러운 제의다. 생존과 생식의 의미망 속에 농민의 풍농, 어민의 풍어, 인간의 다산 등이 들어가고, 그것을 보좌하는 개념이 부부 금슬, 순산, 안전, 건강 등이다. 망개마을 성황제에서 성황신도 암수 한 쌍이 필요한 이유다. 남근 깎기에 뽑힌 사람은 "그 일을 한다는 것을 말하거나 남에게 보여선 안 된다"는 것은 치성 드릴 때의 재계(부정한 일을 멀리하고 심신을 깨끗이 함)를 뜻한다. 그는 목욕을 할 것이고, 부부관계나 음식에 대한 금기를 지켜야 할 것이다. 남근의 수효 세 개는 수컷을 뜻하는 양陽의 숫자다. 특히 3은 한국인이 선호하는 숫자이기도 하지만, 두 다리 사이에 긴 남근을 제3의 다리라고 하듯 그것은 숫자만으로도 남근을 상징한다. 바위 구멍과 목제 남근의 결합으로 생산(풍어)을 기원하는 것은 자연스러운 주술 행위다.

남근 숭배phallicism에서 음경은 쾌락의 도구로서 성기sexual organ이기보다 생생력生生力의 상징으로서 생식기reproductive organ이다. 강인하고 장대한 남근, 그것은 섹스에서 선호하는 대상인 동시에 유감 주술에서 선호하는 대상이기도 하다. 그중에도 목경(목각 음경)이 신체(신을 상징하는 예배 대상물)로 받들어지는 경우는 적어도 400~500년을 이어져온 한국적 전통으로 보인다. 부근당付根堂(부군당)처럼 한양의 관청에서도 목경을 숭배하는 풍속이 있었고, 법주사 '송이놀이'처럼 내륙 사찰에서도 여신에게 목제 남근을 봉헌하는 풍속이 있었다지만, 대개는 섬이나 해안 지역, 특히 동해안 당제에서 도

드러져 보인다. 일본의 가나마라 마츠리나 한국의 해랑당 당제 같은 것에
는 이미 상업주의의 오염으로 인한 왜곡이 없지 않지만, 성기 숭배의 기원
과 본질은 변할 수 없다. 다가타 신사의 풍년제에서도 봄을 맞아 하늘에서
내려오는 여신을 위해 노송나무로 거대한 남근을 깎아 봉납(물건을 바치어
올림)하는 것이라니 제의 형태는 차이가 있더라도 동해안의 성황제와 원형
이 꼭 같음을 알겠다.

더 읽어보기

삼척 해랑당과 비교되는 강릉 안인진 해령사(일명 해랑당, 여랑사 등)에 전
하는 설화를 참고로 붙인다. "해랑신당에 가면 나무로 깎은 남자 생식기가
산더미처럼 쌓여 있습니다. 또 새끼로 마치 굴비 엮은 것처럼 엮어놓은 나
무 생식기가 주렁주렁 매달려 있던 것도 볼 수 있습니다. 치성 드리느라고
바친 나무 남자 생식기가 여러 해 동안 쌓인 것이 그렇게 많이 있는 것이
죠. 외지 사람에게는 그것이 기이하게 보이고 귀물(귀중한 물건)같이 보이지
마는 아무도 손대지 않고 아무도 가져가지 않았습니다." 이렇게 증언(1974)
한 구술자는 해방 후 강릉에 주둔했던 미군 병사들이 가져가버려서 목경
이 남아 있지 않다고 했다.

'해랑신'

안인진(강릉시 강동면)의 한 어부가 고기 잡으러 나가던 길에 해랑신을 모신
신당에 나가 치성을 드렸다. 마침 오줌이 마려워서 신당 옆에서 오줌을 누
었다. 치성 후 집에 와 자는데 꿈에 해랑신이 나타나 "여러 해 동안 많은 사
람이 치성을 드렸지만, 내가 원하는 것을 바치는 자가 없더니 오늘 네가 나
원하는 것을 바쳤도다. 그 공으로 고기 많이 잡힐 곳을 일러주마." 이 어부

가 해랑신이 지시한 곳으로 가서 고기를 잡으니 과연 많이 잡혔다. 어부는 곰곰 생각하여 보았다. 해랑신이 원하는 것을 바쳤다 하지만 자기가 평소와 달리 바친 것은 없고 다르다면 신당 옆에다 오줌 눈 것밖에 없었다. 해랑신이 처녀인지라 남자 맛을 보는 것이 소원이었구나 싶었다. 오줌 누는 것보다 남자의 생식기를 바치면 더 기뻐하여 고기를 잘 잡게 하겠다는 생각이 들어, 다음 치성 때는 나무토막으로 남자 생식기를 깎아 바치고 고기 잡으러 나가니 고기가 잘 잡혔다. 그래서 안인진 어부들은 누구나 고기 잡으러 나갈 때마다 남자 생식기를 바치고 치성을 드렸다. _임석재, 『한국구전설화: 함경남·북도, 강원도 편』, 112~113쪽 초록

민간설화에서는 남근이 풍요와 다산의 숭배phallicism 단계를 벗어나 성애eroticism에 충실한 경우가 많지만, 거기서 한 걸음 더 나아가 상품화commercialism로까지 연장된 예도 없지 않다. 예컨대, 이런 얘기다. 한 소금 장수가 보물단지 화수분을 얻었는데 이 화수분은 원하는 것이 절로 나오는 보물단지였다. 한 과부가 이걸 잠시 빌렸는데 이 과부는 평소 남근을 원하고 있었기 때문에 화수분이 알아서 남근을 쏟아냈다. 과부는 부끄러워서 그걸 못 나오게 하려 해도 자꾸 나와서 마침내 온 집안이 남근으로 빼곡했다. 소금 장수가 달려와서 남근을 다 모은 후, 뜰에 구덩이를 파고 묻었다. 그러자 땅에서 나무가 나오는데 그 나무엔 남근이 주렁주렁 열렸다. 소금 장수는 그것을 따서 과부들한테 팔아 큰돈을 벌었단다.(임석재, 『한국구전설화: 전라북도 편 Ⅰ』, 177~178쪽)

근본주의 순결파에 불침 놓기

'이상한 거울' 설화 읽기

옛날에 어떤 사람이 바다 속에 있는 용궁을 구경하겠다고 배를 타고 갔다. 한참 가니까 고래 등 같은 기와집이 있어서 거기로 들어갔더니 용왕이 이 사람을 보고서 인간 사람이 어떻게 여기 왔는가 물었다. 이 사람은 용궁이 좋다는 말을 듣고 용궁 구경하러 왔다고 말했다. 용왕은 하인을 불러서 이 사람한테 용궁 구경을 시키라 했다. 하인 따라 용궁 구경을 하고 나오려는데 용왕은 이 사람에게 거울 하나를 주면서, 이걸 인간 세상에 가지고 나가서 열녀한테 주라고 했다.

이 사람은 그 거울을 받아가지고 하인한테 업혀 인간 세상에 나와서 지나가는 여인을 비춰보니까 그 여인에게는 좆(이하 ×)이 주렁주렁 서너 개가 붙어 있었다. 이 여자는 서방질을 서너 번이나 한 거구나 하고, 이 거울을 저런 여인에게는 줄 수 없다 하고 가는데 여인 하나가 지나가서 또 거울을 대고 비춰보니까 그 여인도 ×이 여러 개 붙어 있었다. 집으로 와서 제 색시 뒷잔등에다가 대고 비춰보니까 제 색시도 ×이 두 개 붙어 있고, 제 어머니가 물레질하고 있는 것을 비춰보니까 어머니도 ×이 서너 개 붙어 있었다. 제 색시도 어머니도 열녀가 못 된다 하고 밖에 나와서 어디 열녀가 없나 하고 찾아보았다.

어떤 우물가에 가니까 밉게 생긴 색시 하나가 빨래질하고 있어서 거울을 대고 비춰보니 그 색시는 ×이 하나도 붙어 있지 않았다. 이 여인이야 열녀 같다 하고 그 색시한테 가서 거울을 주었다. 그 색시는 거울을 받아보고 "이거 용궁에 있는 우리 아버지가 보낸 것 아닌가?" 하면서 반가워하고 "내가 인간에 나왔다가 이 거울이 없어서 다시 용궁에 가질 못하고 인간 세상에 있다. 이제 용궁에 갈 수 있다"고 하더니 어디로 가버렸다. _임석재, 『한국구전설화 : 평안북도 편 I』, 180쪽

뜻풀이

고래 등 같다: 건물의 규모가 고래의 등처럼 크다는 뜻. 주로 기와집이 덩그렇게 높고 큼을 이르는 말.

용궁 왕래: 용궁의 위치는 대개 바다나 강호江湖 등으로 인식되지만, 가는 길은 수직 이동보다는 수평 이동으로 가는 경우가 많다. 여기서도 수평 이동이다.

뒷잔등: '등'의 사투리.

의미 파악하기

① 어떤 사람이 배를 타고 용궁 구경을 갔다가 용왕의 호의로 구경을 잘 했다. 나오려는데 용왕이 거울 하나를 주면서 사람 세상에 나가서 열녀를 만나면 주라고 당부했다.

② 거울을 가지고 오던 길에 지나는 여인에게 비춰보니 ×이 서너 개나 주렁주렁 매달려 있었다. 그녀가 서방질을 서너 번 했다는 의미였다. 다른 여인에게 비춰보아도 역시 여러 개의 ×이 붙어 있었다.

③ 집에 와서 자기 아내에게 비춰보니 아내는 두 개의 ×이 붙어 있었고, 어머니에게 비춰보니 역시 서너 개의 ×이 붙어 있었다.

④ 이 사람은 열녀를 찾다가 마침 밉게 생긴 색시에게 비춰보니 ×이 하나도 달려 있지 않았다. 남자는 그 여인이야말로 열녀라고 판단하고 거울을 주었다.

⑤ 그러자 여인은 거울을 보고 반가워하며, 자기는 인간에 나왔다가 거울이 없어 용궁에 돌아가지 못한 용녀인데 이제 용궁에 갈 수 있겠다고 말하고 어디로 가버렸다.

설화에 숨은 진실

설화는 말할 것도 없지만, 고소설 속에도 용궁 다녀오는 이야기가 적지 않다. 매월당 김시습은 『금오신화』라는 단편집에다 〈용궁부연록〉이란 작품을 하나 실었는데, 이건 글께나 하는 선비가 용궁에 초대받아 가서 한 문장 써주고 거하게 대접받은 이야기다. 〈토끼전〉에서 토끼는 비록 간을 발릴 뻔한 위기야 겪지만 진탕만탕 먹고 마시며 궁녀들의 '떼사랑'(?)까지 받는 호사를 누린다. 〈심청전〉에서 심청 아씨는 용궁에 다녀와서 대박이 나서 황후가 되기도 한다. 요컨대 용궁은 이상향이다. 다만 거기는 관광지처럼 다녀오는 데지 머물러 사는 데는 아니다. 방문객을 보낼 때 용왕은 그냥 보내는 일이 없다. 반드시 신비한 선물을 주어 내보낸다. 이 남자가 받은 선물은 정말 '이상한 거울'이다. 세상에 나가 열녀를 만나면 그녀에게 주라는 조건까지 붙여서. 열녀는 숫처녀가 아니다. 남편 외에 한눈팔지 않고 절개를 지키는 유부녀다.

　길에서 만난 두 여인에게 거울을 시험하니, 남근이 오이나 애호박처럼 주렁주렁 매달렸더란다! 여기서 두 여인은 비록 무작위로 추출된 대상이지만 세상 여인네의 대표성을 가진 것으로 간주되는 것이다. 다시 말하면 세상 아낙네치고 서방질 안 하는 여자가 없다는 것이다. 너무 심한 말 같다.

"음욕을 품는 자마다 마음에 이미 간음"(「마태복음」 5:28)한 자라는 예수님의 논리가 아니라면 말이다. 그래도 끝내 믿고 싶은 것은 자기 아내라서 아내에게 비춰보니 아내도 두 개나 매달고 있다. 실망이다. 설마 자기 어머니는 아니겠지 싶어 비추어보니 한술 더 떠서 서너 개나 달고 있다. 엄청 실망이다.

정숙하리라 믿었던 아내와 어머니조차 그렇다면 도대체 어디에 열녀가 있으랴 싶은 마음에 본격적으로 '열녀 찾기'에 나선 이 가련한 남자. 우물가에서 빨래하는 색시에게 비춰보니 놀라워라! 이 여자에겐 매달린 게 하나도 없다. 비로소 열녀를 찾아낸 것이다. 그런데 여기서 주목할 대목은 '밉게 생긴 색시'다. 그러니까 이 여자가 그걸 달지 않은 것이 스스로 정숙해서가 아니라 남자가 접근하지 않아서라는 뉘앙스가 있다. 섹시한 데가 없는 색시는 절로 열녀가 되는 셈이다. 그러니까 '예쁜 열녀'가 형용모순이라면 진정한 열녀는 애초부터 기대할 수 없다는 체념이다.

이 설화는 여성 정절에 관한 허무주의 선언처럼 들린다. 순결주의의 기만성에 관한 통렬한 고발같이 들린다. 정절? 개나 줘라. 열녀? 위선과 허위로 분칠된 허깨비 놀음이야. 말하자면 이런 식 아닐까 싶다. 그러나 여기서 말하는 순결의 요구는 혼전 순결이 아니라 혼후 순결임을 놓쳐서는 안 된다. 그렇다면 혼전 성관계는 무관하단 뜻일까? 그건 또 아닐 것이다. 30대 결혼이 대세인 요즘이야 얘기가 다르겠지만, 10대 초중반에 혼사를 치르던 조선조 윤리일진대 '혼전 순결은 말할 것도 없고' 정도의 단서가 달린 정절이라고 보아야 설화의 이면을 제대로 읽는 것이 아닐까 싶다. 이 설화가 말하고 싶은 것은 정절을 지키는 여자는 없다는 고발이나 개탄이 아니라 역설적으로 여자들은 마땅히 정절을 지켜야 한다는 지엄한 요구일지도 모른다.

다르게 생각하기

서방질은 여자(유부녀)가 자기 남편이 아닌 남자와 정을 통하는 짓을 가리킨다. 그러니까 쉽게 말하면 여자의 간통이다. 남자의 간통은 계집질이라 하기도 하고, 외입질, 오입질 같은 해묵은 용어도 있다. '-질'이란 접미사에는 '걸레질, 곁눈질, 딸꾹질'처럼 중립적인 쓰임도 있지만 '서방질, 계집질'의 경우는 윤리적 비하의 뜻이 살아 있다. 즉, 남녀를 막론하고 이런 것은 비난받을 짓이란 것이다.

그러다 보니, 이 거울은 왜 여자한테만 비추나 하는 생각이 들 수밖에 없다. 굳이 페미니스트나 성평등주의자가 아니더라도 자연스런 의문이다. "그 거울 남자들한테 비추어봐라! 서너 개가 아니라 30~40개가 달릴 거다" 하고 열 내는 '-주의자' 여성도 있을 법하다. 이에 대해선 이런 주장도 있다. "남자는 여자보다 성충동이 훨씬 강하다. 성충동 호르몬인 테스토스테론의 지수가 여자보다 10~20배 이상 높다. (여자보다 20배 이상의 성욕을 가진 동물이라고 생각해라.) 또한, 성충동 호르몬을 관장하는 두뇌 부위인 시상하부도 훨씬 넓다. 여자보다 섹스를 더 밝히게 '설계'된 것이 남자다."(「딴지일보」)

이 주장대로라면 남자에겐 여자보다 10~20배 이상 그게 매달리는(?) 것이 정상일지도 모른다. 그러나 이걸 근거로, 남녀의 간음을 심판하는 평가 척도를 달리한다면 아무래도 여성들이 막강한 어필을 해올 것이다.

이 시대가 어떤 시대인가. 20세기말(1999)에 이미 남자 열한 명과의 성 체험 고백서를 낸 여자도 있었다. 마치 그것을 열 개쯤 훈장처럼 혹은 장식품처럼 주렁주렁 매달고도 오히려 당당한 탤런트 서갑숙. 그녀는 한술 더 떠 "나도 때론 포르노그라피의 주인공이고 싶다"고 거침없이 속마음을 밝히고 있다. 그것도 하드코어 포르노를.

더 읽어보기

옛날에는 그 '이상한 거울'보다 한술 더 뜨는 '이상한 눈썹'도 있었단다. 인간 같지 않은 것들을 판별하는 눈썹. 인간 몸을 받기 전 전생의 모습을 읽어내는 눈썹인가. 아무튼 민중의 이런 기발한 상상력은 마냥 재미있다.

'범의 눈썹'

백호白虎는 사람을 100명이나 잡아먹어야 되는 범이라고 한다. 이 백호라는 거는 사람으로도 변할 수 있고 사람에 말도 할 줄 안다고 한다.

어떤 사람이 산에 들어가서 중이 돼서 도를 닦고서 내려오는데 어느 높은 산 밑에 오니 거기 사람들이 많이 모여 있었다. 이 중은 그 사람들에게 왜 여기 모여 있는가 물으니까 이 고개에는 백호가 있어서 사람을 잡아먹으니까 혼자서는 고개를 넘을 수가 없고 100명이 모여서 같이 넘어가야 안 잡아먹히니까 사람 100명 모일 때까지 기다렸다가 같이 넘자고 했다. 중은 일 없다, 혼자라도 무사히 넘을 수 있다 하고서 산으로 갔다. 한참 올라가서 산 고개에 이르니까 거기에 노파가 앉아 있었다. 중은 이 노파가 아마도 백호 같다 하고서 노친한테 가서 "네가 사람인가, 백혼가?" 하고 물었다. 그러니까 노파는 "난 백호다" 하고 대답했다. 중은 "노친이 왜 사람을 잡아먹는가?" 하고 물었다. 그러니까 노친은 "나는 사람은 안 잡아먹는다. 나는 짐승만 잡아먹는다." 노파는 눈썹을 하나 뽑아주며 "이것을 대고 사람을 보라구! 당신은 사람으로 보여 안 잡아먹는다" 하였다. 중이 범의 눈썹을 눈에 대고 산 밑에 모여 있는 사람을 보니까, 이제껏 사람이던 것이 소, 말, 돼지, 개, 닭으로 보였다. 범의 눈썹을 떼고 보면 짐승으로 보이던 것이 도로 사람으로 보였다.

중은 눈썹을 가지고 집에 와서 저의 색시를 보니까 색시는 닭으로 보였다. 그래서 중은 색시를 닭으로 보이는 남성을 얻어주고 자기는 사람으로 보이

는 색시를 얻어서 잘 살았다고 한다. _임석재, 『한국구전설화: 평안북도 편 I』, 181쪽

　『삼국유사』(권3) 「탑상」 편에 나오는 신효 거사 설화가 있다. 신효가 활로 두루미를 쏘았는데 겨우 깃털 하나만 떨어뜨리고 날아가버렸다. 신효가 그 깃털을 집어 눈에 대보니 사람이 모두 짐승으로 보이더란다. 한마디로 인간 같지 않은 것들이 득시글거리는 세상이란 뜻이겠다. 시대 배경이 신라이니 아마 신비의 '착시 현상'(?)을 일으키는 이상한 물건 이야기는 이것이 가장 오랜 것일 법하다.

윤리 위에 생리

'나 병 다 낫었다' 설화 읽기

어떤 사람이 아들 삼 형제를 두었는디 모두 다 효자라. 아들이 장성해서 셋 다 여웠는디 얻어 온 며느리도 다 잘 얻어서 효부라. 이래서 집안이 화목하게 잘 사는디 어쩌다가 시어무이(시어머니)가 병이 들었다. 아들 삼 형제는 약을 이 약 저 약 지어다가 달여 먹이는데, 아무 소용없어 병이 낫지 안했다. 영갬(영감)이 용한 의원한티 가서 물어보니 그 병에는 남자의 불알을 달여 먹이면 약이 된다 캤다(했다).

영갬이 집에 돌아와서 그 말로 하고 불알을 어디 가서 구하노, 하면서 걱정했다. 큰아들이 이 말을 듣고 제 것을 베어서 달여 먹입시다, 캤다. 그라이(그러니) 큰며느리가 옆에서 듣고 있다가 "아이고 아부지씨(아버님), 저이는 딸은 둘이나 두었십니다마는 아들을 못 두었십니다. 아들을 낳아서 이 집 대를 이어야 할 텐디, 그라문 대가 끊깁니다. 그래가 되겠습니껴?" "니 말이 옳다. 니는 안 되겠다. 니가 그래야 씨겠노." 그라이 둘째 아들이 말했다. "아부지, 형이 그러문 내 거로 잘라서 어무이 달여 먹게 하입시더" 캤다. 그라이 둘째 며느리가 "저그(저희)는 제우(겨우) 딸 하나 두고 아들을 몬 낳는디 이제부터 아들을 낳아야 하지 않겠십니껴" "니 말도 옳다. 가운데 아들도 안 되겠다" 이라이(이러니) 끝의 아들이 "아부지요, 형들 것이 아니 되는 거고 하니 제 것을 잘라서 달여 먹입시다." 끝의 며느리가 이 말로 듣고 "하필 젊은 사람 것만 되겠십니껴. 저그는 결혼한 지 얼매 안 되었십니더. 아이도 몬 낳고 있십니더. 아부지는 아이도 마이(많이) 낳았으니 아부임 거를 잘라서 먹이는 것이 어떻십니껴?" "오냐, 니 말이 옳다. 그럼 내 거를 잘라서 먹여야 하겠다. 칼 가져오라" 이라이 할망이(할머니)가 이 말을 듣고 "아이고, 영감! 나 병 다 났다. 베지 마이소" 캄서(하면서) 병석에서 일어났다 칸다. _임석재, 『한국구전설화: 경상남도 편 I』, 359쪽

*독해 편의를 위해 사투리가 심한 곳은 일정 부분 표준어로 다듬었다.

뜻풀이

여우다: 결혼을 시키다. 전남 방언으로 알려져 있으나 두루 통한다.

용하다: 재주가 뛰어나고 특이하다.

의원醫員: 의사와 의생醫生을 통틀어 이르는 말. 예전에는 한의사를 통상 의원이라 했다.

의미 파악하기

① 어느 집안에 형제가 셋인데 모두 효자요, 며느리들 역시 효부였기에 화목하게 잘 살았다.

② 어머니가 병이 들어 가지가지 약을 썼으나 효험이 없었다.

③ 영감이 용한 의원의 처방을 받으니, 남자의 불알을 달여 먹이라는 것이다.

④ 효자인 큰아들이 자기 불알을 내놓겠다 했으나 큰며느리는 대를 이을 아들을 두기 위해 그럴 수가 없다고 반대했다. 아버지는 그 말이 맞다고 동의했다.

⑤ 역시 효자인 둘째 아들이 자기 불알을 내놓겠다 했으나 역시 둘째 며느리가 나서서 반대했다. 딸 하나뿐인데 자기네도 아들을 보아야 하지 않겠느냐는 것이다. 아버지는 그도 그렇겠다 하고 또 동의했다.

⑥ 이번엔 역시 효자인 막내아들이 제 불알을 내놓겠다 하니 막내며느리가 나서서, 자기들은 결혼한 지도 얼마 안 되었으니 못 내놓겠다고 반대했다. 그리고 대안으로, 꼭 젊은이의 것을 쓸 것이 아니라 이미 아이도 많이 낳았으니 시아버지 것을 내놓으라고 압박했다.

⑦ 아버지는 막내며느리 말에 동의하여 자기 불알을 내놓기로 하고, 칼을 가져오라고 한다.

⑧ 위기일발! 이 말을 듣고 있던 시어머니가 나서면서, 자기는 이미 병이 나았으니 불알을 자를 것이 없다고 영감을 말리면서 병석에서 일어났다.

설화에 숨은 진실

처음부터 효자, 효부를 강조한 수법이 일종의 복선이었다. 화목하게 잘 사는 집안이란 것도 그렇다. 이렇게 화목하고 효도하는 집안이 시험에 든다. 위기가 닥친 것이다.

아무리 의원이 그런 해괴한 처방을 내놓으랴만, 이런 발칙한 상상력을 발휘할 수 있는 것이 민중이다. 집단 지성뿐 아니라 집단 감성까지 총동원하고도 수백 년을 갈고 닦는 그 지극한 기다림의 열매다.

효자 삼 형제는 어쩌면 한결같이 병든 어머니를 위해 남자의 소중한 밑천을 선뜻 내놓겠다고 나서는가! 이건 사실 여자들(며느리)의 심성을 적나라하게 드러내기 위한 포커싱focusing 장치다. 마치 사진술에서 특정 부분을 강조하기 위해 주변을 흐리는 마이너스 보정 기법 같은 것 말이다. 아버지를 포함하여 남자들은 성자들처럼 눈 하나 깜박하지 않고 어머니 혹은 아내를 위해서 헌신을 자청하는데, 여자들은 야박하게도 왜 색만 밝히는가! 정점은 시어머니가 찍는다. 젊으나 젊은 아들들이 거시기를 내놓을 땐 못 이기는 체하고 받아들이더니 자기 영감의 거시기가 사라지게 될 위기에 처하니까, 어쩌면 그동안 앓던 병까지 싹 나아버리느냐 그거다. 거기엔 건강한 몸과 병든 몸의 구별도, 젊음과 늙음의 차이도 없단 말인가.

그러므로 여기서 말하려는 것은 삼 형제의 효심도 아니고 시아버지의 지극한 아내 사랑도 아니다. 여자들의 민낯, 그 무엇으로도 양보할 수 없는 성적 욕망이다. 이것은 당대를 지배하던 근엄한 주자학적 윤리와는 상치된다. 그러나 민중은 이런 여인들의 욕망을 지탄하기는커녕 오히려 긍정하고 지지하는 것이다. 윤리 위에 생리가 있다. 생리의 핵심은 '먹는' 것과 '자는' 것이다.

다르게 읽기

큰며느리가 남편의 불알 제공을 반대하는 이유로 내놓은 것은 '대를 이을 아들'을 생산하기 위해 아직은 남편의 불알이 필요하다는 논리다. 둘째 며느리가 내놓은 이유도 아들을 얻으려면 남편의 불알이 아직은 필요하다는 것이다. 막내며느리 논리도 마찬가지다. 시아버지 불알은 아이(삼 형제)를 충분히 낳았으니 더 이상 필요 없지 않으냐는 것이었다. 비록 둘러대는 핑계이긴 해도 이런 논리가 시아버지에게 먹히는 것은 대를 잇는다는 가계 승계의 당위성 때문이다. 이율곡 선생 같은 대현大賢도 아들을 보기 위해 첩을 둘이나 얻을 수밖에 없었으니 가계를 잇는다는, 아들을 낳아야 한다는 논리는 사회적·시대적 공감과 설득력을 가진다.

그러나 아들의 불알은 되고 남편의 불알은 안 된다는 시어머니의 절박한 반대 이유가 훨씬 정직하고 당당하달 수 있다. 얼마나 절박했으면 난치

병이 일시에 쾌유되어 "아이고, 영감! 나 병 다 났다. 베지 마이소" 하고 외쳤으랴.

더 읽어보기

위와 비슷한 맥락에서 더욱 잘 알려진 설화가 있으니, '법대로 합시다' 혹은 '여자들은 빠집시다' 같은 이름으로 지금도 인구에 회자되고 있다.

> 옛날 난봉꾼이 하나 있었다. 얼마나 난잡한지 동네의 여자란 여자는 모두 건드리고 다녔다. 보다 못해 주위 사람들이 관아에 고해 바쳐 기어이 잡혀 들어갔다. 모든 이야기를 들은 원님이 말했다. "다시는 나쁜 짓을 못 하게 거시기를 잘라버려라!" 그러자 난봉꾼의 아버지가 나서며 말했다. "그래도 제 아들이 4대 독자인데, 대는 이어야 하지 않겠습니까? 대신 제 거시기를 자르도록 해주십시오." 원님이 가만히 생각해보니, 그것도 맞는 말 같았다. "그럼, 아비의 거시기를 잘라버려라!" 이번엔 난봉꾼의 어미가 가만히 들으니, 황당하기 그지없다. 앞으로 무슨 재미로 살란 말인가. "원님, 법대로 합시다!" 그러자 이에 질 수 없는 며느리가 나서며 말했다. "어머님! 남정네들 하는 일에 우리 여자들은 빠집시다!"

성의 쾌락을 누리는 일이라면 시어머니고 며느리고 가릴 게 없다. 늙었다고 시어머니인들 가만히 있을 수 있나. 영감 거시기를 지키는 것은 아내인 할멈의 신성한 의무다. 여기서는 원님의 법리보다 아버지의 윤리가, 그리고 아버지의 윤리보단 여자들(며느리, 시어머니)의 생리가 위에 있음을 알 수 있다. 이것이 민중의 소박한 정서요, 논리다. 민심이 천심이라 했으니 '법리 < 윤리 < 생리'의 부등식은 곧 하늘 뜻이렷다.

수컷들이 꿈꾸는 로망

'팔자 좋은 사람' 설화 읽기

옛날에 한 사람이 있는디 이 사람은 아들 육 형제를 두었는디 하루는 이 집에 과객이 한 사람 들어왔다. 밤에 함께 자게 됐는디 이 과객이 쥔(주인)을 보더니마는, "쥔장은 아들 서른 명이나 둘 사주를 지녔소" 캤다. 이 말을 들은 이 사람은 아들 서른 명이라문 이제부터 아들 스물네 명이나 더 낳아야 하겠는디 아들 스물네 명이나 더 두자면 마누래가 견디어날 것 같지 안했다. 그래서 마누래보고, "나는 아들 서른 명이나 둘 팔자를 지녔다니 이러다가는 자네는 아들 스물네 명이나 더 놓아야 하겠는디 그러다가는 자네는 견디어나기 힘들 거 아니겠는가. 그라이(그러니) 우리 갈라 살 수밖에 없네" 이카고 갈라 살기 위해서 집을 떠나서 과객질을 해서 세월을 보내기로 했다.

그래서 집을 나가서 이리저리 돌아댕김서 과객질을 하는 기라. 하루는 어떤 마실(마을)에 갔는디 그 마실에 큰 기와집이 있어서 그 집에 드가가지고 하룻밤 유하게 해돌라 캤다. 그 집에서 그래라 해서 그 집에 유하게 됐다. 밤에 그 집 주인이 당신은 우째서 과객질을 하냐꼬 물었다. "예예 그런 거 아이라, 나는 아무 디 사는 아무개인디 아들을 여섯이나 두고 있소. 하루는 과객이 와서 하룻밤 유하는디 나를 보고 아들 서른 명이나 둘 팔자라 캐서, 이러다가는 마누래가 아들 스물넷이나 더 놓아야 할긴디 아들 스물넷이나 더 낳자면 마누래가 견디어날 수 없어서 이를 피할라꼬 갈라서서 살기로 하고 이렇기 과객질을 함서 돌아댕김더." 그라이 주인이 그러냐 캤다.

날이 새서 이튿날이 돼서 이 사람은 가겠다고 인사를 하니께네 주인은 뭐 떠날 기 없다. 여기서 더 머물고 있이라 캤다. 이 사람은 갈 디라꼬 있는 거도 아니어서 그 집에 머물기로 했다. 며칠을 지내니 주인은 말했다. "나는 재산이 많아 참 잘사는디 슬하에 아들이고 딸이고 아무거도 없소. 자식을 볼라꼬 소첩을 얻고 얻고 해서 스물넷이나 얻었는디 그래도 자식을 하나도 낳지 몬하고 있소. 이 재산을 누구한티 전하겠소. 그라니 당신이 여기 있임서 내 소첩한티 자식을 놓게 해주이소." 이 사람은 그리하겠다 카고 그날부터 소첩 방에 들어가서 아이를 낳기로 했다. (마지막으로) 스물넷째 소첩 방에서 잤는디 자고 나이께네 이 소첩은 말하는 기라. "당신은 여기 있다가는 죽는다. 주인 영감은 증거를 없앨라꼬 당신을 죽일 기라. 그라이 그 밤중으로 도망가시오."

이 사람은 소첩의 말을 듣고 그날 밤중으로 도망쳐서 저그 집으로 가삐렸다. 그러구러 세월이 지나서 한 20년이 지냈는디, 어느 날 젊은이가 스물네 명이나 말을 타고 와서 "아부님 뵈입시더. 우리는 당신의 아들입니더" 캄서 절을 했다. 이 사람은 깜짝 놀라 누구냐꼬 물었다. 우리는 아무 데 사는데 진짜 아부지 뵈러 이렇기 찾아왔다 캤다. 이 사람은 젊은이 말을 듣고 생각해보니 20년 전에 아무 데 마실서, 재산은 많은디 자손이 엄서 소첩을 스물넷이나 얻었는디도 자식이라고는 하나도 두지 못하이 소첩 스물넷에게 자식 놓게 해돌라고 캐서 스물넷의 소첩에게 자식 놓게 한 일이 생각났다. 젊은이들은 그 부자 영감이 세상을 버려서 저그덜이 재산을 나눠 갖고 이렇게 진짜 아부지를 찾아왔다꼬 말했다. 이 사람은 과객이 말한 대로 아들을 서른이나 두게 됐고, 아들들이 가지고 온 재산으로 편안하게 아무 근심 걱정 없이 잘 살았다. _임석재, 『한국구전설화: 경상남도 편 Ⅰ』, 258~260쪽

*독해를 위해 사투리가 심한 원문을 부득이 일정 부분 표준어로 다듬었고, 이 글 뒤에 덧붙은 대목이 있으나 초점을 흐릴 듯하여 생략했다.

뜻풀이

과객질: 노자(여비) 없이 먼 길을 가다가, 도중에 모르는 이의 집에 들러 밤을 지내고 거저 밥을 얻어먹는 짓.

사주: 사람이 태어난 연월일시의 네 간지干支. 또는 이에 근거하여 사람의 길흉화복을 알아보는 점.

소첩: 부인이 남편을 상대하여 자기를 낮추어 이르던 일인칭 대명사로 소첩小妾이 있지만, 이 글에선 임신이 가능한 젊은 첩이란 뜻의 소첩少妾이 맞을 듯하다.

의미 파악하기

① 아들 육 형제를 둔 어느 집에 한 나그네가 묵게 된다.

② 나그네는 주인 남자를 보고 사주가 서른 명의 아들을 둘 것이라고 예언한다.

③ 남자는 앞으로 스물네 명을 더 낳아야 한다면 부인이 견뎌내기 어려울 것이라 보고 부인과 의논하여 아이를 더 낳지 않기 위해 갈라서 살기로 하고 집을 나선다.

④ 집을 나선 남자는 여기저기 다니며 나그네살이를 하고 지내다가 어느 부잣집에서 하루를 묵게 된다.

⑤ 부자가 나그네살이 하게 된 사연을 묻자, 남자는 아들 여섯 둔 처지에 서른 명 아들 둘 사주를 피하기 위해 집 떠난 사정을 말한다.

⑥ 부자는 길 떠나려는 남자를 더 머물다 가라고 붙잡더니, 며칠 후 이번엔 자기의 신세를 털어놓는다.

⑦ 자기는 재산이 많지만 자식이 없어서 아들을 보려고 여자를 얻어 들이기 시작하여 소실을 스물네 명이나 두었으나 아직도 자식을 두지 못했

다는 것이다.

⑧ 부자는 남자에게 자기 집에 머물며 소실들이 자식을 낳도록 도와달라고 부탁한다.

⑨ 남자는 부자의 제안을 수락하고 첫째 소실부터 차례로 돌아가며 여자들과 합방을 한다.

⑩ 막내 소실과 합방을 한 날 밤 여자는, 부자가 증거를 없애려고 나그네를 죽일 것이라며 도망가라고 귀띔한다.

⑪ 남자는 그 밤으로 도망쳐서 자기 집으로 돌아온다.

⑫ 20년 후 젊은이들 스물네 명이 말을 타고 찾아와 자기들이 남자의 아들임을 밝힌다.

⑬ 부자 영감이 죽어서 재산을 나눠가지고 진짜 아버지를 찾아왔다는 것이다.

⑭ 남자는 아들들이 가져온 재산으로 자식과 더불어 여생을 편안하게 잘 살았다.

설화에 숨은 진실

여자의 난자가 한 개 배출되는 기간에 남자는 36억 개의 정자를 생산한다는 통계 처리도 있는 모양이지만, 어쨌건 꼭 36억 대 1이 아니더라도 생식에 있어 남녀의 입장이 엄청 차이 나는 건 부정할 수 없다. 조류 같은 예외가 없진 않지만, 식물이든 동물이든 기본적으로 수컷은 무책임하다. 포유류는 물론 영장류조차 태반의 수컷은 유전자를 제공함으로써 제 역할이 끝났다고 생각하고, 암컷은 임신, 출산, 육아의 고통과 부담을 거의 혼자 도맡는다. 유독 사람만은 결혼이란 제도에 묶여 처자 부양이란 의무에서 벗어날 수 없다. 남성으로서 끝나면 좋으련만 부성으로서의 의무를 떠맡는다는 면에서 호모사피엔스의 수컷은 모든 수컷 중에 가장 희생적이고 불쌍한 존재인지도 모른다.

육 형제의 아버지라면 처자 부양의 부담감이 오죽했으랴. 하나라도 더 낳으면 어쩌나 걱정할 판에 스물네 명을 더 나을 사주(운명)라는 말을 듣고 충격이 얼마나 클 것인가 알 만하다. 여북해 이 금슬 좋은 부부가 피임의 유일한 방법으로 이혼 아닌 별거를 선택했겠는가. 점쟁인지 관상쟁인지 그의 예언을 무시하면 안 되나, 그런 의문을 갖지 말기 바란다. 설화에 나오는 예언가들은 100퍼센트 신뢰해도 되는 사람들이다. 처자를 이별하고 낯선 땅을 헤매며 이 집 저 집 찾아가서 하룻밤 잠자리와 요기를 구걸하는 '과객질'의 설움이야 또 오죽했겠는가. 과객질이라면 이골이 났던 김삿갓 같은 인물과 시재詩才로도 축객逐客(손님을 푸대접하여 쫓아냄)의 설움으로 마음 상할 일이 많았는데 말이다.

그런데 이런 횡재가 웬 말이냐! 부담 없이 여자를, 그것도 부자의 소실들이니 당연히 젊고 예뻤겠지. 그런 여자를 자그마치 스물네 명이나 데리고 놀라니! 어떤 책임도 지지 않고 여자와 즐긴다? 그렇다면 사양할 이유가 없다. 스물네 명이나 되는 젊고 예쁜 암컷들과 마음대로 즐긴다니, 이 상황이야말로 테스토스테론 분비가 왕성한 모든 수컷들이 꿈꾸는 로망이다. 그리스의 제우스 신이나 중국의 진시황이나 남원골의 변사또 등등 잘나고 못난 온갖 수컷들의 욕망에서 걸러낸 공약수가 그것이다. 그래서 남자들은 수십 마리의 암컷을 혼자 거느린 하렘 속의 수컷 물개나 사슴의 호강을 부러워한다. 이슬람의 경전 『하디스』(무함마드의 언행록)에서 순교자에게 약속하는 보상의 핵심도 남자 1인당 '일흔두 명의 처녀'란다. 그것도 똥오줌 안 누고 침과 콧물도 안 흘리는 '눈 크고 살결 흰' 여자라 했던가.

일본에서는 이른바 '하렘물harem物'이라 하여 한 남자가 여러 여자 속에서 지내며 다양한 이야기를 만들어가는 만화나 애니메이션이 인기라는데,

수컷들의 로망은 어느 시대든 혹은 어느 나라든 마찬가지다. 여자 하나와 남자 여럿의 구도인 '역하렘물^{逆harem物}'로 맞불을 놓아보지만 불가항력이다.

다르게 생각하기

그런데 남의 씨를 받아가면서까지 자식을 두려는 부자의 욕망, 그 본질은 무엇일까? 여섯 아들도 버거워서 자진해 홀아비 과객질을 택했던 인물이, 생각지도 못한 스물네 명의 아들이 떼로 몰려왔을 때, 서른 명의 아들을 둔다는 사주의 실현에 감격했으니 그 남자의 자식 욕심은 또 무엇인가. 연애, 결혼, 출산을 포기한다는 3포세대 혹은 업그레이드된 N포세대가 넘쳐나는 헬조선에서 보자면, 굳이 자녀를, 그것도 이젠 인기 없는 아들을 생산하려고 기를 쓰는 옛사람들의 사고가 이해 불가이기도 하다.

그러나 진화생물학적으로 볼 때, '싸고 도망가기'란 수컷의 번식 전략은 진화 과정에서 체득한 노하우로 의연히 남아 있다. 부성의 책임만 면제된다면 자식의 씨앗을 뿌리려는 욕망은 무한하다. 리처드 도킨스의 말대로, 모든 수컷은 자기의 무한 복제를 맹목적으로 수행하도록 설계된 이기적 유전자의 꼭두각시일지도 모른다. 그런 의미에서, 부자의 '씨 도둑질'은 불임이란 천형^{天刑}에 저항하는 부질없는 안간힘이요, 자위적^{自慰的} 자기기만이 아니겠는가.

더 읽어보기

되도록 여러 암컷을 거느리고 누리고 싶은 것이 모든 수컷들의 로망이라면, 모든 암컷들의 로망은 무엇일까? 다음은 중국 송대의 고전 『태평어람^{太平御覽}』에 나오는 고사이니 우선 읽고 보자.

제^齊나라에 한 여자가 있었는데 동쪽과 서쪽 두 집에서 청혼이 들어왔다. 그부모가 딸에게 말했다. "동쪽 집으로 시집가고 싶으면 왼쪽 소매를 걷고, 서쪽 집으로 가고 싶으면 오른쪽 소매를 걷어라." 딸은 양쪽 소매를 다 걷었다. 부모가 그 까닭을 묻자 딸이 대답했다. "밥은 동쪽 집에서 먹고 잠은 서쪽 집에서 자고 싶어요."

이것이 그 유명한 동가식서가숙^{東家食西家宿}의 문헌적 근거다. 여자에겐 자기와 아이들을 먹여 살릴 부유한 배우자가 필요하다. 동시에 여자는 자신의 성적 판타지를 충족시켜줄 꽃미남을 욕망한다. 이 두 가지를 충족시켜줄 상남자를 만나는 것은 많은 여자들의 로망이지만 그건 허황된 신데렐라 콤플렉스이기도 하다.

꽃뱀 과부를 사랑한 도깨비

    설화의 세계에선 신과 사람, 동물과 사람, 혹은 사물과 사람 사이에 생각이 통하고 감정이 통하고 말이 통한다. 귀신과 사람이 사랑하듯이 도깨비와 사람이 사랑하는 일은 떡 먹기보다 쉽다.

'도깨비와 과부' 설화 읽기

    옛날에 자식들은 두 형제를 낳아놓고 영감이 죽어뿌렸어요. 그런데 홀엄씨(홀어머니), 젊은 과부 혼차 사는데, 도깨비란 놈이 과부를 욕심을 내고 찾어왔던 모양입니다. 그런데 여자는 처음에는 몰랐어요. 그래갖고 이 도깨비하고 정을 통했는데, 아 이놈이 날마다 돈을 가지고 오거든요. 돈을 가지고 오므는(오면) 과부가 좋아라 하고, 돈을 안 가져오므는 안 좋아라 하거든. 그란께 이 과부 좋아하는 것만 보고 자꾸 엽전을 가져와요. 그래 엽전을 가져오는 것이, 날마다 가져온 것이 쌓이고 쌓이고 해서 뭐인가 논 수십 마지기까지 됐어요. 그래서 이놈을 자꾸 모아갖고 늘 땅을 샀더랍니다.

    그란께, 처음엔 도깨빈 줄 몰랐는데, 나중에 정을 통하고는 도깨빈 줄 알았어요. 도깨비는 뭐인가 사람 같지 않고, 잠자리하면서 보며는 살이 꺼껄꺼껄하거든. 그래서 이놈이 도깨빈 준 알았어요. 그런데, 이 과부도 인제 나중에 자기가 만족한 재산을 다 모았으니까, 어떻게 도깨비를 뭐인가 띠어내(떼어내어)뿌려야 되것는디, 도깨비를 띠어낼 재주가 없어. 그래 뭐인가 여러 방네

수소문을 해보니까 뭐인가 별 방법이 없어. 누구도 아는 사람이 없어. 그래 인자 천상 도깨비 보고 물어볼 수밖엔 없는 거입니다.

그래, "여보시요. 당신은 무엇이 제일 무섭소?" 제일 무서운 걸 갖다 보여줘가 떼어버릴라고. 무엇이 제일 무섭소 그랑께, "나는 말피가 제일 무섭데" 그랬거든. 말피가 제일 무섭더라고. 아 이랑께, 인자 이 과부가 가마이 생각을 해본께, 이 자슥이 뭔가 말피를 제일 무서워한다니까, 어떻게 하든지 말피를 구해갖고 이놈을 뭐인가 멀리 도망가버리게 만들어야겠다 그 말이여. 이래서 뭐인가 말대가리 모양의, 뭐인가 말하자믄 그 말형을 대가리 형을 만들었어. 공작을 해서 말입니다. 그래 만들어 사방 모도 막 문지방에나, 어디 살(사립) 앞에나, 막 말대가리를 사방 다 걸어 놔두고, 말피를 갖다가 온 집 안에다 막 뿌려났더랍니다.

아 도깨비가 그날 저녁에 떡 와서 보니까, 사방 데가 지가 제일 무서워하는 말대가리가 주렁주렁 달려갖고 있고, 사방 데가 말피거든. 이래서 뭐인가 마누라한테는 못 가고 인자 쫓겨 도망가면서, "동네 사람들아, 부부간에 정담하질 말소. 아무것이(아무개)는 이러이러했더마는, 이년이 말피를 갖다가 뿌려서 나 마누라한테 못 가고 도망간다." 그라고 외장을 치고 도망을 가더랍니다. 그래서 도깨비한테 돈을 뺏어갖고 뭐인가 부자가 됐더란 그런 이야기였습니다. _김승찬, 『한국구비문학대계 6-3: 전남 고흥군 편』, 48~50쪽 축약

뜻풀이

말피: 말의 피.

말형: 말의 형상.

정담: 속에서 우러나는 이야기. 남녀가 애정을 주고받는 이야기.

외장: 왜장. 왜장치다(쓸데없이 큰 소리로 마구 떠듦)에서 따온 것.

의미 파악하기

① 남편이 아들 형제를 두고 죽어서 젊은 여자가 과부가 되었다.

② 도깨비가 과부를 욕심내고 찾아와서 여자와 정을 통한다.

③ 과부가 처음엔 도깨비인 줄 모르다가 잠자리 느낌으로 도깨비 정체를 알아낸다.

④ 도깨비는 날마다 여자에게 돈을 갖다주었고 여자는 이 돈을 모아 논을 산다.

⑤ 재산을 충분히 모은 여자는 도깨비를 떼어낼 궁리를 한다.

⑥ 과부가 도깨비에게 가장 무서워하는 것이 무엇이냐고 물으니 말피(말대가리)라고 대답한다.

⑦ 과부는 말피와 말대가리를 준비했다가 집에 두루 설치하여 도깨비의 귀가를 막는다.

⑧ 도깨비는 과부에게 접근을 못 하고 여자의 배신에 분개하면서 도망친다.

⑨ 도깨비를 떼어낸 여자는 부자가 되었다.

설화에 숨은 진실

한국의 도깨비는 서양의 몬스터가 아니다. 어수룩하고 재미있고 착하다. 결코 두렵거나 악하지 않다. 씨름을 좋아하고, 노래하고 춤추는 것을 좋아하고, 사람에게 잘 속는다. 또한 도깨비는 도깨비방망이를 떠나서 생각할 수 없다. 밥 나와라 하면 밥 나오고 옷 나와라 하면 옷 나오는 황당한 꿈을 수월하게 이루어준다는 소원 성취의 판타지를 가진 마법의 주인공이다.

　애는 둘이나 두고 남편이 죽었다면 이 과부는 생계에 위협을 느끼게 된다. 처음엔 도깨비인 줄 모르면서 정을 통했다고 하지만, 실인즉 과부로서 남자가 그리워서보다는 세 모자를 부양할 후원자가 필요했던 것이다. 과부는 생활을 위해 도깨비를 스폰서로 구한 것이다.

　다음 '더 읽어보기'에 나오는 과부는, 도깨비하고 친하면 부자가 될 수 있다는 말을 듣고 도깨비가 좋아한다는 메밀묵을 쑤어서 놔두었다. 밤이 이슥해지자 도깨비가 와서 메밀묵을 먹었다. 과부는 도깨비를 자기 방으로 불러들였고 드디어 친해졌다고 했다. 요컨대 과부는 도깨비를 적극적으로 유혹한 것이다. 중국 요괴나 일본 오니의 변형이 아니라면, 한국의 정통 도깨비에는 여자가 없다. 도깨비는 항상 독신 남자다. 또 가난한 도깨비가 있다는 말은 못 들었다. 도깨비는 항상 부유하다. 이것은 무엇을 뜻하는가 하면, 도깨비로 은유된 과부의 상대는 '이성이 그리운 돈 많은 남자'라는 것이다.

　도깨비의 살결이 꺼끌꺼끌하다는 것은 '더 읽어보기'에서 도깨비가 '귀찮고 싫어졌다'고 한 것과 유관하다. 요컨대 과부에게 있어 도깨비는 수컷으로서 매력이 있는 상대가 아니라 단지 성을 사고 대가를 지불하는 실리적 존재일 뿐이다. 다시 말해 과부와 도깨비의 관계는 부부가 아니라 매춘부와 고객 관계로 한갓 성매매에 다름 아닌 것이다.

다르게 생각하기

여기서 과부는 도깨비에게 꽃뱀이다. 도깨비는 진정성 있는 사랑을 했고 재물을 퍼다 주었건만 과부는 단물(재물)만 빨아먹고 배신을 한 것이다. 무서워하는 것이 무엇이냐 하는 물음에, 사랑을 믿은 도깨비가 정직한 대답을 했건만, 과부는 도깨비의 사랑과 진정성을 배신으로 갚은 것이다. 이것이 곧 꽃뱀의 전형이다. "부부간에 정담하지 마소"라고 외치는 도깨비의 격정은 부부라도 믿어서는 낭패 본다는 허무주의 선언과도 같다. 다음 소개하는 '더 읽어보기'에서는 숫제 "여자에게 속 주지 마소. 여자란 못 믿을 것이오"라고 직설적으로 여성을 규탄한다. 도깨비는 꽃뱀에게 물려 털린 호구, 어수룩한 남자 캐릭터를 연출하고 있는 셈이다.

더 읽어보기

'도깨비와 과부'(속편)

과부 한 사람이 도깨비하고 친하면 부자가 될 수 있다는 말을 듣고 도깨비가 좋아한다는 메밀묵을 쑤어서 놔두었다. 밤이 이슥하자 도깨비가 와서 메밀묵을 먹었다. 과부는 도깨비를 자기 방으로 불러들였고 드디어 친해졌다. 과부는 도깨비더러 돈이며 금은보화를 갖다달라고 했다. 도깨비는 과부가 원하는 대로 돈이며 보물을 얼마든지 갖다주었다.

부자가 되자 과부는 도깨비가 귀찮고 싫어졌다. 그래도 도깨비는 계속해서 왔다. 곰곰 생각한 끝에 과부는 도깨비더러 무서운 것이 무엇인가 하고 물었다. 그건 왜 묻느냐고 묻는 도깨비에게 과부는 "도깨비가 무서워하는 것을 못 오게 하고, 그런 것을 모두 치워버리려고 한다"고 대답했다. 도깨비는 과부가 자기를 위해 그러는 것이라고 생각하고는 자기가 무서워하는 것은 말의 피(말대가리)라고 대답했다.

이 말을 들은 과부는 자기의 집 삽짝(사립문)에 말대가리를 걸어놓았다. 밤이 되어 도깨비가 마음 놓고, 여자의 집에 찾아오다가 말피(말대가리)를 보고 그만 기겁을 하고 도망쳤다. 도망치면서 도깨비는 "여자에게 속 주지 마소. 여자란 못 믿을 것이오" 하고 외쳤다고 한다. _김승찬, 『구비문학대계 6-3: 전남 고흥군 편』, 48~50쪽 축약

그나저나 도깨비들은 왜 말피를 무서워할까? 붉은색을 싫어해서 그런다는 설명을 하기도 하는데 말피를 특별히 싫어하는 건 납득이 잘 안 된다.

또 도깨비들은 왜 메밀묵을 그리 좋아할까? 서민들이 좋아하는 것이라서 그렇다는 둥 설명하지만 역시 납득이 잘 안 된다.

먹물들의 성적 판타지

이 설화는 대표적 문헌설화다. 『태평통재太平通載』엔 〈최치원〉이라 돼 있고, 『대동운부군옥』엔 〈선녀홍대〉(선녀의 붉은 주머니)라 돼 있고, 중국 문헌 『육조사적편류六朝事迹編類』에는 〈쌍녀분기〉라 돼 있다. 내용으론 〈최치원〉이 가장 충실한데 민중의 입으로 구전되기보다 누군가의 창의적 집필에 의해 일찍이 문헌 속에 정착한 듯하다. 그 '누군가'는 한국문학 사상 최초의 설화집으로 알려진 『수이전殊異傳』의 지은이 박인량(?~1096)일 듯하나 『수이전』에 이 설화를 수록한 박인량도 그 앞 시대 누군가의 채록을 옮겨 적은 것일 수도 있다. 마치 원전인 『수이전』이 전하지 않다 보니, 지금 우리가 이 설화를 만나는 것이 『수이전』에서 이 설화를 따다 실은 『태평통재』 등을 통해서 이듯이 말이다.

이 설화는 한문으로 되어 있고 그 안에는 한시도 많이 들어 있다. 말하자면 먹물들이 선호한 고급 설화이다 보니 설화의 구성도 문체도 귀족적이다. 설화 중엔 이런 유의 설화도 있다는 것을 보여줄 필요가 있어서 택했다. 다만 내용이 길고 난삽하기도 하여 그 설화적 내용을 중심으로 편집하고 요약하였다.

'최치원'(혹은 쌍녀분기) 설화 읽기

신라 최치원이 12세에 당나라에 들어가 과거에 급제한 뒤 율수현溧水縣의 현위가 되었는데, 항상 고을 남쪽의 초현관招賢館에 가서 놀았다. 초현관 앞에는 쌍녀분雙女墳이라는 오래된 무덤이 있었는데, 예로부터 많은 명현들이 노는 곳이었다. 어느 날 최치원이 쌍녀분을 보고 감상을 시로 지어 무덤의 돌문에 붙이고 돌아왔다.

어느 집 두 여인이 이 무덤을 남겼을까./ 쓸쓸한 구천에서 얼마나 봄을 원망하겠는가./ 모습은 부질없이 시냇가의 달빛 아래 머무는데/ 먼지 덮인 무덤 앞에 이름조차 묻기가 어렵구나./ 꽃다운 정이 혹시라도 아련히 꿈에라도 이어진다면/ 기나긴 밤 나그네 위로함이 무슨 허물이 되겠는가./ 외로운 이 초현관에서 운우의 정을 이룰 수 있다면/ 그대들과 함께 조식에 이어 낙신부를 노래 부르리라.

초현관으로 돌아와 밝은 달과 시원한 바람을 벗 삼아 산책을 하자니 용모가 아름다운 취금翠襟(푸른 옷깃)이라는 시녀가 홀연히 나타나 붉은 주머니 하나를 바치니 거기엔 무덤의 두 주인공 팔낭자八娘子와 구낭자九娘子가 최치원의 시에 화답한 시가 들어 있었다. 최치원의 시가 구애의 뜻을 담았다면 여인들의 시는 수락의 뜻을 담은 화답 시였다. 그 시의 끝에는 "마음속에 묻어둔 이야기를 털어놓고자 하오니 잠시라도 서로 친해질 수 있기를 허락해주오" 하는 말이 덧붙어 있었다. 최치원이 두 여인을 만나고 싶다는 뜻의 시를 지어주니 취금이 바람같이 사라졌다. 오래 기다린 뒤에야 이상한 향기가 진동하면서 아름다운 두 여인 팔낭자와 구낭자가 나타났다. 정말로 한 쌍의 밝은 옥이요, 두 줄기 서기 어린 연꽃과 같았다. 치원은 꿈인 듯 놀라며 기뻐서 절하고, 대화를 나누었다. 팔낭자紅袖(붉은 소매)와 구낭자紫裙(자주색 치마)는 자기들의 사연을 이야기하였다.

원래 그들은 율수현의 부자 장씨張氏의 딸들로 언니가 18세, 동생이 16세 되던 해 그녀들의 아버지가 시집보내고자 하여 언니는 소금 장수에게, 동생은 차※ 장수에게 정혼하였다. "저희 둘은 매번 출가 이야기를 하면서 나날을 보내고 있었지만 마음에 차지 않아 답답하게 맺힌 것이 풀리지 않다가 갑자기 요망夭亡하게 되었습니다." 그리하여 두 여인을 함께 묻고 쌍녀분이라 이름 하게 되었다는 것이다. 이렇게 한을 품고 죽은 그녀들은 마음을 알아줄 사람을 찾았으나 만나지 못하다가, 마침 최치원 같은 수재秀才를 만나 회포를 풀게 되어 기쁘다고 말하였다.

세 사람은 곧 술자리를 베풀고 여종 취금에게 노래를 시키며 시로써 화답하여 즐기다가 흥취가 절정에 이르자, 최치원이 서로 인연을 맺자고 청하니 두 여인 또한 좋다고 하였다. 이에 세 사람이 베개를 나란히 하여 정을 나누니 그 기쁨이 한량없었다. 이렇게 즐기다가 달이 지고 닭이 울자 두 여인은 이제 작별할 시간이 되었다. 여자들은 "다만 하룻밤의 즐거움을 누리다 이제부터 천년의 길고 긴 한을 품게 되었군요. 처음에 동침의 행운을 기뻐했는데 갑자기 기약 없는 이별을 탄식하게 되었습니다" 하면서 애절한 이별시를 지어 바치고는 사라져버렸다.

그다음 날 최치원은 간밤 일을 회상하고 쌍녀분을 찾아가 그 주위를 배회하면서 장가長歌를 지어 불렀다. 그 뒤 최치원은 신라에 돌아와 여러 명승지를 유람하고 최후로 가야산 해인사에 들어가 숨었다.

뜻풀이

최치원: 고운 최치원崔致遠(857~?)은 신라 말 최고의 유학파 지성인으로, 한국 유교에서는 동방 18현 중 설총에 이어 두 번째로 그를 문묘에 배향하였다. 12세에 당에 유학, 18세에 과거 급제, 20세 율수현 현위, 29세 귀국 이후 정관계에서 활동하다가 40대 이후론 가야산에 은둔했다. 문화적 업적 외에

신비에 싸인 설화와 소설 등 끼친 영향이 많다.

율수현: 당나라 강소성 선주에 있던 행정구역. 그 지자체장으로서 현위는 고작해야 읍면장 정도로 보이는데 다만 외국인으로서 받은 관직이기에 쉽지 않은 벼슬이다. 율수溧水가 더러 표수漂水로도 나오는데 이는 문자가 닮아서 생긴 실수다.

초현관: 제나라 환공이 인재를 모으기 위해 설치했다는 기관으로 이 이름이 나오지만, 여기서는 격을 갖춘 게스트하우스[客館] 정도로 보는 것이 맞을 듯하다.

쌍녀분: 쌍녀는 흔히 딸 쌍둥이를 뜻하지만, 여기서는 자매 정도의 뜻으로 보인다. 쌍녀분은 자매의 무덤이란 뜻이다.

조식과 낙신부: 조식曹植은 위나라 조조의 3남으로, 그가 죽은 연인을 그리며 부른 사랑의 노래가 〈낙신부洛神賦〉이다.

취금, 홍수, 자금: 푸른 옷깃, 붉은 소매, 자주색 치마 등 옷차림으로 환유하여 이름을 대신한 것이니, 시녀 이름이 취금이고, 언니는 홍수, 동생은 자금으로 씌었다.

요망: 젊어서 죽음. 요절.

수재: ① 학문과 재능이 매우 뛰어난 사람. ② 미혼인 남자를 높여 부르는 말. 여기서는 두 번째의 뜻으로 쓰였다.

의미 파악하기

① 최치원이 율수현 현위가 되어 고을 안에 있는 초현관에서 놀다가 두 여인의 무덤을 보았다.

② 무덤의 주인들을 추도하고 사랑의 사연을 담은 시를 지어 무덤의 석문에 붙여놓았다.

③ 저녁에 취금이라는 여인이 나타나 무덤 속 주인공의 글이 든 붉은 주머니를 바쳐서 열어보니 팔낭자와 구낭자 두 여인이 보낸 답시가 들어 있으니 치원의 시에 감사하고 만나고 싶다는 내용이었다.

④ 치원이 만나자는 뜻을 적어 다시 보내고 기다리니 아리따운 여인 둘이 나타났다.

⑤ 여인들은 자기들이 죽음을 택하게 된 사연을 이야기한다. 아버지가 18세와 16세인 자매를 상인들에게 억지 결혼을 시키려고 하는 데 항의하여 결국 자결을 택했다는 것이다.

⑥ 죽은 후에도 그들의 한을 풀어줄 남자를 기다렸으나 뜻을 못 이루다가 이제야 최치원 같은 수재를 만나 회포를 풀게 되었다며 반가워하였다.

⑦ 초현관에서 그들은 술 마시고 시를 주고받다가 뜻이 맞아 셋이서 잠자리를 함께하며 밤새 환락을 누렸다.

⑧ 날이 새게 되자 이승과 저승으로 갈라지며 애절한 사랑의 시를 교환하고 헤어졌다.

⑨ 치원은 이튿날 다시 무덤을 찾아가 간밤 일을 회상하며 긴 시가를 지어 불러 애틋한 뜻을 표했다.

⑩ 최치원은 귀국하여 명승지를 유람하던 끝에 해인사에 은둔하였다.

설화에 숨은 진실

2007년부터 중국은 장쑤성 중부에 있는 양저우에 최치원기념관을 세우고, 최치원과 로맨스로 얽힌 쌍녀분도 복구 작업을 하여 중요 문화 유물로 지정, 관리하고 있다고 한다. 더구나 최치원기념관은 중국 중앙정부 차원에서 처음으로 허가한 외국인 기념관이라는 점에서 의미가 깊다고 한다. 언제 만들어진 것인지 모르나 오래된 쌍녀분 석비도 남아 있다.

그러나 여기 나오는 설화는 결코 실화가 아니다. 세련된 한시가 상당수 들어 있는 것으로 볼 때 서민들이 즐기는 설화는 아니고 선비 문인들이 흥미를 가지고 전승한 것이다. 7세기 당나라 전기소설(傳奇小說) 〈유선굴〉이란 작품에는 주인공 장랑이 어느 날 밤 한 신선굴에 들어 17세 수절 과부와 갖은 환락을 누리며 아름다운 하룻밤을 보낸 뒤 그곳을 떠나왔다는 연애담이 있는데 내용이나 문체가 유사한 것으로 보아 그 영향을 받은 것으로 보고 있다. 그건 그렇다 치고 이 설화가 품은 진실은 무엇일까?

이 설화엔 '지식층+벼슬아치'인 사대부의 로망이 들어 있다. 서민들의 욕망 표출이 거칠고 직설법이 대세인 하드코어라면, 먹물들의 욕망 표출은 세련되고 완곡법이 주류인 소프트코어라는 게 다를까. 그것은 얼마쯤 위선적이고 우회적일지 모르지만 서민들의 그것과 본질적으로는 다르지 않다. 흙 묻은 바짓가랑이를 무릎까지 걷어 알밴 장딴지를 드러내고 논두렁에 철퍼덕 주저앉아 막걸리 한 대접 들이켠 뒤 손바닥으로 입가 수염발에 묻은 술을 쓱쓱 훔치는 저 투박한 얼굴에서 무슨 한시나 시조창을 기대하겠는가. 마찬가지로, 아무리 찌그러진 갓에 남루한 도포 차림이라 할지라도 부실한 안주에 한잔하고 나오는 이몽룡의 노래인즉 "금준미주는 천인혈이요, 옥반가효는 만성고라……." 이렇게 평측이랑 압운이랑 기승전결 딱 들어맞는 칠언절구로 나올 수밖에 없는 법이다.

제왕이든 사대부든 상류층은 이미 여자를 양적으론 확보한 상태다. 굳이 삼천궁녀까지 말할 일은 아니지만 마음만 먹으면 숫자가 아쉽겠는가. 가장 위대한 임금 세종대왕도 여섯 여자에게서 18남 4녀를 두었으니 사랑한 여자의 수효는 얼마나 많았을까. 양적 확보에 아쉬움이 없는 상류층이 추구한 것은 당연히 질적 보장이다. 질의 1순위는 미모다.

경국지색(傾國之色)이란 말도 있지만, 당 현종이 며느리를 신분 세탁하여 아내로 삼는 패륜을 저지른 것도, 혹은 안녹산의 난으로 나라를 거덜낸 것도, 양귀비의 미모 때문이었다. 다소 낭만적인 해석이겠지만, 트로이전쟁 10년의 동기가 스파르타의 왕비 헬레네의 미모 때문이었고, 악티움 해전에 천여 척의 함선을 동원한 힘도 이집트 파라오 클레오파트라의 미모에서 나온 것이었다.

설화 속의 최치원은 벼슬이야 대단찮으나 선비로서는 최고의 경지에 오른 사람이다. 최치원은 개인이 아니라 인텔리겐치아의 표상으로서 그들이 욕망하는 로망은 절세미인과의 사랑이다. 그러나 통속적 미모만으로는 충분조건이 아니다. 미모에다 선비들과 대화가 될 만한 인문학적 소양을 갖추어야 하고 최소한 즉흥적으로 한시에 화답할 공감 능력이 있어야 했다. 그리고 프리미엄이 붙는다면 젊은 나이다. 이때 최치원은 20세, 그에게 걸맞은 여자는 16~18세였다. 하기야 고희를 넘긴 선비라도 그의 로망은 20세와 크게 다르지 않을 것이다. 상대가 50~60대라면, 그녀가 아직은 미모가 남아 있고 교양이 넘치더라도 남자는 그다지 내켜 하지 않을 터이다. 진화심리학으로 볼 때 남자에게는 임신 가능성이 높은 연령대의 여성일수록 더 섹시하게 보이기 마련이다.

최치원 설화(쌍녀분기)가 중국 서사문학사에서 색정소설로 가장 주목받는 명작 〈유선굴〉의 영향권에서 형성된 작품이라고 할 때, 이 둘을 비교하는 건 흥미롭다.

첫째, 〈유선굴〉의 주인공은 양락현 현위요, 〈최치원〉의 주인공도 율수현 현위이니, 둘 다 하급 지방관의 신분임에도, 학문과 문장으론 남에게 지기 싫은 수재들이다.

둘째, 등장하는 여자들은 양쪽 다 대단한 미인들이지만, 〈유선굴〉의 여자들은 17세와 19세의 청상과부인데 반해 〈최치원〉의 여자들은 16, 18세의 처녀들이다. 최치원 쪽이 좀 더 로망에 가깝다. 과부보다는 숫처녀. 팔낭자八娘子의 "저희는 아직 한 남자도 섬기지 않았습니다[賤妾未事一夫]"라는 고백은 남자의 성적 판타지를 더욱 자극하기 위한 것이라 해도 좋다. 그리고 나이를 한 살씩 당긴 것도 같은 심리일 듯하다. 물론 〈유선굴〉의 남자는 로망에서 손해 보는 대신, 사내에 대한 갈망을 억제해오던 수절 과부 쪽이 성적 환락을 누리기엔 동정녀보다 더 적합한 상대라고 본 것일 터이다.

셋째, 〈유선굴〉에는 상대가 두 여자(최십랑, 왕오수)이고 〈최치원〉에도 두 여자(구낭자, 팔낭자)이지만, 남자의 잠자리 상대가 〈유선굴〉에선 하나(최십랑)인데 〈최치원〉에선 둘이란 것이다. 이것은 〈유선굴〉에 비해 색정적 표현이 약소함에도 〈최치원〉이 예사롭지 않게 외설적으로 보일 수 있는 대목이다. 현대에도 첨단 포르노그래피에서나 다루어질 내용이니까. 작품에서 주인공들은 자기들도 그 상황이 낯 뜨거웠는지 요 임금의 두 딸이 순 임금에게 같이 시집간 선례를 들어가며 자기들의 행태를 정당화하고 있지만, 이건 얘기가 전혀 다르다. 아내가 둘이라고 하여 섹스를 셋이 함께하는 것은 아니다. 〈최치원〉에서는 남자 한 명과 여자 자매가 "세 개의 깨끗한 베개를 나란히 놓고 새 이불 한 채를 펴고" 스리섬을 즐긴다. 하지만 스리섬이 아무리 남자들의 섹스 판타지라 할지라도 선비의 체면은 지켜야 한다. 가장 뜨거운 대목이 고작 이거다. "셋이서 한 이불을 덮고 나눈 곡진하고 살뜰한 정을 구체적으로는 말할 수 없다[三人同衾 繾綣之情 不可具談]."

다르게 생각하기

〈유선굴〉에 나오는 여자들은 비록 속세의 여자들은 아닐지라도 분명 살아 있는 양계의 여자들이지만, 〈최치원〉의 여자들은 인간의 여자가 아니라 음계의 여자, 곧 귀신들이다. 〈최치원〉에서는 왜 살아 있는 여자들을 등장시키지 않고 굳이 원한을 품고 죽은 여귀들을 등장시켰을까? 중국에는 일찍부터 여귀와 남자가 연애하는 이야기는 많고 우리나라에도 흔한 이야기이긴 하다. 예컨대 신라 25대 진지왕은 죽은 지 2년이 지난 혼령으로서 사랑하던 여자 도화를 찾아와 7일 동안 동침을 하고 갔고, 그 후 도화는 잉태하여 아들(비형랑)을 낳았다는 설화가 『삼국유사』에 전한다. 조선조에도 귀신이 여종을 능욕하여 임신을 시켜놓았는데 민가에서 종종 있는 일로서 이런 것을 귀태^{鬼胎}라 한다고 『용천담적기』에 전한다. 역으로 팔낭자와 구낭자가 혹시 저승에서 최치원의 아이를 낳지는 않았는가 모르지만, 어쨌건 〈유선굴〉의 인간 여자를 〈최치원〉에서 여귀로 바꾼 건 따져볼 필요가 있다.

역사 속의 최치원은 국운이 기울어진 조국으로 돌아와 신라를 구하고자 벼슬길에 나아가 정책을 건의하기도 했지만, 국운이 이미 돌이킬 수 없음을 예견하고 가야산으로 들어가 숨어 살았다. 전설 속에서 최치원은 가야산 혹은 지리산에 들어가 신선이 되었다고 한다. 이 불우한 천재는 민중의 의식 속에선 사람이 아니라 신선인 것이다.

여귀들의 사연을 들어보면, 부유하나 속물인 아버지의 결혼 강요에 저항하다가 뜻을 못 이루자 자결한 것으로 보인다. 그들은 소금 장수나 차 장수 같은 돈 많은 상인이 아니라 가난하더라도 학문하는 선비를 원했던 것이다. 최치원이 자기 이전에 다른 남자들을 만날 기회가 있었을 것 아니냐고 따져 묻자 여귀(팔낭자)는 이렇게 말했다. "오가는 남자들이 말짱 저속한 사내들뿐이었어요[往來者皆是鄙夫]." 한마디로 그녀들이 원한 것은 뜻이 고상한 상남자였는데 여기에 맞는 상대로서 최치원은 최적이었던 것이다.

요컨대 현실에서 좌절하고 절망한 사람이란 공통점에서 최치원과 여귀는 궁합이 잘 맞은 것으로 볼 만하다. 〈최치원〉의 이본 〈선녀홍대〉도 있거니와, 설화 안에서 보면 그들은 스스로 혹은 서로를 선녀나 신선으로 부르는 대목이 나온다. 최치원이 초자연적인 신선이라면 그가 사랑하는 상대도 현실 속의 여자보다는 초현실의 여자인 선녀(여귀)가 어울린다고 본 것은 아닐까. 초자연적 남녀, 그들의 성애도 알고 보면 플라토닉 러브를 은유한 것에 불과한지도 모른다. 그게 아니라면 이들의 하룻밤 정사는 한갓 귀접鬼接(잠결에 귀신과 성관계를 함) 그것과 무엇이 다르랴 싶기도 하다.

더 읽어보기

한국문학사에서 최초의 소설이라 하는 김시습(1435~1493)의 『금오신화』에는 여러 해나 여자 귀신과 산 남자 이야기가 실린 〈이생규장전〉, 3~4일 동안 여자 귀신과 잠자리를 한 남자 이야기가 들어 있는 〈만복사저포기〉, 선녀와 하룻밤 사귀면서 짝사랑 앓이를 한 남자 이야기가 나오는 〈취유부벽정기〉 등의 작품이 있다. 시를 주고받으며 고상한 이야기를 나누는 〈취유부벽정기〉가 가장 가까운 듯하나 여기서는 남녀 동침이란 불가결의 모티프가 증발했고, 〈이생규장전〉은 여자 귀신과의 사랑은 사랑이로되 여러 해를 동거하니 사정이 다르고, 〈만복사저포기〉야말로 무덤에서 갓 나온 여자 귀신과 시를 주고받으며 단기간 뜨거운 사귐을 다룬 것이니 최치원 설화와 가장 유사한 것이다. 다음에 〈만복사저포기〉 줄거리를 싣는다.

전라도 남원에 사는 유생인 양생梁生은 조실부모하고 나이가 차도록 장가도 못 들고 혼자 살고 있었다. 만복사에는 매년 3월 24일 청춘 남녀들이 소원을 비는 풍습이 있었는데, 양생도 저포놀이(주사위나 윷과 유사한 놀이)를 통해 소원을 빌었다. 부처님과 내기를 하여, 만약 자신이 이긴다면 좋은 배필을 점지해달라고 했는데 양생이 이겼다.

불좌 뒤에 숨어 동정을 살피고 있는데 열대여섯 살쯤 되어 보이는 여인이 들어와 불전에 축원문을 올린다. 양생은 자신과 같이 여인도 배필을 원하고 있음을 알고, 두 사람은 인연을 맺는다. 여인은 양생을 자신의 집(무덤)으로 데리고 간다.

양생은 시를 주고받으며 그녀와 즐거운 시간을 지냈는데, 3일째 되는 날 여인은 양생에게 헤어질 때가 되었다고 말한다. 헤어질 때 그녀는 은주발을 주며, 내일 자신의 부모가 자기 제사를 지내러 보련사에 올 테니 만나보라고 말한다.

이튿날 양생은 보련사 가는 길목에서 기다렸다가 여인의 부모와 만나게 된다. 은주발을 보여주며 그것을 얻게 된 경위를 말한 양생은 그녀가 이미 3년 전 왜구의 난 때 죽었다는 것을 전해 듣는다. 보련사에 도착한 양생은 다시 여자를 만나나 그녀는 오직 양생에게만 보일 뿐이다. 양생은 음식을 먹는 혼백의 수저 소리로 여인의 존재를 그녀의 부모에게 확인시켜준다. 그러자 부모는 양생을 사위로 인정해주고 동침해줄 것을 요청하여 다시 행복한 하룻밤을 보낸다.

여인과 헤어진 양생은 그녀의 부모로부터 유산을 물려받고 그 돈으로 여인의 무덤에서 정식 장례를 올린 후, 자신은 다시 장가들지 않고 지리산에 들어가 약초를 캐고 살았다.

V

미르 스토리

설화문학은 인문학이다. 인문학은 사람에 대한 질문과 대답이다. 설화에 등장하는 모든 사물이 의인화의 틀에 갇히는 이유 역시 설화가 말하고 싶은 것은 사람이기 때문이다. 그러므로 설화 속에 등장하는 귀신, 도깨비, 신수(神獸) 등 초자연적 존재는 물론 동식물과 심지어는 광물이나 자연현상조차도 사람이다. 용은 신수 가운데 가장 인기 높은 캐릭터의 하나이다. 필자는 『미르』(북바이북) 등의 저서와 논문을 통하여 이미 용 사상(dragonism)을 천착한 바 있다. "표상으로서 용은 인간의 개인의식과 집단 무의식의 집합이다. 궁극적으로 용학(龍學, dragonology)은 인간학(人間學, humanology)이다."(『미르』, 6쪽) 여기서도 필자는 설화적 요소들을 뽑아 '사람'을 이야기하려 한다. '용에 관한 모든 것'을 다룬 『미르』에서 상대적으로 소홀히 다루어지고 대충 넘어간 설화 분야를 보다 심도 있게 다루고 싶었다. 거기서 다루지 못한 자료도 있지만, 겹치는 부분도 없지 않다. 다만, 겹치는 부분일지라도 편집 구도와 분석 시각은 차이가 있을 것이다.

용 설화는 용신(龍神)에 대한 것이기에 신화이면서 지명 설화 등 숱한 전설의 단골 메뉴이기도 하고 동시에 다양하게 확대 재생산되는 민담의 매력 있는 소재이기도 하다. 용 설화가 신화, 전설, 민담의 세 개 분야에 걸치는 희귀한 설화 장르임을 유념하는 독자도 있었으면 하는 바람도 가지고 있다.

누드만은 보지 마세요

옛날 어떤 곳에 가난한 어부 한 사람이 있었다. 그는 어느 날 커다란 잉어 한 마리를 낚았다. 그는 그것을 차마 잡아먹지 못하고 물독 속에 넣어 길렀다. 저녁 때 집에 돌아와 보니 맛나 보이는 밥 한 그릇이 상 위에 차려져 있었다. 웬 밥인가 의심하면서도 그것을 먹으려다가 갑자기 회가 먹고 싶어졌다. 그래서 독 속에 있는 잉어를 들여다보았다. 그러나 역시 그것을 차마 잡아먹을 수는 없었다. 이튿날 아침에 일찍 일어나서 부엌을 가만히 들여다보니 독 속에 두었던 잉어가 예쁜 소녀로 화하여 부엌에 와서 밥을 짓고 있었다. 그는 급히 쫓아 들어가 소녀의 손목을 쥐었다. "나는 물속 용왕의 딸이더니 당신과 인연이 있어 이렇게 오게 되었으나 지금부터 사흘간만 기다려 주면 완전히 사람이 될 수 있습니다. 사흘 동안만 기다려주시오" 하고 계집은 애소하였다. 잉어는 과연 3일 만에 미녀가 되었다.

용녀의 마술에 의하여 큰 집이 생기고 먹을 것과 입을 것이 원하는 대로 나왔다. 용녀는 집을 지음과 동시에 큰 목욕실을 만들었다. 그리고 매월 한두 번씩 목욕을 하였다. "내가 욕실 안에 들어간 뒤에는 결코 나를 엿보지 마시오. 만일 나를 엿보면 반드시 불행이 있을 것입니다" 하고 용녀는 항상 되풀이하여 말했다. 그 뒤 그들의 사이에는 벌써 세 명의 아이들이 생겼다. 그들의 생활은 매우 행복했다. 어떤 날 어부는 참다못하여 아내가 욕실에 들어간 뒤 밖에서 가만히 실내를 엿보았다. 아내는 잉어로 화하여 유유히 욕실 안에서 헤엄을 치고 있었다. 남편이 엿보았음을 안 아내는 곧 욕실에서 나와 슬프게 말했다. "이로부터 1년 동안만 더 약속을 지켰더라면 나는 영영 사람이 될 수 있었습니다. 그러나 우리의 이생 인연은 벌써 끊어졌습니다. 하지만 3년 후면 우리는 다시 천상에서 살 수 있을 것입니다." 아내는 다시 잉어로 화하여 남편이 말리는 것도 듣지 않고 바다 속 용왕국으로 돌아가버렸다. 용녀가 돌아간 뒤로는 큰 집도 없어지고 아이들도 보이지 아니하여 어부는 도로 원래의 구차한 어부로 되었다. 정말 3년 후 용녀는 하늘에서 내려와 어부를 데리고 승천하였다. 천상에는 세 자녀도 있었다. 그들은 거기서 잘 먹고 잘 살았다고 한다.(1923년 채록) _손진태, 『한국민족설화의 연구』, 65~66쪽

이 설화에서 주목할 화소는 세 가지다. 첫째, 용녀의 변신이 잉어라는 것. 이것은 어변성룡魚變成龍(물고기가 변하여 용이 됨)의 대표적 예다. 즉 용이 되는 물고기는 거의 잉어를 가리킨다. 거북이나 자라 같은 경우도 있지만 그것은 파충류이지 물고기로 분류할 수 없다. 다만 잉어가 흔히는 용자(용의 아들)로 나오는데 여기서는 용녀(용의 딸)로 나온 것이 예외적이다.

둘째, 물독에 넣어둔 잉어가 예쁜 소녀로 변하여 끼니마다 밥을 해놓는다는 것, 이것은 흔히 말하는 우렁각시 설화의 핵심 화소다. 우렁이가 잉어로 바뀌었다. 우렁각시 설화에서는 우렁이나 조개, 고둥 등 복족류(나선형 조가비에 몸을 감추고 있는 연체동물)가 원칙임에도 여기서는 물고기(잉어)로 바뀌었다. 이는 용이 우렁이 같은 복족류로 변신하는 일은 선호하지 않기 때문이다.

셋째, 잉어가 용궁으로 가는 것까지는 이해되는데, 3년 후 용녀가 하늘에서 내려왔고 후에도 가족이 천상에서 살았다는 부분이다. 용녀가 용궁에서 살지 않고 천상에서 산다는 것이 모순이다. 이것은 우렁각시의 정체가 천상의 선녀라는 우렁각시 설화에 용 설화가 접목되면서 스스로 드러낸

모순이다.

우렁각시든 잉어각시든 이런 설화는 왜 생겨났을까? 이것은 아마도 신데렐라 콤플렉스의 상대가 되는 온달 콤플렉스를 배경으로 하지 않았을까 싶다. 가난한 어부에 총각이라는 설정이 시사하듯, 주인공은 가난 때문에 색시를 얻지 못하고 한이 쌓인 남자다. 그의 꿈은 가난으로부터 탈출하는 것이요, 색시(이왕이면 예쁜 색시)를 얻는 것이다. 가난 때문에 결혼을 못 했으니 총각에게 이 두 가지 소망은 별개의 것이 아니다. 가난한 노총각들의 꿈은 동서고금에 차이가 없다. 그런데 용녀의 등장은 이 꿈을 한꺼번에 해결해주는 행운이 아닐 수 없다. 우렁각시의 경우에는 총각의 직업이 농부이기에 논에서 우렁이를 주울 수 있었지만, 잉어를 잡는 설정이 필요하다면 총각의 직업은 어부로 바뀔 수밖에 없었을 것이다.

이는 〈나무꾼과 선녀〉와도 큰 틀에선 차이가 없다. 나무꾼이 우렁이나 잉어를 얻는 것은 부자연스럽고, 그러다 보니 변신 화소를 없애는 대신에 깊은 산속 연못으로 목욕하러 내려오는 선녀를 끌어들인 것이다. 따라서 선녀 목욕의 비밀스런 정보를 알려주는 사슴의 역할이 필요했고, 사슴의 도움을 얻는 인과관계를 엮으려고 사냥꾼에 쫓기다가 나무꾼의 도움으로 목숨을 구하는 사슴의 설정이 채택된 것이다.

그런데 여기서 정작 중요한 화소는 '금기'다. 목욕하는 아내를 보지 말라는 것이니 그것은 단지 누드를 보이기 싫어서는 아니었다. 목욕하는 아내는 변신 이전의 모습인 잉어의 몸으로 돌아가 헤엄을 치는 것이다. 남자는 이미 아내의 정체가 잉어임을 알고 있으니 그것이 비밀일 수 없음에도 그걸 들켰다고 하여 아이들을 데리고 사라지는 것은 무슨 까닭일까? 이걸 논리적으로 설명하기보다는 오히려 정서의 문제로 결부시키는 것이 맞을 것 같다. 몇십 년을 살아도 여자의 마음을 모르겠다는 것이 남자들의 고백이라면 바로 그 지점에 여자의 비밀스런 정서가 숨어 있는 것 아니겠는가. 예컨대 여자가 대소변 배설하는 것을 남자가 이미 알고 있다고 하더라도 사랑하는 남자에게 자기의 배설 현장을 보이고 싶은 여자는 드물다. 이 같은 심리가 여자의 잘못은 아니다. 누구나 자기 약점, 자기 치부가 드러나는 것을 좋아할 리는 없지만, 특히 여자의 심리는 실용보다 무드를 선호하기에 더욱 그렇다. 남자는 로고스(이성)를 앞세우지만 여자는 파토스(감성)가 우선이란 말이 그래서 설득력이 있다. "성별을 구태여 따질 일일까마는, 특히 여자는 누구나 자기 남친에게 감추고 싶은 신체적·심리적 치부가 있다. 이 콤플렉스를 굳이 건드리는 남친에게 불같이 화를 내며 헤어지자고 하는 여친을 남자들은 잘 이해하지 못한다. 금기는 깨지려고 있다는 말도 있기야 하지만, 그때에 치러야 할 대가는 정말 장난이 아니다."(『미르』, 200~201쪽)

참고로 다음 전설을 보면 그 대가의 참혹함을 비유적으로 잘 보여주고 있다. 전설의 요지는 아래와 같다.

진표라는 효성스런 노총각이 노모를 위해 낚시를 갔다가 자라 한 마리를 잡아와서 항아리에 넣었다. 밖에 갔다 오니 웬 미녀가 부엌에서 진수성찬을 차려놓고 있었다. 총각은 용왕의 딸이라는 이 미녀를 붙잡아 결혼하였다. 꿈같은 세월을 보내던 중, 여인이 남자에게 열 달 동안만 집을 떠나 있을 것을 요구했다. 집을 떠났던 남편은 아내가 보고 싶어 한 달 만에 돌아오고 말았는데, 방 안에선 어미 용과 함께 새끼 용 일곱 마리가 놀고 있었다. 남자를 본 어미 용은 아내로 변하여 약속을 안 지킨 남편을 나무라더니 우물로 들어가 사라지고 말았다. 새끼 용 일곱 마리도 죽으니 이들의 무덤이 김제시 효정리 선인동 마을 뒷산에 남아 있다. 용자칠총龍子七塚이다.

잉어 대신 자라가 나왔지만, 앞서도 말한 바와 같이 거북이나 자라는 용의 변신 중 흔한 예다. 총각에, 항아리(혹은 독)에, 밥상에, 변신 미녀 잡아 결혼하는 대목까지는 다 아는 순서대로 돌아간다. 그런데 금기가 색다르다. 열 달의 격리, 이것은 임신 기간임을 쉽게 짐작할 수 있다. 그런데 남자가 이 기간의 별거 약속을 못 지키고 말았다. 불시에 돌아온 남자 앞에 벌어진 풍경, 그것은 어미 용과 새끼 용 일곱 마리가 엉겨서 꿈틀거리는 끔찍한 모습이었다. 아내의 변신이 이전의 자라가 아니라 원래의 정체인 미르(용)로 돌아갔음이 색다르다. 암미르들은 대개 자신의 몸을 '비린내 나고 누추한 용모'(김만중, 『구운몽』)로 인식하는 콤플렉스가 있다. 암미르(아내)로선 결코 인간 남자에게 보이고 싶지 않은 비밀스런 모습이고 부끄러운 모습이었다. 금기를 깬 대가는 아내의 상실과 일곱 자식의 죽음이라는 엄청난 것이었다.

이를 사람으로 바꿔보면 아내가 자식을 데리고 가출하거나 아니면 일방적으로 이혼을 선언하고 자식조차 팽개친 채 친정으로 가버리는 셈이다. 여자의 정체란 것은, 남자(남편)에게 숨기고 싶은 불편한 과거이거나 민감한 약점일 수도 있다. 또 약속을 백년가약으로 보면 남자가 약속을 어겼다는 것이 부부로서의 신의를 어기고 불륜을 저질렀다든가 그런 이유일 수도 있겠지.

왕건의 할머니는 용녀였다

『고려사』, 『세종실록지리지』, 『동국여지승람』 등에 실린 고려 건국 설화를 종합하고 요약하면 대체로 이러하다.

옛날 성골장군이 백두산에서 내려와 송악에 이르러 아들 강충을 낳고 강충은 다시 아들 보육을 낳았다. 당나라 숙종이 등극하기 전에 동국을 여행하던 중 송악에 이르러 보육의 집에 머무르게 되었는데, 그는 보육의 작은 딸 진의와 동침하여 작제건을 낳았다. 작제건은 활의 명수였는데 열여섯 살이 되자 어머니로부터 아버지(숙종)의 신물信物(뒷날에 증거 삼기 위하여 주고받는 물건)인 활과 화살을 전해 받고 뛸 듯이 기뻐했다. 아버지를 찾으러 장사 배에 몸을 싣고 당나라로 향했다. 도중에 바다 한가운데서 배가 사흘 동안 움직이지 않자 작제건이 홀로 배에서 내리니 배가 비로소 나아갔다. 혼자 떨어진 작제건 앞에 한 노옹이 나타나서, 자기는 서해의 용왕인데 매일 부처 모습을 가장한 여우가 괴롭혀서 못 견디겠으니 신궁으로 이를 물리쳐 달라고 부탁했다. 작제건이 그 말대로 요물을 퇴치해주니 노옹은 고마워하며 그를 용궁으로 안내하였다. 거기서 용왕의 딸을 아내로 얻고 칠보의 상을 받았다. 작제건이 떠나려 하자 아내가 된 용녀는 칠보보다 버드나무 지팡이와 돼지를 받을 것을 권해서 그렇게 했다.
작제건은 처음엔 용녀와 개주(개성)에 살다가 돼지의 안내로 송악산 기슭으로 옮겨 살았다. 용녀는 집 안에 우물을 파고 늘 우물을 통해 서해로 왕래하였는데 남편에게 경계하기를 "내가 우물 안에 들어갈 때는 삼가 보지 마시오" 하고 일렀다. 궁금하여 참지 못한 작제건이 몰래 창틈으로 보니까 용녀가 우물가에 이르러서 황룡으로 변신하더니 구름을 일으키고 우물 속으로 들어가는 것이었다. 용궁을 다녀온 용녀가 남편을 꾸짖었다. "왜 약속을 어겼소. 난 다시는 여기 있을 수 없소." 그녀는 드디어 용이 되더니 우물로 들어가고는 다시 돌아오지 않았다. 용녀가 낳은 장자가 용건이요, 용건의 아들이 왕건이다.

이건 고려의 건국신화다. 한국의 신화는 무속 신화와 더불어 건국신화가 양대 축이다. 건국신화는 거의가 시조 신화이기도 한데 이는 왕조의 정통성을 담보하고 가계의 존엄성을 과시하기 위한 어용 신화이다. 그런 의미에서 같은 용 설화라 하더라도 시조의 건국에 관련한 것은 민간설화와는 다른 시각이 필요하고 해독 방법도 다를 수밖에 없다.

예컨대 신라의 골품제도에서 최상위에 속한 성골을 내세워 조상을 미화한다든가, 그 조상이 백두산(태백산)에서 내려왔다고 하여 마치 환웅(단군의 아버지)이 하늘에서 내려온 것과 이미지를 겹치게 한다든가, 그것도 모자라 당나라 7대 황제 숙종의 혈통이라고 하고, 거기다가 주몽처럼 명궁이라고 하여 막강한 영웅 이미지를 덧칠한다든가 하는 것이다. 그러니까 고려 왕조는 종교적으로 하늘의 권위를 배경으로 하고, 정치적으로는 중국 황제의 혈통적 배경을 가졌으니 허접한 세력들은 함부로 도전하지 말라는 경고이기도 하다.

그런데 용은 왜 등장시켰을까? 이것은 한국 역대 왕조의 건국신화에서 수수께끼다. 고구려 시조 주몽의 어머니 유화는 황하(혹은 서하)의 용왕인 하백의 용녀이고, 신라 시조 박혁거세의 아내 알영은 계룡의 용녀이고, 고려 시조 왕건의 할머니는 서해 용의 용녀이다. 알고 보면 가락국의 허황후도 용녀이고, 탐라국의 삼신인(고·양·부 삼성의 시조들)들의 배우자인 벽랑국 처녀 셋도 동해의 용녀들이다. 역대 왕조는 모두 농경 사회를 배경으로 하고 성립되었다. 농경 국가, 특히 벼농사를 주로 하는 우리나라 같은 경우는 더욱 그렇지만, 비 내림이 풍흉을 결정짓는 절대 요소다. 그런데 용은 비를 내리는 우신이기에 용의 도움을 얻지 못하면 백성의 삶도 왕조의 유지도 불가능하다. 중국의 용이 제왕의 상징으로서 권위를 주지만 한국의 용은 왕이 아니라 왕비 쪽에 소속되는 것은 독특하다. 왕조는 부계 혈통이 하늘에 근거한다면, 모계 혈통은 용을 내세움으로써 통치 권력을 담보받을 수 있었던 것이다. 용이 있어 나라를 지켜준다는 호국 용 사상도 여기서 생겼다.

실학의 선구자 반계 유형원(1622~1673)은, 역대 왕조에서 시조는 알에서 나오고 왕비는 반드시 용녀이니 해괴하다고 불평을 하였다지만(안정복, 『동사강목』) 알고 보면 해괴할 것도 없고 단순하다. 알은 태양이요 태양은 곧 하늘이기에 난생설화는 부계 혈통이 천신(하늘)임을 말한 것이요, 왕비가 용녀임은 모계 혈통이 우신雨神임을 말하는 은유인 것이다. 버드나무 지팡이와 돼지가 칠보보다 귀한 신통한 물건이라 함도 별것 아니다. 가물 때 기우제를 지내려면, 사제(무당)가 돼지를 잡아 제물로 바치면서 버드나무 가지를 휘두르며 굿을 했다. 뒤에 나오는 이의남 설화에서도 보면 용이 버드나무를 이용하여 비를 내리는 대목이 나온다. 아마 버드나무는 물기를 가장 잘 머금는 나무로 손꼽는 것이기 때문일 듯하다.

여기에도 작제건은 아내의 경고를 무시하고 몰래 아내의 변신을 봄으로써 노한 아내가 용궁으로 돌아가고 만다. 누드 금기의 연장선에 있는 화소다. 아무튼 이후의 고려 왕들은 자기의 정체성을 밝힐 때 종종 용의 혈통임을 내세운다. 고려 말 우왕이 왕 씨가 아니라 신돈의 자손이라는 의심을 받아 왕위에서 쫓겨나 형을 받게 되었을 때 "우리 왕 씨는 용손이라 왼쪽 겨드랑이 아래에 반드시 세 개의 비늘이 있어서 대대로 그 증표를 삼았노라" 하고 옷을 벗어 보이니 과연 왼쪽 겨드랑이 아래 엽전 크기의 금색 비늘 세 개가 있더라(이긍익, 『연려실기술』)는 '믿거나 말거나'도 그래서 생겼다.

이 작제건 설화 가운데 바다에서 용의 부탁으로 요물(여우)을 처치하는 이야기는 『삼국유사』에 나오는 거타지 설화를 적당히 손본 것이다. 작제건 아닌 거타지가 용왕을 만난 곳이 바로 백령도다. 작제건도 거타지도 주몽처럼 명궁이란 공통점도 있다. 또 무가 〈군웅본풀이〉가 있는데 작제건 설화를 굿에 맞는 방식으로 고친 것이다. 그리고 이들 모두는 용을 떠나서는 설계가 안 되는 건조물들이다.

이의남 군의 사랑과 진실

19세기 중반에 이원명^{李源命}(1807~1887)이란 이가 엮은 설화집 『동야휘집』중 〈관동접황룡현이〉(관동이 사귄 황룡이 이상한 자취를 보이다)에 있는 이야기이다. 관동^{官童}이란 관청에서 잔심부름이나 하는 급사로, 이 관동이 황룡을 사귀었는데, 황룡은 불가사의한 사건을 보여주었다 함이다. 이 설화는 소설적 구조까지 띠고 있어 그 문학성으로 각별히 주목받는 작품이다.

평안북도 철산군 관아에서 일하는 소년 이의남^{李義男}은 관장을 따라 상경한 길에 교외 강가에서 놀다가 발길이 용산에 이르렀다. 갑자기 피곤함을 느껴 조는데 꿈속에서 한 노인이 나타나 봉한 편지 한 통을 주면서 "나는 오래 고향을 떠나 있어 소식이 끊어졌소. 이 서신을 우리 집에 전해주면 다행이겠소" 하였다. 그리고 자기 집은 어떤 산 아래 있는 큰 못 가운데 있으니 거기 가서 "유철아!" 하고 세 번 부르면 사람이 나올 것이라고 일러주었다. 의남이 꿈을 깨고 보니 옆에 편지가 있었다. 그는 신기하게 여기고 틈을 내서 그 산 아래 큰 못가에 가서 "유철아!" 하고 세 번 불러보았다. 그러자 물결 사이로 어떤 사람이 나오기에 그에게 편지를 전해주었다. 그는 잠깐 기다리라 하고 물속에 들어갔다 다시 나오더니 의남을 용궁으로 안내하였다.
눈부신 궁전에 아리따운 여자가 그를 맞이하여, 부친의 안부를 알게 되어 고맙다는 사례를 하고, 두 사람의 결연이 부친의 뜻임을 전하며 남자의 의사를 물었다. 감격한 의남이 허락하고 동침하며 기이한 음식을 먹고 즐겼다.

며칠이 지나자 관부의 질책이 두려운 의남이 밖으로 나가고자 했다. 용녀는 비단옷을 해주고 이별을 아쉬워하면서, 언제라도 생각나면 찾아오라고 당부했다.

용궁에서 나온 의남은, 그가 오래도록 오지 않아서 화가 난 관장에게 찾아가 자초지종을 숨김없이 보고했다. 그러자 관장이 용녀를 보게 해달라고 부탁한다. 의남이 용녀를 찾아가 관장의 부탁을 전하니 처음엔 난처해하던 용녀가 마침내 허락하고 때와 곳을 정하여 약속했다. 이날 못가에는 사또와 고을 사람들이 구름처럼 모여 구경을 하게 되었다. 한 마리 황룡이 물 위로 나오니, 뿔은 여러 자요, 두 눈은 번개 치듯 하고, 비늘 갑옷은 금빛으로 번쩍이고, 핏빛 혀와 불꽃 갈기에 호흡할 때는 구름과 안개가 피어올랐다.

마침 유월을 당하여 가뭄이 심한데 기우제도 소용없었다. 사또의 요청에 따라 의남은 다시 용궁으로 가서 용녀에게 비를 내려달라고 부탁한다. 그러나 용녀는 하느님의 명이 아니면 함부로 비를 내릴 수 없다며 망설인다. 의남이 끈기 있게 애원하자 차마 뿌리치지 못한 용녀는 결국 비를 내리기로 결심한다. 여자가 작은 물병과 버들가지 하나를 가지고 나서니, 의남은 또 그녀가 비 내리는 방법을 보고 싶다며 여자를 졸라 함께 하늘로 올라갔다.

용의 겨드랑이에 매달려 보니, 여자는 구름을 일으키고 천둥을 치면서 버들가지를 물병에 담갔다가 세 방울을 찍어내 뿌렸다. 의남이 내려다보니 땅이 너무 가물어 그만 정도로는 부족할 것 같았다. 그는 몰래 물병을 기울여 담긴 물을 다 쏟아버렸다. 여자는 깜짝 놀라 말했다. "병의 물 한 방울이 인간에는 한 치의 비인데 한 병을 다 쏟았으니 큰 재앙이 올 것입니다." 그리고 이어서 유언하기를 "저는 이제 하늘의 벌을 받아 죽을 몸이니, 낭군께서는 다음 날 백각산 아래에 가서 제 뼈를 거두어 묻어주십시오" 했다.

의남이 돌아와 들으니, 평지에도 한 길이 넘게 비가 내렸다는 것이라 크게 후회하였다. 이튿날 백각산에 가니 과연 용뼈가 떨어져 내렸다. 산에 파묻어주고, 한바탕 통곡을 하고 돌아왔다.

평안북도 철산군이라면 압록강이 가깝고 서해안에 인접한 곳이니, 북한 미사일 기지가 있는 동창리가 귀에 익은 바로 그곳이다. 원님 덕분에 나팔 분다고, 이 두메에서 살던 소년 이의남은 군수를 모시고 꿈에 그리던 서울 구경을 하게 된다. 글자 그대로 꿈같은 일이었을 게다. 보스가 바쁜 시간이 어느 누군가에겐 브레이크 타임일 수 있다. 마침 틈을 내어 여기저기 서울 구경을 하던 우리의 의남 군, 용산(미르메)에 갔다가 야외에서 달콤한 낮잠에 빠졌것다. 꿈에 노인으로 몸 바꾼 용을 만났는데, 이 노인이 이의남에게 편지 한 통을 주면서 용궁에 가서 전해달라고 한 것이다. 얼결에 행운의 우편 배달부가 된 의남은 노인이 가르쳐준 대로 용궁에 들어가서 상상 불가의 접대, 플러스 용녀(용왕의 딸)의 사랑을 받으며 황홀한 용궁 생활을 만끽한다. 여기까지는 이 시골 총각의 판타지일 것이다.

두메산골에서 비천한 신분으로 여자는 구경도 못 하던 총각이 어쩌다 서울 와서 미녀와 운명적(?) 사랑에 빠진다. 알고 보니 그녀는 재벌가의 외동딸이었고, 여러 난관을 극복하고 결국 결혼에 골인한다. 전형적 온달 콤플렉스다. 설사 일거에 재벌가의 사위가 되는, 로또 당첨 같은 횡재가 실현되더라도 결코 행복은 담보되지 않는다. 그것이 진실이고 현실일지라도 꿈은 꿈대로 소중하다. 어차피 꿈은 합리적이지 않지만, 누구라도 한번쯤 그런 꿈을 꾸어선 안 된다는 법도 없다.

다음부터는 미르(용)의 세계에서만 가능한 판타지다. 미르의 실체를 보고 싶다는 관장의 궁금증, 그 호기심을 충족시키기 위해 용녀에게 한 부탁, 사실 그것은 엄청난 실례다. 앞서 말했듯 용녀는 사랑하는 남자에게 인간으로 변신한 모습만 보여주고 싶어 하지 본래의 용 모습을 보여주기를 싫어한다. 용 본래의 모습을 보이는 것이 용녀에겐 벌거숭이 자신을 보여주는 것만큼이나 수치스러운 것이다. 마치 우렁각시에게 여자가 아니라 우렁이의 모습을 보여달라는 것만큼이나 실례다. 그래도 남자를 사랑함이 지극했던 용녀는 마지못해 황룡의 모습으로 출현하여 실체를 보여준다.

의남은 이번엔 가뭄을 해소하기 위해 비를 내려주기를 요청한다. 용은 비의 신이다. 용녀는 사랑하는 남자의 요청을 거절할 수가 없지만, 기실 비를 내리는 것은 하느님(상제)이고 용은 하느님의 지시대로 시행하는 하수자, 졸개일 뿐이다. 용은 자기 맘대로 비를 내리는 것이 아니고 반드시 하느님의 지시에 따라 강우 시각과 강우량을 지켜야 한다. 만약 그것을 어기면 하느님은 가차 없이 용의 목을 날린다. 그럼에도 끈질기게 보채는 남자의 요청을 거절하지 못한 심성 고운 암미르는 부득이 비를 내리기로 한다. 남자는 여자(암미르)가 비를 어떻게 내리는가 궁금하여 함께 하늘을 날게 해달라고 떼를 쓴다. 여자는 다시 양보하여 남자를 겨드랑이에 매달고 하늘을 날며, 버드나무 가지로 물병에서 물을 찍어 지상에 뿌린다. 딱 세 방울만 뿌리는 것을 본 의남이 가뭄에 턱없이 부족한 비라고 생각하여 물병의 물을 통째로 엎어버린다. 그래서 지상엔 한 길이 넘는 비가 내리고 홍수가 난다. 이러니 암미르는 하느님의 노여움을 피할 도리가 없다. 비 내림 허락도 받지 않은 데다가 그 양까지도 엄청나다. 결국 용녀는 천벌을 받아 죽는다. 같은 인간으로서 용에게 미안하고 면목이 없다. 또 같은 남자라면 용녀에게 정말 창피스러울 노릇이다. 왜 용녀와 사랑한 남자들은 늘 이렇게 배은망덕하고 배신을 하는가. 뼈를 묻어주고 몇 분간 통곡한다고 면죄부를 받을 수 있는가.

여기에는 가장에게 순종함을 미덕으로 아는 동양적 윤리관이 그대로 반영되어 있다. 무리한 요구인 줄 알면서도 가장의 체면을 지켜주고자 차마 거절하지 못하는 착한 아내의 심리다. 마치 시부모의 노여움을 살 각오를 하고, 안 되는 일인 줄 알면서도 철부지 어린 신랑의 뜻을 수용하는 누나 같은 신부가 보인다.

　하느님의 허락 없이 비를 내리는 일은 마치 사장의 결재도 받지 않고 경리가 돈을 꺼내 쓰는 것과 같다. 그것도 은행 잔고를 제로로 만들다니 이건 별수 없이 해고하고 고발하는 수밖에 없다.

용녀들의 무시무시한 사랑법

　미르가 변신의 귀재이다 보니 가지가지 동물로 변신하는 것을 설화에서 흔히 볼 수 있다. 그중에도 사람으로 변신하는 경우가 많은데 앞에서도 보았듯이, 대개는 용의 아들(용자)이나 용의 딸(용녀)이 인간 세상에 나와서 인간과 교유하는 내용이 풍부하다. 더러는 인간과 바둑을 둔다든가, 사원의 법회에 참석하여 설법을 경청한다든가, 석학에게 와서 학문을 한다든가, 무사를 찾아와서 악룡을 물리칠 수 있도록 자기를 도와달란다든가 하는 식이다. 그러나 가장 흔한 것은 인간과 연애하는 이야기다. 하늘에서 내려오는 선녀와 대응하여 물속 용궁에서 나온 용녀는 곧잘 인간 남자를 사랑하는데 더러는 무시무시하다.

　먼저 소개할 것은 박연(폭포) 전설이다. 서화담, 황진이와 더불어 송도삼절(개성에서 뛰어난 세 가지)로 꼽히는 박연폭포는 경기민요 〈박연폭포〉(혹은 개성난봉가)로도 찬미하듯이 아름다운 폭포다. 이 폭포 위쪽은 지름 8미터의 박연이란 못이 있고 아래쪽은 지름 40미터의 고모담이란 못이 있어서 '박연+박연폭포+고모담' 이 삼자가 엮어내는 경치가 일품이고, 자연히 여기에 얽힌 전설도 생겼다. 『세종실록지리지』, 『송도기이』 등에도 일찍부터 소개되어 있지만 구전하는 전설도 별 차이가 없다. 간단하다.

　박 진사라는 총각이 박연의 경치를 사랑하여 종종 거기 와서 피리를 불었다. 못 속에서 살고 있던 용녀가 박 총각의 피리 소리에 반하였고, 용녀는 박 진사를 꾀어 용궁으로 데려가 부부가 되어 살았다. 그래서 못 이름이 박연이 되었다는 것이다. 그런데 여기 덧붙는 이야기가 더러 있다. 박 진사의 어머니가 돌아오지 않는 아들을 기다리다가 아들이 물에 빠져 죽은 것으로 알아 비관하고 못에 투신하여 죽었다. 그래서 못 이름이 고모담^{姑母潭}이다. 여기서 고모는 시어미를 뜻한다. 그러니까 용녀와 아들의 연애 배경은 폭포 위쪽에 있는 박연이고, 용녀의 시어미가 빠져 죽은 못은 폭포 아래쪽의 고모담이 된다. 엄격히 말하면 고모담 전설은 박연 전설과 구분되어야 하지만 따로 떨어질 수도 없다.

　여기에 주목할 만한 내용이 하나 빠졌다. 용녀가 유부녀였고, 용녀는 결국 남편 용을 살해하고 나서 박 진사와 결혼하였다는 끔찍한 사연이다. 음악을 사랑하는 마음과 남편을 죽이는 마음이, 같은 여자의 마음속에 공존한다는 것이 도무지 믿기지 않지만. 현대에도 내연남과 짜고 남편을 죽이는 사건이 드물지 않듯이, 용녀의 무시무시한 불륜은 어느 시대를 막론하고 인간 세상에서도 벌어질 수 있음을 알려주고 있다. 늦어도 고려조에는 만들어졌을 이 전설은 여자의 정절을 강조하는 조선조로 오면서 의도적 왜곡이 일어난 듯하다. 즉, 남편까지 죽이는 용녀의 불륜을 입에 올리기 싫었던지 그 대목을 굳이 빼놓고 남자와 용녀의 달콤한 로맨스로 둔갑시킨 것이다. 요샛말로 '내로남불'이란 말이 있지만, 이건 내로남불도 아니고 진짜 사악한 불륜이다. 용녀에게 반해서 소식을 끊고 노모를 유기하여 끝내 비관 자살에 이르게 한 아들 박 진사, 이 사람도 용서 못할 자이다. 요즘에야 여자에 미혹하여 부모를 배신하는 일이 흔한 일이긴 하지만, 내성이 강해진 부모들도 그만한 일로 자살까지는 하지 않으니 그나마 다행이다.

　경상북도 상주 공검지^{恭儉池}는 가야시대, 혹은 삼한시대에 축조된 것으로 추측되는데 우리나라에서 가장 오래된 저수지로 헤아려진다. 예전엔 경상도에서 크기로도 가장 크고, 유명하기로도 첫째가는 못이었다. 처음 저수지를 만들 때 둑이 무너져 내려 이를 막기 위해 공갈이라는 이름의 아이를 희생물로 바쳐 성공했기에 공검지보다는 공갈못이라고 더 많이 불리는 것으로 보면, 기계 없이 맨손으로 저수지를 만들 당시의 어려움을 잘 보여주는 전설이다. 성 쌓기·둑 쌓기·다리 놓기 등 큰 토목공사를 할 때 사람을 제물 삼아 물이나 흙 속에 파묻는 것을 인주人柱라 하고 이런 형태의 설화를 인주 설화라 한다. 유명한 에밀레종을 만들 때 아이를 용광로에 넣어 성공하였다는 전설도 이와 유사한 경우다. 공갈못(공갈못은 본래 함창현에 속했으나 1914년에 공검면 신설로 현재는 함창읍 아닌 공검면 소속임)을 소재로 "상주 함창 공갈못에 연밥 따는 저 큰 아가"로 시작하는 상주 모심기 노래를 비롯하여 민요 또는 공갈못에 얽힌 여러 전설이 있다. 그중 하나는『함창읍지』 등에 일찍부터 전해오는 것으로 후대에 다소 부연된 내용이지만 핵심은 훼손되지 않았다. 이런 내용이다.

상주에 사는 김이라는 사람이 경주를 갔다 오는 길에 아리따운 한 미녀를 만나 같이 동행하게 되었다. 대구 가까운 우명원牛鳴院에 도착하자 미녀는 갑자기 물을 이고 방으로 들어가더니 물을 방 안에 쏟아버리고 황룡으로 변했다. 얼마 뒤 다시 미녀가 되어 하는 말이, 나는 경주 용담에 사는 용녀인데 지금 공검지에 가면 그 못에 있는 암용과 싸움이 일어날 것이니, 당신은 나를 도와주시오, 했다. 김이 어떻게 도우면 되느냐고 물었다. 용녀는 공검지에 모일 모시에 용 세 마리가 서로 싸움을 할 것인데, 세 용 가운데 청룡은 나의 남편이요, 황룡은 나요, 백룡은 나의 결혼을 방해하는 암룡이니 그 백룡을 죽여달라고 청했다. 김은 백룡을 죽여줄 것을 약속하고, 그날 그 시간에 공검지로 나갔다. 과연 용 셋이 엎치락뒤치락 결사적으로 싸우고 있었다. 김은 급히 허리에 찼던 칼을 뽑아 백룡을 향해 친다는 것이 잘못되어 청룡의 허리를 자르게 되었다. 청룡은 피를 흘리며 못 속으로 들어가버리고, 황룡이 나타났다. 김을 향하여, 백룡을 죽여달라고 했는데 당신은 어찌하여 청룡인 나의 남편을 죽였느냐고 원망했다. 그리고 노려보며 "당신은 나의 남편을 죽였고 나를 과부로 만들었으니, 원수이긴 하지만 나와 같이 살아야 된다"고 했다. 김은, 그러면 집으로 가서 부모 형제와 처자들에게 작별을 고하고 오겠다 하고 공검지를 나섰다. 집으로 가는 길에 갑자기 열이 오르고 머리가 아파서 자리에 눕게 되었고, 이튿날엔 죽고 말았다. 김의 집사람들은 크게 놀라 무당을 데려다 알아봤더니 용신의 장난이라 했다. 못가에 제단을 쌓고 무당을 불러 기도를 하게 했다. 그때 못 속에서 황룡이 나타나더니 "나는 당신이 오기를 학수고대했는데 오늘에야 왔구려!" 하면서 무엇인가 포옹하는 몸짓을 하고 못 속으로 들어갔다. 용은 김의 영혼을 안고 들어가 부부가 되어 잘 살고 있다고 한다.

『함창읍지』의 기록은 비교적 단순하다. 경주 용담 사는 용녀(황룡)가 공검지 사는 용자(청룡)에게 시집을 갔는데 남편이 딴 여자(백룡)를 얻었기에 싸우러 가는데 도와달라고 했다. 남자가 실수로 용자(청룡)를 죽였더니 용녀는 남자에게 남편 대역을 해달라고 요구했다. 남자는 별수 없이 처자를 이별하고 경주 용담으로 가서 용녀와 함께 물속으로 들어갔다. 이런 식이다.

　　여기서 이들 사연을 인간의 문제로 바꿔놓고 보면 그 의미가 분명하다. 결혼을 했는데 남편이 또 다른 여자를 사랑한다. 아내는 질투심이 뻗쳐 남편이 사랑하는 여자를 죽이려고 청부 살인을 주문한다. 킬러가 실수로 여자 아닌 남편을 죽이고 말았다. 그러자 아내는 킬러와의 사랑에 빠지고 만다. 중요한 것은 킬러 역시 처자식이 있음에도 살인 청부를 한 '여자의 협박'에 못 이겨서 혹은 그 여자가 미녀여서 자기 처자를 버리고 이 무서운 여자와 짝을 이룬다. 이런 여자라면 충분히 업자를 협박할 수도 있다. "너 나하고 안 살면 나 자수할 거야. 그러면 너 평생 콩밥 먹을 각오해야 한다.

자, 어쩔 거야?" 당연한 얘기지만, 이 경우 킬러는 제법 잘생긴 놈이었을 것이다.

경남 양산의 가야진 용신제에 배경 설화에도 유사한 이야기가 나온다. 조사령이란 남자가 본처인 청룡의 부탁으로 삼각관계 사랑싸움에 끼어들었다가 자칫 실수로 첩룡이 아니라 남편인 황룡을 죽였다. 화가 난 청룡이 용궁에 가서 같이 살아야 한다고 남자를 끌고 강물 속으로 사라졌다. 이후로 마을에 재앙이 드는 바람에 용신제를 지내게 되었다는 것이다.

시대는 변해도 사랑법은 거기서 거기다. 삼각관계의 해법도 본질적으로 거기서 거기다. 그렇긴 해도 사생결단하고 덤벼드는 이런 여자라면 두렵지 않을 남자가 있을까. 영국이나 프랑스 등 서양에서도 보면, 남자들이 기대하는 여자의 속성인 '부드럽고 싹싹함' 반대편에 있는 억센 여자, 성미 사나운 여자를 가리켜 'dragon'이라고 한다 하니, 경위야 다르지만 한국의 용 설화와도 통하는 점이 있어 보인다.

악룡을 감동시킨 단야의 순애보

흔히 동양의 용은 선한 용, 상서로운 용이고, 서양의 용은 악한 용, 불길한 용으로 보는 생각이 없지 않다. 그리고 그것이 근거 없는 것도 아니다. 서양의 신화나 전설에선 으레 악룡을 퇴치함으로써 용 퇴치자^{dragon slayer}의 영예와 함께 영웅 혹은 성인의 반열에 오른다.

한편 동양의 용 가운데도 악룡은 적지 않다. 물의 신(수신) 혹은 비의 신(우신)으로서 한국의 미르는 선한 용일 수밖에 없지만, 그 강력한 힘 때문에 자칫 위협적일 수도 있다. 강력한 힘이 어느 쪽으로 동원되느냐에 따라 선룡도 악룡도 될 수 있기 때문이다. 용의 행태에 의혹을 품게 하는 단초는 남성성 과잉으로 난폭할 수도 있는 마초이즘^{machoism} 성향에서 비롯한다. 용의 마초이즘은 종종 여성을 향한 성폭력으로 나타난다. 『읍지』니 『승람』이니 하는 데 나오는 미르들은 주로 수컷들인데 이놈들은 섹스를 밝혀서 애꿎은 짐승은 말할 것도 없고 사람까지도 대상으로 삼는다.

> 수미르[雄龍]가 강력한 정력의 소유자여서 그런지 수태 확률이 엄청 높은 것이 용의 섹스다. 여자와 한번 교접했다 하면 반드시 임신을 시키는 것으로 보인다. 까마득한 옛날부터 용은 여자들을 자주 겁탈했고, 겁탈할 때마다 임신을 시켰고, 낳고 보면 반드시 아들이었다. 그리고 그 아들은 고귀한 신분이나 비상한 재능을 보장받았다. 그래서 제왕이나 비범한 인재들 가운데는 용의 유전자를 가진 이들이 많다. 『미르』, 160쪽

중국 같으면 고대 황제 염제 신농씨나 한나라 고조 유방 등 제왕 중에는 생모가 용과 교접하여 낳은 이들이 많다. 한국의 제왕들은 모계가 암미르(용녀)임에 비하여 중국 쪽은 부계가 수미르(웅룡)임이 차이다. 한국의 창성설화(성씨가 처음 만들어지게 된 내력)에서도 그 흔적을 볼 수 있으니 대표적인 예가 창녕 조씨의 경우다. 창녕 화왕산에 갔던 아가씨가 연못 속에서 나온 용에게 납치되어 겁탈을 당하고 낳은 아들이 창녕 조씨의 시조 조계룡이란 것이다.

이런 설화에 나오는 용은 그냥 정력(테스토스테론)이 왕성한 사내로 보면 끝이다. 나머지는 설화적 미화 장치일 뿐이다. 야합을 눈감아주고 나아가 여기에 비범성, 신성성을 부여하기 위한 설화적 문법이 작동한 것이다.

정작 용들의 막강한 힘이 발휘되는 데는 그들이 자기들끼리 싸움을 할 때이다. 앞에서도 보았듯이 암미르(암용)끼리도 싸우지만 그것은 주로 사랑싸움에서 드러나기에 파괴력으로 보면 수류탄급이랄까, 피해가 그리 크지는 않다. 그러나 수미르(수용) 간의 쟁투는 핵폭탄급의 충돌이어서 인간세계에까지 피해를 주는 경우도 적지 않다. 『동각잡기』나 『패관잡기』에 보면 이런 기록이 나온다. 1518년 5월 15일 중국 쑤저우(소주)에서 백룡 하나와 흑룡 둘이 구름을 타고 내려 입으로 불을 토하며 싸우니, 이에 따라 천둥번개가 치고 바람과 구름이 말려 일어나고, 근방의 민가 300여 채와 배 여러 척이 공중으로 날아오르며 땅까지 갈려 부서졌는데, 이 용 싸움 때문에 조선에선 여러 차례 지진이 일었다는 것이다. 중국 장쑤성에서 일어난 용싸움이 거기서 집을 부수고 배를 공중으로 날리는 것으로 직성이 안 풀려 조선에 지진을 일으키다니 이만하면 경천동지驚天動地가 아니겠는가.

주목할 것은 수미르들의 쟁투는 주로 영역 다툼이다. 인간을 포함한 모든 생물들이 그렇지만 특히 미르의 영역 다툼은 목숨을 건다. 여기에 인간이 끼어들어 한쪽을 도와주고 덕을 입는 경우도 적지 않다. 이쯤에서 문득 생각나는 것이 있다. 저 용들의 싸움은 인간계에서 벌어지는 강대국 간의 전쟁에 대한 풍유諷喻, allegory일 수 있지 않을까. 1592년 '흑룡의 해'(임진년)에 일본[倭]과 중국[明]이란 두 마리 흑룡과 조선이란 한 마리 백룡이 7년간이나 한반도에서 싸웠고, 1894년에는 조선이란 병든 용의 영역에서 일본과 중국[淸]이란 두 용이 영역 다툼을 했으니, 그때마다 피해는 고스란히 사람에게 미쳤다. 21세기에도 미·중·러 등 힘자랑하는 마초 용들의 다툼이 지구를 언제 불바다로 만들려나, 약소국들은 항상 전전긍긍이다. 조선의 건국 설화 중 태조의 조부 도조에 얽힌 설화가 흥미롭다. 도조의 꿈에 백룡이 나타나, 흑룡이 자기가 사는 호수를 뺏으려 하니 둘이 싸울 때 흑룡을 처치해달라는 부탁을 한다. 도조는 부탁받은 날에 지정된 장소에 나가 활로 흑룡을 죽였는데, 그 덕에 용의 도움으로 후손이 나라를 얻게 되었다는 이야기다. 황해도 장연군 용정에 전하는 전설에서는 무사 김선달이 청룡의 부탁을 받고, 청룡의 집을 뺏으려는 황룡을 처치한 보답으로 청룡으로부터 만석지기 논을 선물로 받았다는 이야기도 나온다. 이런 종류의 이야기 중에는 전북 김제의 벽골제 전설이 가장 설화적 흥미가 진진하다.

벽골제가 오래되어 보수공사를 해야 했다. 이름난 토목 기술자인 원덕랑이 파견되어 공사를 지휘했다. 이때 김제 태수의 딸 단야도 일을 도우면서 원덕랑에게 마음을 빼앗기고 있었다. 그러나 원덕랑에게는 정혼한 월내라는 낭자가 있었다. 공사가 순조롭게 진행되는가 싶더니 마무리 무렵 그만 둑이 터져버렸다. 벽골제 부근에 백룡과 청룡이 살고 있는데 둘이 싸워 청룡이 이기고 나서 둑을 무너뜨렸다는 소문이 돌았다. 산 처녀를 청룡에게 제물로 바쳐야 한다고 했다. 이런 와중에 원덕랑을 보기 위해 월내 낭자가 왔다. 김제 태수는 음모를 꾸몄다. 월내 낭자를 보쌈해 청룡에게 제물로 바치면 공사를 성공할 수 있고 또 딸도 원덕랑에게 시집보낼 수 있어서 좋겠다고 생각한 것이다. 김제 태수는 사람들을 시켜 밤중에 월내 낭자를 보쌈해 청룡이 사는 못으로 데려갔다. 낭자를 못에 던지려고 할 즈음 사람들은 그녀가 단야라는 사실을 알게 되었다. 아버지인 태수의 음모를 눈치챈 단야가 대신 보쌈이 되어 왔던 것이다. 단야는 말릴 새도 없이 못에 몸을 던졌다. 단야의 희생에 감복한 청룡이 다시는 심술을 부리지 않았고 그 후 보수공사는 순조롭게 끝났다. 원덕랑과 월내 낭자는 결혼하여 잘 살았다 한다.

지금은 흔적뿐이지만, 벽골제는 우리나라 최초의 저수지로서 '징게망게'(김제 만경) 너른 들의 젓줄이었다. 제천 의림지, 밀양 수산제와 더불어 삼대 저수지로 일컬어졌다고 한다. 『삼국사기』 〈신라본기〉에 16대 흘해왕 21년(330)에 축조했다는 명확한 기록이 있다. 설화의 시대적 배경은 38대 원성왕 대로, 제방의 잦은 붕괴로 인한 벽골제 유지 보수의 어려움 때문에 생겨난 전설이다.

신물神物에게 사람을 제물로 바침으로써 안전을 보장받는다는 인신공희 설화는 청주의 지네장터 전설, 제주도의 금녕사굴 전설처럼 신물이 대개는 지네나 구렁이로 나오지만, 설악산 비룡폭포 전설처럼 상대가 악룡(이무기)으로 나오는 경우도 있다. 그런데 신물도 그렇지만 악룡에게 제공되는 희생물은 거의 처녀란 점이 흥미롭다. 이건 역시 성욕이 왕성한 수미르의 성향을 확인시켜주는 것이라 하겠다. 이 설화의 구조를 분석해보자.

청룡과 백룡의 선악 대결 구도와 기대를 배반한 악의 승리와, 그리고 원덕랑을 사이에 둔 단야 낭자와 월내 낭자 간의 삼각관계가 극적 긴장감을 고조시킨다. 여기에 월내 낭자를 보쌈하여 제물로 삼고 자기 딸을 원덕랑과 맺어주려는 태수의 간교한 음모가 끼어든다. 그러나 사랑하는 남자(원덕랑)의 행복을 위하여 스스로 보쌈에 들어 목숨을 던지는 단야의 아름다운 선택이 타이밍을 놓치지 않고 빛을 발한다. 단야는 자기 하나의 희생으로 원덕랑의 행복, 월내 낭자의 행복, 태수인 아버지의 공사 성공, 아버지의 추악한 범죄 예방, 주민(농민)들의 농사 풍작, 악룡의 영구적 퇴치 등 다목적 성공을 한꺼번에 이루어내는 것이다. 지역에서는 단야의 희생을 기리는 뜻으로 단야루와 단야각을 세우고, 해마다 지평선 축제에서 쌍룡놀이를 시연하며 단야의 전설을 환기시키고 있다.

어린 여자의 자발적 희생으로 백성을 구하는 설화는 감동적이고 교훈적이기도 하다. 설악산 비룡폭포 전설에도 어떤 버전에는 이와 비슷한 화소가 들어 있다. 가뭄이 심하여 농사를 못 짓는데 이무기(악룡)가 심술을 부려 용소에서 물이 흐르지 않는다. 이무기는 처녀를 제물로 받아야 용이 되어 승천할 수 있다고 한다. 이무기에게 바칠 처녀를 구하지 못해 고민하는 원님을 보던 원님의 딸이 스스로 자기가 제물이 되겠다고 자원해 나오고, 원님은 부득이 딸을 제물로 바쳤다. 이무기는 처녀의 아름다운 희생에 감동하여 다시는 가뭄이 없도록 약속하고 용이 되어 승천하고 그로부터 비룡폭포란 이름이 붙었다는 것이다.

이런 설화에서 주인공 역은 용이 아니라 어린 여자가 된다. 착하고 아름다운 처녀를 돋보이게 하는 조역은 악하고 심술궂은 미르이고, 끝내는 이 악역 미르가 감동하여 개과천선한다는 마무리다. 멜로드라마이지만, "영원히 여성적인 것이 우리를 구원한다"는 『파우스트』식 메시지를 전하는 것도 사실이니 감동의 눈물 한 방울쯤 흘리는 것에 인색할 필요는 없다. 단순히 여자가 아니라 단야가 보여주는 부드러움, 희생, 사랑, 포용이란 여성성, 그것은 여성성보다는 모성에 가깝다. 이것이 무자비한 투쟁과 파괴적 정복욕으로 무장한 남성성을 멸망으로부터 구원하는 힘이다. 악룡은 다른 용에게 패하여 죽을지언정 결코 승복하거나 감동하지 않는다. 다만 단야 같은 처녀에게만 감동하고 개과천선하는 것이다.

VI

『데카메론』이 들려주는
히스토리아

설화의 본질은 동서양이 혹은 예와 이제가 다르지 않다. 인문학의 출발점으로서 설화문학은 민중적 배경을 가지고 인간의 진실을 스스럼없이 들려주는 것이다. 어떤 권위도 위선도 은폐도 통하지 않는다. 더러는 굴절되거나 감추어져 눈 밝은 사람에게만 보이는 수도 없지 않지만, 그것은 진실을 말하는 또 다른 의미의 민중적 방식일 뿐이다.

서양 설화문학의 보물창고는 그리스로마 신화를 비롯한 헬레니즘 설화와, 구약을 비롯한 헤브라이즘 설화일 것이다. 이미 많이 소개되고 많은 연구도 있거니와 필자로선 섣불리 거기에 곁다리 넣고 낚시질할 자격도 능력도 없다. 그래서 여기서는 신화보다는 민간설화집이라 할 『데카메론』에서 그야말로 맛보기 삼아 조금 곡괭이질을 하고자 한다. 동양 내지 한국 설화와 비교할 기회를 즐기기 위한 것이다.

1348년 이탈리아의 가장 아름다운 도시 피렌체에 무서운 페스트가 창궐하게 되었다. 많은 사람들이 죽게 되고 절망 속에 풍기는 문란해져 도시 전체가 황폐해졌다. 이러한 상황에서 이 도시의 젊은 숙녀 일곱 명이 산타마리아 노벨라 성당에 모였고, 그녀들은 이 병을 피해 교외의 별장으로 옮겨간다. 여기에 세 명의 젊은 신사가 가담하게 되면서 짝은 안 맞지만 열 명의 20대 남녀가 합숙을 하게 된다. 거기서 열흘 동안 하루에 각자 한 가지씩 재미있는 이야기를 하며 지내기로 약속한다. 진행 방식은 날마다 '불행한 결말로 끝난 사랑 이야기'라든가 '행복한 결실을 맺는 사람들의 이야기'라든가 하는 식으로 주제를 제시하고 모두 그에 맞추어 이야기를 한다. 하루에 열 개씩 하다 보니 열흘에 모인 이야기는 100가지란 통계가 나온다. 이들을 모아 엮는 형식으로 쓰인 글이 『데카메론』 즉 '10일간의 이야기'이다.

르네상스를 시대 배경으로 한 이탈리아 작가 조반니 보카치오(1313~1375)의 명작 『데카메론』은 단테의 『신곡(神曲)』에 대응시켜 '인곡(人曲)'이란 별칭으로 불리기도 한다. 이는 『신곡』이 신의 이야기, 신성한 이야기임에 비하여 『데카메론』은 인간의 이야기, 세속의 이야기라는 뜻이다. 종교적 협박을 받아 스스로 작품을 불태워버리려 했다는 일화가 전할 만큼 종교계의 반발은 컸지만, 민중적 인기는 폭발적이었다고 한다. 중요한 것은 이들 이야기가 실은 보카치오의 온전한 창작물이라기보다는 당대에 떠돌던 설화의 집합이란 점이다. 그런 의미에서 바라보면 앞에 말한 바와 같이, 동서고금을 구별하지 못하리만큼 민중의 의식과 생각은 닮아 있음을 알 수 있다.

라틴어 '히스토리아(historia)'는 옛날이야기인 동시에 진실된 이야기를 뜻한다고 한다. 이 장 이름에 히스토리아를 넣은 것은 데카메론이야말로 단지 옛날 로마시대의 이야기일 뿐 아니라 당대 민중의 생각이 진실하게 드러났다고 본 때문이다.

가장 아름답고 정결한 공주님

우리에겐 남녀를 막론하고 성교의 경험이 없는 동정童貞에 대한 이상한 집착이 있다. 종교적으로도 동정남이나 동정녀에겐 성스럽다는 선입견을 가지는 것 같다. 기독교에서 '동정녀 마리아'라고 할 때 그 내심엔 성스런 일을 감당할 기본이 갖추어져 있었다는 정서가 보인다. 동정은 신의 아들 예수를 잉태할 거룩한 자격을 부여받는 것이다. 미혼인 동정녀가 잉태했다는 것은 초자연적인 것이고 그래서 그것은 사람의 자식이 아니라 신의 자식이란 식이다.

동서고금을 막론하고 순결의 가치는 여자에 집중된다. 그러면 도대체 여자의 순결이란 무엇일까? 사전에 나온 '순결'의 개념은 ① 이성과의 육체관계가 없음, ② 마음에 사욕私慾이나 사념邪念 같은 더러움이 없이 깨끗함, ③ 잡된 것이 섞이지 않고 깨끗함, 등이다. ②와 ③의 경우를 보아 ①의 성격을 유추한다면, 동정은 '깨끗한 것'이고 이성과의 육체관계는 '더러운 것'이 된다. 서양의 민중도 여자의 순결에 대한 맹목적 미화가 가진 허구성과 위선을 조롱하고 싶어 하는 것 같다. 둘째 날 일곱 번째 〈알라티엘의 이야기〉가 흥미롭다.

바빌로니아의 술탄sultan(이슬람 국가의 군주)은, 아라비아의 침공을 받게 되었을 때 자기를 도와 승리를 안겨준 가르보의 왕에게 사례하고자 아름다운 자기 딸 알라티엘 공주를 시집보내기로 하고 배에 태워 보낸다. 그런데 불행하게도 공주는 가르보의 왕에게 가는 도중 온갖 재난을 겪으며 여덟 명의 남자를 만난다.

첫 번째에는, 항해 중 폭풍에 배가 난파하고 표류하여 겨우 목숨을 건진 채 어느 섬에 도달한다. 말이 통하지 않았지만, 섬에 사는 귀족이 공주에게 반하여 구애한다. 이슬람으로서 술을 모르던 공주는 포도주를 처음 마시고 그 달콤함에 취하여 남자에게 안긴다. 남자를 모르는 숫처녀이던 공주는 '남자가 어떤 뿔 같은 것으로 여자를 찌르는' 경험을 처음 겪고 성의 쾌락을 알게 된 후, 귀족의 첩이 되어 스스로 쾌락을 탐닉하게 된다.

이후 공주를 둘러싼 남자들의 피비린내 나는 각축 속에 귀족의 동생, 뱃사람, 영주, 공작, 황태자, 술탄, 술탄의 신하 등 여덟 명의 남자들과 동침을 한다. 더러는 납치되어 강간당하고 더러는 사랑해서 탐닉하고, 더러는 하룻밤 사연으로 더러는 장기간의 동거로……. 그 과정에서 남자들은 경쟁자에게 살해당하기도 하고, 미인 탈취 작전으로 전쟁을 두 번이나 치르며 애꿎은 병사들이 죽어갔다. 때로는 전리품으로 성노예가 되기도 하지만, "당신이 나를 잊지만 않는다면, 나는 저승에서 자연이 만들어낸 최고의 미녀에게 사랑을 받았다고 자랑할 수 있을 것"이라면서 자신을 잊지 말아달라고 유언하며 죽어가는 순정파도 만난다.

파란 많은 역정 끝에 공주는 항구에서 부왕의 옛 신하를 만나는데, 공주는 그에게 자기가 겪은 4년간의 재난을 고백하며 고국으로 보내달라고 부탁한다. 그러자 신하는 공주를 구하여 바빌로니아 왕에게 보내주며 한 가지 꾀를 일러준다. 공주는 신하의 귀띔대로 부왕인 바빌로니아 왕에게, 기독교인들이 사는 곳에 표류하게 되어서 수녀원에 몸을 의탁하고 지내며 처녀를 지키다가 왔노라고 거짓말을 했다. 그러자, 왕은 크게 기뻐하고 원래 결혼하려고 했던 가르보의 왕에게 다시 시집을 보낸다. 알라티엘 공주는 '가장 아름답고 가장 정결하고 가장 훌륭한 공주님'으로 둔갑하여, 실제론 아홉 번째의 남자인 가르보의 왕과 첫날밤을 치러냈다. 마지막 멘트는 이렇다. "공주는 여덟 명의 남자들과 아마 만 번은 행했을 텐데도 숫처녀로서 왕과 잠자리를 같이하고 또 그에게 그와 같이 믿게 했습니다. 그리고 왕비로서 오래오래 즐겁게 살았던 것입니다."

보카치오는, 아니 당대 민중들은 왜 이런 황당한 이야기를 꾸며냈을까? "욕망을 품고 여자를 바라보는 자는 누구나 이미 마음으로 간음한 것"(「마태복음」 5:28)이라는 결벽주의가 시퍼렇게 살아 있던 시대에 민중들이 오히려 '순결'을 맘껏 조롱하고 있으니 그 이유가 무엇일까? 4년이라면 꽉 채워도 1460일인데 어떻게 만 번이나 잠자리를 했다는 통계가 나왔는지 모르지만, 그들은 인간적 욕망을 종교적 위선으로 은폐하고 건강한 휴머니티를 억압하는 중세 종교의 허위를 고발하고 싶었을 것이다. 이것이 인간의 모습이고 이것이 삶의 진실임을 드러내고 싶었을 것이다. 작자가 이야기 말미에 굳이 "그러므로 키스를 받은 입은 빛이 바래지기는커녕 달처럼 더욱 윤기가 난다"는 속담을 소개한 속뜻이기도 하다.

바람난 수녀들의 이야기

　성직자들이 속인보다 도덕적 우월성을 확보하기 위해서 필요한 장치는 엄격한 계율이다. 계율은 대개 쾌락이나 욕망을 포기하거나 절제하는 쪽에서 구성되었다. 그 대표적인 본보기가 독신 내지 동정을 요구하는 금욕인가 싶다. 금욕이 도덕적 우월성을 보장하는지는 따져볼 일이지만, 어쨌건 독신과 금욕이 성직자가 존경받기 위한 필수 장치로 작용하는 전통을 부인할 수는 없어 보인다. 그렇지만, 어느 종파를 막론하고 이 장치가 제대로 지켜진 예가 매우 드물고, 파계로 인한 숱한 스캔들이 넘쳐난다. 존경과 성스러움을 보장하던 금기가 무너질 때 속인들의 조롱과 풍자는 극성을 떨기 마련이다. 『데카메론』에는 남녀를 막론하고 숨겨진 스캔들이 무더기로 발굴되고 이를 통해 인간의 진실을 알리고자 애쓰는 모습이 적지 않다. 그 중에도 셋째 날 첫째 이야기인 〈마제토의 이야기〉는 너무나 적나라하여 속인이라도 낯이 두껍지 않으면 듣기가 민망한 수준이다.

　신성하기로 이름난 어느 수녀원에 원장수녀와 8명의 젊은 수녀가 사는데 남자라곤 늙은 관리인 외에 키 작고 사람 좋은 정원사 누토 한 사람뿐이었다. 급료에 불만이 있던 정원사는 사직하고 고향으로 돌아갔다. 마침 그의 고향 사람 중 잘생기고 남자답고 몸집도 좋은 젊은 농부 마제토가 있었는데, 그는 아홉 명의 수녀들이 사는 수녀원 이야기를 듣고 구미가 동하여 자기가 누토의 후임이 되기로 작정한다. 그는 면접을 통과하기 위해 스스로 벙어리 겸 귀머거리로 위장하여 수녀원 입성에 성공한다. 한번은 마제토를 귀머거리로 알고 있는 수녀 둘이 마음 놓고 대화하기를 "자주 여기 찾아오는 부인들한테 들은 얘기지만, 이 세상에서 남자와 여자가 하는 즐거움만큼 좋은 건 없대요" 혹은 "나는 벙어리 마제토를 상대로 시험하고 싶다는 생각을 여러 번 해요" 했다. 호기심 많은 그녀들은 마제토를 말이 새나갈 염려가 없는 벙어리로 알았기에 안심하고 그와 한 번씩 시험을 해보았다. 남자와 자고 난 두 수녀는 "듣던 것보다 훨씬 기분 좋은 쾌락이었다"고 소곤거렸고, 이걸 들은 다른 수녀들이 저마다 그 짓을 따라 했다.

유교에선 인격 수양을 위한 방법으로 '신독愼獨'을 강조한다. 『중용』이나 『대학』에 나오는 "군자는 반드시 홀로 있는 데서 삼간다"는 말이 여기에 해당한다. 인격의 수양이 없는 소인은 아무도 안 보는 데서라면, 아무도 모른다면, 가릴 줄 모르고 부끄러운 짓을 저지르기가 십상이다. 그러나 인격 수양이 된 군자라면 아무도 보지 않고 듣지 않는 '홀로'일 때라도 부끄러운 짓을 하지 않는다는 것이다. 정원사 마제토가 귀머거리여서 듣지 못할 거라고 하여 수녀들이 섹스하고 싶다고 떠들고, 또 벙어리니까 어디다 소문내지 못할 거라 하여 성폭행(?)을 하는 수녀들의 후안무치한 짓거리는 바로 '홀로 있는 데서 삼간다'는 신독의 가르침과 정반대다. 그런데 수양이 부족한 소인배인 젊은 수녀들뿐 아니라 오래 수양을 쌓아 군자급 인격을 갖추었어야 마땅한 수녀원장까지 이 후안무치 대열에 합류한다는 데서 심각성이 강화된다.

젊은 수녀들의 비행을 말리고 시정해야 할 원장수녀, 이제 그녀의 차례가 왔다. 우연히 남자(마제토)의 물건을 보게 된 원장수녀는 성적 호기심을 못 이기고 마제토를 원장실로 데리고 들어가서, 이 의뭉한 가짜 장애인이 별수 없이 비밀을 지킬 것으로 알고 '업무상 위력 등에 의한 간음'(?)을 즐기는 사태가 벌어진다. 결국에는 원장수녀와 나머지 수녀들이 드러내놓고 남자를 공동으로 소유하게 된다. 다투어 섹스를 요구하는 아홉 여자를 감당 못한 남자가 벙어리 행세를 끝내고 "한 마리 수탉은 열 마리 암탉을 만족시킬 수 있지만, (…) 나는 혼자 아홉 여자를 만족시키다가는 몸이 지탱하지 못한다" 고 행복한 비명을 지르는 지경에 이른다. 어처구니가 없지만, 그들은 수녀들의 기도와 수호성인의 공덕으로 벙어리가 말을 하게 되었다고 소문냈고, 원장은 늙어 죽은 관리인 대신 마제토를 새 관리인으로 임명한다. 그 후 수녀들에게서 아이도 여럿 얻고 재미있게 살다가 수녀원장이 죽고 자기도 늙게 되자, 마제토는 그간 벌어들인 돈을 잔뜩 지니고 고향으로 돌아왔다. 그는 언제나 말하기를, 이와 같이 성공하여 돌아올 수 있었던 것은 다 그리스도 님의 덕분이라고 했다.

이야기꾼은 "세상에는 젊은 여자에게 흰 두건을 씌우고 검은 옷만 입히면(즉, 수녀복만 입히면), 그때부턴 여자가 아니며 여자로서의 욕정도 느끼지 않게 된다고 생각하는 어리석은 남녀가 많습니다" 하는 말로 이야기의 주제를 드러낸다. 이야기꾼은 수녀들의 타락을 개탄하거나 고발하려는 게 아니라 성적인 쾌락, 즉 성애性愛야말로 성속을 떠나 모든 인간의 거짓 없는 욕망이라고 말하고 싶어 하는 거다. 한국의 설화들이 그렇듯 서양의 설화에서도 민중은 도덕적 잣대보다는 시비선악是非善惡을 떠나 소박한 본능에 충실하려는 태도를 지킨다.

질투는 사랑보다 끔찍하다

사랑의 본질이 독점이라면 경쟁은 불가피하다. 음식이라면 적절한 비율로 분배에 합의할 여지도 있지만 사랑은 나눌 수가 없다. 양다리 걸치는 걸 부도덕한 짓으로 매도하는 것도 사랑의 본질을 배반하는 것으로 본 때문일 듯하다. 삼각관계 로맨스도 애정 여로에 잠시 들르는 간이역일 뿐 어차피 하나는 정리하는 게 수순이다.

그리스 신화는 신들의 사랑과 전쟁이 콘텐츠의 태반이고, 숫제 질투의 신 젤로스Zelos도 있는데 이것이 질투의 뜻인 젤루스zēlus(라틴어), 잘루지 jalousie(프랑스어)나 젤러시jealousy(영어) 등의 어원이 될 정도다. 최고신 제우스가 바람둥이이고 보니 배우자인 여신 헤라가 하는 일이라곤 남편의 상대 여성들을 질투하여 그녀들(자녀 포함)에게 보복하는 것뿐이다. 반대로, 미와 사랑의 여신 아프로디테(비너스)가 하도 바람을 피워서 그녀의 남편 헤파이스토스 신이 질투심과 배신감으로 고통 받는 이야기도 나온다.

호메로스의 서사시 〈일리아드〉에 나오는 트로이전쟁의 원인조차 질투에서 비롯된다. 헤라, 아테나, 아프로디테 등 자존심 세고 샘 많은 세 여신 가운데다가 불화의 여신 에리스가 황금사과를 하나 떨어뜨렸는데, 사과 겉에는 '가장 아름다운 여신에게'라는 문구가 쓰여 있었다는 것. '가장 아름다운 여신'을 판별하는 심판을 트로이의 왕자 파리스가 맡게 되고, 이 불운한 상남자는 아프로디테의 손을 들어주었다. 질투심이 폭발한 나머지 두 여신의 저주와 아프로디테의 지지 사이에서 전쟁은 불가피했고, 결국 파리스는 나라를 말아먹었다. 파리스 심판 건은 세 여신이 남자 하나를 놓고 사랑싸움을 하는 것과는 구도가 다르지만, 질투의 본질을 꿰뚫어보기는 잘했다고 할 만하다. 얼마든지 잔인할 수 있다는 것.

『데카메론』의 넷째 날 아홉 번째 〈롯실리옹의 이야기〉는 질투가 주제다.

프로방스 지방에 부유한 두 기사 친구가 있었다. 가데탕이란 기사가 친구 롯실리옹의 아내를 사랑하여 둘이 밀회를 즐겼는데 이를 남편 롯실리옹이 눈치채게 된다. 질투와 배신감에 분노한 그는 친구를 거짓으로 초대하고, 도중에 숨어 있다가 초대에 응하여 찾아오는 친구를 습격하여 죽였다. 롯실리옹은 아내가 사랑하던 친구 가데탕을 죽이는 것으로 끝나지 않고, 그의 심장을 꺼내다가 요리사에게 주어 요리하게 한 후, 멧돼지의 것이라고 속이고 아내에게 먹인다. "여보, 그 요리는 어땠소?" "아주 맛있었어요." "그럴 테지! 살아 있을 때 아주 좋아했었으니 죽어서도 좋겠지. 별로 이상할 것 없지." "뭐라구요? 저에게 먹인 이 요리는 뭐죠?" "당신이 먹은 것은 실은 부정한 아내로서 당신이 사랑했던 가데탕의 심장이오. 내가 돌아오기 조금 전에 그의 가슴에서 이 손으로 잘라내어 가져왔으니 그 자신이라고 알아주면 돼." 진실을 안 아내는 높은 창에서 뛰어내려 죽는다. 그리하여 연인과 함께 같은 무덤에 묻힌다.

사랑을 놓고 하는 경쟁에서 친구라고 봐주는 것은 없다. 불륜을 저지르는 아내와 친구, 이를 안 남편이자 친구로서 그의 분노는 누구나 공감할 만하다. 그렇지만 신라의 처용 같은 관용까지는 아니더라도 살해는 지나치다는 생각을 할 것이다. 아니, 죽이고 싶고 그래서 그것을 실행에 옮기는 것까지도 이해가 안 되는 것은 아니지만, 심장을 꺼내서 요리를 하고 그것을 아내에게 먹이기까지 한다? 이건, 목이 잘려 은쟁반에 담긴 세례 요한의 입술에 키스하는 팜므파탈 살로메의 행위를 능가하는 끔찍한 엽기다. 질투의 화신이 된 남편의 복수심은 스스로 절제할 수 없을 뿐 아니라 그 누구도 말릴 수 없는 막강한 폭발력을 지닌다. 성적 자기 결정권을 명분으로 하여 간통죄를 폐기하는 것도 일리는 있으나, 그 부작용이 법적 처벌을 대신하여 사적 보복의 충동을 부추기는 결과로 나타나지 않을까 걱정스럽다.

이와 유사한 이야기가 넷째 날 첫 번째 〈살레르노의 탕크레디 공의 이야기〉에도 나온다.

살레르노의 탕크레디 공(대공 전하)은 외동딸을 끔찍이 아꼈는데 딸은 아름다운 데다가 똑똑하기까지 하여 더욱 아버지의 사랑을 받았다. 딸이 시집 갔다가 일찍 과부가 되어 돌아오자 아버지는 딸을 데리고 살며 재혼도 시키지 않으려 했다. 그러던 중 딸은 아버지 시중을 드는 신분 낮은 청년에게 연정을 느껴 사랑하게 된다. 어느 날 딸의 밀회와 정사를 목격하게 된 아버지는 수치심과 배신감으로 죽고 싶을 만큼 슬퍼서 남자에겐 모욕죄로, 여자에겐 음란죄로 단죄하였다. 하지만 정작 손이 발이 되도록 싹싹 용서를 빌어도 시원찮을 두 남녀는 자기들의 사랑이 정당함을 주장하고 한 발짝도 물러서지 않았다. 분노한 아버지는 딸 모르게 남자를 죽이고 심장을 꺼내서 황금 잔에 담아 시녀를 시켜 딸에게 보낸다. 시녀는 "이것은 대공 전하의 선물입니다. 아씨께서 전하가 가장 사랑한 것으로 전하를 위로했듯이, 전하는 아씨께서 가장 사랑하고 있는 것으로 아씨를 위로해드리라는 말씀입니다" 라고 전했다. 여자는 남자의 심장을 안고 키스하며 눈물을 흘린 후, 준비한 독액을 잔에 부어 마시고 침대에 누웠다. 연락을 받고 달려온 공은 딸의 죽음이 가까웠음을 알고 마침내 자기 가슴을 쥐어뜯으며 울부짖었다. 딸은 마지막으로 남자와 함께 묻어달라는 유언을 남기고 죽었고, 아버지는 슬퍼하고 후회하며 둘의 주검을 함께 묻어주었다.

아무리 딸바보라지만 데리고 살며 시집도 보내기 싫어할 정도면 병이다. 그 정도에 그친다면 이해 못할 바도 아니련만 딸의 남자를 질투하여 죽이다니. 그것으로도 직성이 안 풀려 남자의 심장을 꺼내 딸에게 돌려주다니 미쳐도 단단히 미쳤다. 그래도 구원의 여지가 있다면, 누구처럼 요리하여 먹이지는 않았으니 그나마 좀 낫다고 할 것인가. 자업자득이지만, 늦게나마 후회하는 모습을 보면 가엾기도 하다. 아내의 남자가 아니라 딸의 남자에게까지 이렇듯 심한 질투를 하다니! 인종, 국적, 신분, 종교, 이념 등의 갈등으로 인하여 부모가 반대하는 사랑을 나누던 남녀가 결국 비극적 종말을 맞이하는 이야기야 현실에서든 픽션에서든 차고 넘친다. 한국 설화에서도 주인댁 딸과 머슴 총각의 사랑이 해피 엔딩보다는 비극으로 끝나는 경우가 많다. 두 연인이 동반 자살을 한다든가 아니면 머슴이 주인에 의해 살해당하는 이야기가 없지 않다. 그래도 〈살레르노의 탕크레디 공의 이야기〉가 끔찍하게 보이는 것은 남자의 심장을 꺼내다가 딸에게 주는 엽기성 때문일 듯한데 아무튼 한국인의 정서로는 감당하기 어렵다.

누가 가장 칭찬받을 만한가

사랑에 얽힌 이야기라도 질투나 이해관계를 뛰어넘는 신사들의 훈훈한 사연이 없지 않다. 상대를 배려하고 양보하는 관대한 마음씨는 세상 누구에게나 아름답게 보이는 법이다. 열째 날 다섯 번째 〈디아노라 부인의 이야기〉가 그 대표적인 예다.

부호 질베르토의 부인 디아노라는 너무 아름다웠다. 그래서 그녀는, 높은 지위와 탁월한 무예와 깍듯한 범절로 존경받는 기사 안살도 남작의 열렬한 연모를 받게 된다. 정숙한 디아노라는 자기에게 반해서 사랑을 애걸하는 안살도 씨에게 분명한 거절의 뜻을 전했다. 그 거절의 멘트인즉 이런 식으로 좀 우회적이었다. "1월의 뜰을 5월의 뜰처럼 아름답게 해준다면 그때 당신의 사랑을 받아들이기로 하죠." 이 말은 한겨울인 1월의 뜰이 꽃 피고 새우는 5월의 뜰처럼 될 수 없듯이, 그녀가 남자의 사랑을 받아들일 일은 앞으로도 절대 없을 것이란 뜻이다. 그러나 몸이 달은 기사 안살도는 단념하지 않았다. 오히려 막대한 대가를 지불하기로 하고 유명한 요술사에게 그 불가능한 일을 부탁하였다. 요술사는 제안을 수락하고 어렵게나마 결국 그 일을 해냈다. 1월 초에 도시 근처의 아름다운 목장에 요술을 걸어 숲과 과일이 풍성한 정원을 만들어낸 것이다. 그 소문을 들은 디아노라가 현장에 가서 확인을 하고 나자 그녀는 풀이 죽어 슬퍼하고 후회를 했다. 뒤늦게 그 일의 자초지종을 들은 그녀의 남편은, 본의는 아니었다 해도 일단 약속한 일이니 안살도 씨와의 약속을 지키는 게 마땅하다고 생각했다. 남편은 몸만 허락하고 마음까지 허하지는 말라는 조건으로 아내를 남자에게 보낸다. 여자에게서 남편의 허락을 받아 온 사연을 들은 안살도는 남편의 관대한 태도에 감동하였다. 그는 결국 약속을 지킬 그녀의 의무를 면제해주고 남편에게 곱게 돌려보냈다. 이 소식을 들은 요술사는 안살도의 처사에 감동하여 그에게서 수임료를 한 푼도 받지 않겠다고 선언했다.

유부녀를 짝사랑한 기사 양반도 우습고, 불가능한 조건을 걸어 잠자리를 약속한 여자도 우습고, 그렇다고 약속은 반드시 지켜야 한다고 제 아내를 남의 남자에게 보내는 남편도 우습고, 그런 부정한 목적을 달고 부탁한 남자의 요구대로 요술을 부린 마법사도 우습고, 뭐 그렇긴 하다. 그렇긴 해도 14세기 이탈리아라는 시공간에선 그럴 수도 있다고 놓고 보자. 짝사랑 여인을 갖고 싶어 어떤 장애물도 뛰어넘는 기사의 열정과, 마침내 여자를 품에 안게 되었건만 포기의 결단을 내린 남자의 깔끔한 매너는 멋지다. 약속의 신의와 정절이란 틈바구니에서 고민하는 아내의 빚을 떠안고 고통을 분담하는 남편의 용기 또한 멋있다. 그뿐인가. 고객의 어려운 부탁을 힘들게 들어주고도 거액을 깨끗이 포기한 요술사 또한 멋지지 않은가. 아, 디아노라도 훌륭하다. 정절을 지키려는 의지, 부끄러운 실수를 남편에게 숨기고 몰래 처리할 생각을 하지 않은 것, 툭 털어놓고 남편에게 용기 있게 고백한 것 등.

여기서 여자는 제쳐놓고, 기사와 남편과 요술사 이 세 사람 중 누가 가장 멋진 남자일까?

보카치오는 이 이야기에 매력을 느낀 듯 이전에 쓴 연애소설 『필로콜로』에서도 한번 써먹은 바가 있다. 뿐만 아니라 훗날 영국의 문인 제프리 초서(134?~1400)가 그 유명한 운문 설화집 『캔터베리 이야기The Canterbury Tales』

에서 〈프랭클린의 이야기〉The Franklin's Tale로 한번 더 우려먹는다. 플롯은 같되 디테일은 좀 다르다. 소개하면 이렇다.

남편이 출타 중이라 혼자 있는 미녀 도리겐에게 수습기사 아우렐리우스가 반하여 프러포즈를 한다. 정숙한 도리겐은 거절의 뜻으로, 바다 위에 솟은 모든 암초가 없어진 후에야 그의 요구를 받아들이겠다고 말한다. 고심하던 아우렐리우스는 전 재산을 걸고 마법사의 도움을 받아 바다 위에 나온 모든 암초를 사라지게 한다. 그는 그녀에게 바다를 보여주며 약속을 지킬 것을 요구한다. 마침 일을 마치고 귀가한 남편은 그의 아내가 아우렐리우스와 맺은 약속을 알게 된다. 남편은 망설이는 아내 도리겐에게 약속을 지킬 것을 권유한다. 도리겐이 약속대로 왔지만, 남편의 진정성에 감동을 받은 아우렐리우스가 도리겐을 약속에서 풀어준다. 여자도 못 얻고 알거지가 된 아우렐리우스의 사연을 들은 마법사는 수임료를 받지 않겠다고 사양한다.

'제 눈에 안경'이라고 하고 '눈에 콩깍지가 씌었다'고도 하지만, 진짜 미녀라면 여러 남자가 꼬여 들어 저마다 눈독을 들이게 된다. 여기서 필연적으로 나타나는 쟁탈전으로 인해 남자도 여자도 상처를 입게 마련이다. 특히 여자의 경우 본인의 의사가 무시되는 수도 많아서 피해는 더 클 수 있다. 여자를 누가 차지하느냐를 결투로 결판내는 사내들의 횡포가 용기로 미화되고, 좋아하는 여자를 친구에게 양보하는 것이 대단한 우정으로 평가되면서, 정작 여기 어디에도 여자는 없다. 그러다 보니 예로부터 미인의 운명은 평탄하고 행복하기보다는 기구하고 불운한 경우가 많아서 미인박명이다. 이를 방지하는 안전판이 남자들의 일방적 양보일까, 여자의 자기 결정권 행사일까.

바뀐 여자, 바뀐 남자가 들려주는 진실

『삼국사기』「열전」에 나오는 도미 설화를 보면 이런 대목이 있다.

백제 제4대 개루왕이 아름답고 정절이 굳은 아내를 둔 남자 도미를 불러 말한다. "정절이 여자의 덕이긴 하지만, 남모르는 곳에서 좋은 말로 유혹하면 마음 안 움직일 여자는 드물겠지?" 그러자 도미가 답한다. "사람의 심정이야 헤아리기 어렵지만, 제 아내 같은 사람은 죽어도 딴마음 먹지 않을 것입니다." 승부사 기질이 있던지 왕이 시험을 한다. 도미를 붙잡아두고 가까운 신하 한 사람을 왕으로 분장시켜 도미 처에게 보냈다. 가짜 왕은 도미 처를 거짓으로 설득하고 후궁을 삼을 것을 조건으로 동침을 요구했다. 그러자 도미 처는 왕의 요구를 들어주기로 약속하여 시간을 번 뒤 여종을 단장시켜 대신 들어가 수청을 들게 했다. 나중에 들통이 나면서 무자비한 보복이 뒤따르지만, 그 얘긴 이쯤에서 끝내기로 하자.

조명이 부실하던 시절, 야간에 의도적으로 다른 여자를 들여보내고, 남자는 지레짐작으로 상대를 자기가 찾던 여자려니 하고 즐거운 잠자리를 가진다는 이야기는 『데카메론』에도 종종 나온다. 환각으로 쾌락을 누리다가 실상을 알고 나면 최소한은 쓸쓸하고 약소하겐 불쾌하고 심하면 분노에 이르게도 된다. 여덟째 날 네 번째 〈피카르다의 이야기〉는 성직자의 위선을 맘껏 풍자하고 조롱한다는 점에서 도미 설화와는 닮은 듯 다른 이야기다.

피에졸레의 사제(신부)가 신앙심 깊고 아름다운 젊은 과부를 연모했지만 정숙한 그녀는 그 신부를 몹시 싫어했다. 하도 치근덕거리니까 참다못한 미망인이 두 남동생과 짜고 못생긴 하녀를 자기 대신 신부의 잠자리 상대로 보내기로 한다. 과부는 예쁜 속옷을 주기로 하고 하녀를 설득하였는데, 이 하녀가 실은 기막힌 추녀였다. 당대 이탈리아 사람들이 생각할 수 있는 국대급 추녀라면 어떤 모습일까. 하녀는 "나이도 꽤 들었고 세상에 둘도 없을 만큼 밉고 추한 기형적인 얼굴의 소유자였습니다. 코는 납작코에다가 입은 비뚤어지고 입술은 두꺼우며 이는 말 이빨에 눈은 사팔뜨기에다가 항상 안질에 걸려 있었고 누런 얼굴을 하고 절름발이였답니다." 정작 신부는 그가 간절히 연모하던 미녀 과부로만 알고 하녀와 불같은 잠자리를 즐긴다. 남자 구경을 못 하던 하녀 입장에서도 밑질 게 없으니 신부와 실컷 재미를 보았것다. 세 번이나 하고 나서 아직도 껴안고 있을 때, 과부의 동생들은 신부가 속한 교구의 어른인 주교를 데리고 현장에 나타났다. 그들은 똑똑히 보란 듯이 일부러 불을 환하게 밝히고 신부의 민망스런 모습을 보여준다. 신부는 상대가 주인 과부 아닌 하녀인 줄을 비로소 알게 된 데다가 망신을 톡톡히 당하고 징계 40일을 먹었다.

설마 '징계 40일'이라는 게 '금식 40일'은 아닐 테고, 그렇다면 파문^{破門}(신도로서의 자격을 빼앗고 종문에서 내쫓음)도 아닌 징계 40일이 과연 실효가 있는 것일까? 그런데 침실에서의 상대가 여자만 바뀌는 것은 아니다. 조선조 문인 서거정(1420~1488)의 설화집 『골계전』에는 이런 이야기가 나온다.

옛날에 주^周 씨 성을 가진 젊고 잘생긴 아전(관아에서 벼슬아치를 돕는 하급 직원)이 휴가를 얻어 고향 가던 길에 어느 시골 동네에서 하루를 묵게 되었다. 마침 같은 동네에 혼인 잔치가 있어서 그는 다른 하객들과 함께 음식을 대접받는다. 밤이 늦어지자 다른 손님들은 돌아가고 이 아전만 미적거리고 남았는데, 같은 시간에 신랑은 술에 취해 소변을 보러 마당에 나갔다가 볏가리에 쓰러져 잠이 들어버렸다. 혼례를 집행하는 사람은 혼자 남은 아전을 신랑으로 오인하여 신방으로 인도한 후 문을 닫으니, 아전은 옳다구나 하고 신부와 즐거운 하룻밤을 보냈다. 새벽에 잠이 깬 신랑이 놀라 신방으로 달려갔으나 이미 신부는 바뀐 신랑에게 정조를 잃은 후였다. 양가가 다 아연실색할 일이나 신부네 부모도 별수 없이 바뀐 신랑을 사위로 맞이하기로 했다는 얘기다. 요새의 가옥 구조나 결혼 풍속에선 상상하기 어려운 일이지만 말이다.

신랑이 바뀌었다는 면에서나 여자는 미처 몰랐었단 점에서 『골계전』 이야기와 제법 닮은 설화가 『데카메론』에도 나온다. 침실에 다른 여자를 대신 넣은 〈피카르다의 이야기〉와 달리, 이번엔 여자 아닌 남자를 대타로 신방에 들여보낸 이야기이니, 열째 날 여덟 번째 〈소프로니아 이야기〉가 그것이다. 골자만 적으면 이렇다.

아름다운 처녀 소프로니아는 그리스 청년 지시프스와 결혼을 하기로 되어 있었다. 그런데 지시프스는 학우이자 절친인 로마 청년 티투스가 소프로니아를 짝사랑하는 것을 알았다. 문제는 짝사랑의 정도가 워낙 심해서 남자는 상사병으로 거의 죽게 생긴 것이다. 지시프스는 자기 신부가 될 소프로니아를 사랑하지만 상사병으로 죽어가는 친구를 나 몰라라 하고 결혼할 수가 없었다. 고민하던 지시프스는 첫날밤 자기가 들어갈 신방에 친구 티투스를 대신 밀어넣고 사라졌다.

이건 순교도 아니고 순애도 아니지만, 우정을 위해 여자를 포기하다니 대단한 자기희생임에 틀림없다. "친구를 위해 자기 목숨을 버린다면 이보다 더 큰 사랑은 없다"(「요한복음」 15:13) 했으니, 친구를 살리기 위해 신부를 버리는 것은 그에 버금가는 미덕일까. 신랑이 바뀐 것을 알고 신부는 당연히 놀라고 화를 냈지만 그녀를 설득하는 것은 대신 들어간 친구 티투스의 몫이었고, 결국 신부는 바뀐 신랑을 받아들이기로 했단다. 사족이지만, 바뀐 신랑 티투스는 로마에서도 유명한 재벌가의 2세였다. 다시 사족이지만, 해몽법에서는, 결혼식을 하려고 하는데 신랑 혹은 신부가 바뀐 것은 주변 상황이 좋아져 좋은 기운으로 일을 할 수 있게 되는 것을 뜻한다고, 길몽이란다. 꿈이 아닌 현실에서 바뀐 경우도 길한 것인지는 모를 일이지만.

책명 찾아보기

설화, 욕망을 품다

2018년 8월 20일 1판 1쇄 인쇄
2018년 8월 30일 1판 1쇄 발행

지은이　이혜화
펴낸이　한기호
편집　정안나
디자인　블랙페퍼디자인
경영지원　이재희
펴낸곳　북바이북
　　　　출판등록 2009년 5월 12일 제313-2009-100호
　　　　주소 121-839 서울시 마포구 서교동 484-1 삼성빌딩A동 2층
　　　　전화 02-336-5675 팩스 02-337-5347
　　　　이메일 kpm@kpm21.co.kr
　　　　홈페이지 www.kpm21.co.kr

ISBN 979-11-85400-80-8　03380

북바이북은 한국출판마케팅연구소의 임프린트입니다.
책값은 뒤표지에 있습니다.

이 도서의 국립중앙도서관 출판예정도서목록(CIP)은 서지정보유통지원시스템 홈페이지(http://seoji.nl.go.kr)와 국가자료공동목록시스템(http://www.nl.go.kr/kolisnet)에서 이용하실 수 있습니다.(CIP제어번호: CIP2018025515)